삶이 불공평할 때

하나님
발견하기

Finding God When Life's Not Fair

Copyright ⓒ 2001 by Lee Ezell
Originally published in English under the title:
Finding God When Life's Not Fair
by Baker Book House,
P.O.Box 6287, Grand Rapids, MI 49516-6287 USA
All right reserved

Korean translation Copyright ⓒ 2006 by Olive Books

삶이 불공평할 때 하나님 발견하기

초판 1쇄 | 2006년 11월 20일
지은이 | 리 이젤
옮긴이 | 원혜영
펴낸이 | 김은옥
펴낸곳 | 올리브북스
주소 | 인천 부평구 부평2동 754-60
전화 | 02-393-2427
이메일 | kimeunok@empal.com
출판등록 | 제354-2006-8호

ISBN 89-958775-0-2 03230
■ 책값은 뒤표지에 있습니다.

총판 소망사(02-392-4232)

리 이젤 지음
원혜영 옮김

삶이 불공평할 때
하나님 발견하기

Finding God When Life's Not Fair

쉴라 월쉬, 존 C. 해기, 데이비드 스툽 추천

올리브북스
Olive Books

사랑을 담아 이 책을 할에게 바칩니다.
오직 성령만이
내 날개 밑의 바람이 되는
당신을 대신할 수 있습니다.

목차

감사의 글 8
서문 9

1장 생존을 위협받는 사람들을 위해서 10
2장 "빅 C" 처리하기 28
3장 일상적인 세상 찾기 46
4장 하나님이 "안 돼"라고 말하실 때 59
5장 믿음 또는 가정? 69
6장 죽음의 문턱에서 내리는 은혜 91
7장 구하라 그러면 찾을 것이요 105
8장 애통해 할 때 은혜가 임한다 122
9장 여진 148
10장 롤러코스터와 같은 인생 169
11장 믿음은 시간이 걸린다 190
12장 비가 오기만 하면 억수같이 퍼붓는다 214
13장 생명나무의 열매 240
14장 인성개발이요? 고맙지만 사양할래요 259
15장 우리의 상처를 지혜로 바꾸기 277

암에 대한 저자의 식견 291

감사의 글

그동안 여러분 모두 내가 어려울 때 매우 성실하게 도와주었어요. 어떻게 감사하다는 말을 해야 할까요? 내가 얼마나 여러분을 사랑하고 감사하는지 알길 바래요!

이젤 집안의 사람, 특히 팸과 짐, 샌디, 리치, 그리고 메이슨 부쉬넬, 돈과 린다, 나나, 벨마, 그리고 존에게 감사합니다. 줄리 마키마에게 감사합니다.

하비 집안의 사람, 특히 마가렛에게 감사합니다. 라이언과 거다 오다그노티, 팸과 리치 보이어, 폴과 토니 댄칙, 대니 달링, 스티븐과 알린 플레시먼, 론과 코니 하우스, 수지 존스, 팻과 빌 킹, 클라이드와 페기 마틴, 레지스와 뎁, 팻 렉스로우트, 팸과 마이크 로젤, 대릴과 제니퍼 실버버그, 베티와 프레드 사우쎠드, 기젤라와 스티븐 B. 스티븐스, 데이브와 잔 스툽, 짐과 노르마 스완슨, 밥과 로라 휘레이에게 감사합니다. 특별히 재능이 뛰어난 편집자 데이브 웜비시에게 감사합니다. 그의 전문적인 지식이 없었다면 이 책을 쓰는 것은 '불공평했을' 것입니다. 고마워요, 데이브.

서문

시작하기에 앞서서 미리 말하는 것이 좋을 것 같다. 나는 축복받은 사람이다. 나는 거룩한 성경말씀을 통해서 하나님과 하나님의 뜻에 대한 유일한 참된 표현을 말할 수 있다는 것을 믿는다. 이 책은 독자가 성경을 하나님의 말씀으로, 다시 말해서 그분의 자녀들을 위해 쓰신 연애편지와 사용설명서로 받아들인다는 전제를 바탕으로 한다.

이 모든 가정은 하나님과 그분의 아들이신 예수 그리스도에 대해서 거룩한 성경에 나온 것을 바탕으로 한다. 당신이 이 모든 '신앙적인' 것에 대해서 확신하지 못할지라도 이 책을 계속해서 읽기를 권한다. 왜냐하면 이 책을 읽는 동안 치유받을 것을 확신하기 때문이다.

01
생존을 위협받는 사람들을 위해서

인생은 앞으로 나아가는 것이고 나중에 이해되는 것이다.

슬픔!

내가 그녀를 처음 봤을 때 떠오른 말이다.

그녀는 강연이 끝난 후에 나를 만나기 위해서 기다리고 있던 길게 늘어선 사람들의 줄 거의 뒤쪽에 서 있었다. 내가 그녀를 30대 후반일 것이라고 추측했을 정도로 그녀는 키가 컸고 젊어 보이는 매력적인 중년의 여성이었다. 그녀의 눈을 보지 않았다면 말이다.

어쩐 일인지 그녀의 눈은 늙고 슬퍼보였다. 그 눈은 그녀의 예쁜 얼굴과 맞지 않았다. 눈이 영혼의 창문이라는 말이 사실이라면 나는 슬픔에 매우 익숙한 영혼을 보고 있었다. 마침내 그녀 차례가 됐을 때 그녀는 만나서 반갑다고 말한 다음 "당신은 정말로 놀라운 사람이에요"라고 말했다.

"제가요?" 나는 너무 기쁜 티를 내지 않으려고 애쓰면서 웃었다. "왜 그렇게 생각하세요?"

"왜냐하면" 그녀는 한숨을 쉬었다. "그렇게 많은 일을 겪었는데도 하나님께 전혀 화난 것 같지 않으니까요."

"오, 제 말을 들어보세요." 나는 입을 열었지만 그녀는 내가 말을 끝낼 기회를 주지 않았다.

"제 말은, 당신은 하나님께 소리치고 싶다는 생각이 든 적 없어요? 아니면 주먹을 휘두르며 공평하지 않다고 말하고 싶은 적이 없냐는 말이에요."

"물론 있었죠!" 나는 소리쳤다. "사실, 내가 하나님에 결코 화를 내지 않았다고 생각하는 사람은 나라는 사람을 줄 모르는 거예요! 물론 난 화를 냈어요! 분명히 말하지만 왜 이런 나쁜 일들이 나에게 일어났냐고 하나님게 물었죠!"

"그랬군요!" 그녀가 말했다. "그런데 하나님에게 화를 내는 것이 잘못됐다고 생각하지 않나요?"

"들어봐요" 나는 웃으면서 말했다. "하나님을 열 받게 하는 것이 죄라면 아마도 우리 모두는 수많은 고통에 처할 거예요! 우리는 화낼 수 있어요. 그렇다고 그것이 죄는 아니에요."

내가 이 책을 쓰고 싶은 마음이 든 것은 그 여자의 질문 때문만은 아니다. 이미 오래 전부터 책을 쓰려고 생각하고 있었다. 하지만 그녀와 그리고 그녀와 비슷한 사람들이 이 책을 쓰는 과정에서 "너무 힘들다고" 느낄 때 이 프로젝트를 포기하지 않도록 도와주었다. 그들을 통해서 나는 고통과 슬픔을 어떻게 처리해야 할지 모르고 고통과 슬픔을 느끼면 죄를 짓는 것이라고 생각하기 때문에 실제로 그런 느낌을 인정할 수 없는 수많은 그리스도인들을 위해서 이 책을 쓰는 것이 중요하다는 것을 알았다.

나는 결코 슬퍼한 적이 없었다

당신이 겪은 상실과 고통은 내가 겪은 것과 똑같지 않을지도 모른다. 하지만 나와 같은 경험을 겪었다면 – 만약 당신이 겪지 않았다면 아마도 이 책을 읽지 않을 것이다 – 비극이 사람의 우주관에 깊이 그리고 영원히 영향을 미친다는 것을 깨달았을 것이다. 삶이 불공평할 때 단지 얼굴에 미소를 띠고 명랑하게 아이같이 순진한 믿음을 갖고 하나님을 의지할 정직한 사람은 아무도 없을 것이다.

그러면 안 된다! 때때로 대부분의 사람들은 어떻게 사랑의 하나님께서 그분이 창조하신 백성들에게 이렇게 끔찍한 고난이 닥치도록 허용하실 수 있는지 궁금해 한다.

몇 년 전까지만 해도 나는 내 자신이 낙천적이고 명랑한 여자라고 생각했다. 나는 결코 '슬퍼한 적이' 없었다. 인생의 문제에 대한 나의 철학은 언제나 "그것을 극복하라, 감정을 다스려라, 그것과 사이좋게 지내라"였다.

내 삶에 무슨 일이 닥쳐오든지 간에 괜찮다고 생각했다. 나는 어렸을 때 하나님이 우주를 지배하신다고 배웠다. 그리고 로마서 8장 28절에는 하나님을 사랑하는 자들의 유익을 위해서 모든 것을 합력시키신다는 진리의 말씀이 나와 있다. 나는 이것을 성경에서 읽음으로써 배운 것이 아니라 이번에 새롭게 살면서 경험했다.

자, 당신이 나를 안다면 내가 고통과 슬픔에 익숙하지 않은 사람이 아니라는 것을 알 것이다.

나중에 내가 살아온 이야기를 더 많이 하겠지만 지금은 단지 나도 상처받은 적이 있고 고통당한 적이 있고 소리쳐본 적이 있다고 말하고 싶다. 하지만 그런 모든 시간에 하나님께서는 선한 일을 행하셨다는 것을 곧 알게 되었다.

하지만 나는 내 남편 할Hal에게 그리고 2년 전 나에게 일어난 극심한 고통에 완전히 준비가 되지 않은 상태였다. 그 일이 일어나기 전에 나는 하나님을 매우 잘 안다고 생각했다. 그래서 베스트셀러가 된 몇 권의 책을 집필했고 그 책에서 그리스도를 믿는 나의 믿음에 대해서 열정적으로 말했다. 이 세상에 사는 수백, 수천 명의 사람들에게 하나님을 위해 살라고 격려하고 권고했다. 하지만 나는 하나님을 제대로 알지 못했다.

나의 안전하고 평안한 삶이 무너지기 시작했을 때 구약성경의 예레미야 선지자처럼 행동하는 내 자신을 발견했다. 그 선지자는 마음속으로 하나님을 향해 주먹을 휘두르며 이렇게 물었을 것이다. "어디에 계세요?" "더 이상 돌보지 않으시나요?" "정말로 만물을 다스리신다면 어떻게 이런 일이 일어나게 하실 수 있죠?" 하나님과 나와의 관계는 흔들렸고 그분의 뜻을 이해하는 나의 판단력은 절망적일 정도로 혼란스러웠다.

마치 강도들에게 집을 몽땅 털린 기분이었다. 아침에 집안을 말끔히 정리해놓고 나갔는데 퇴근해서 돌아와 보니 모든 물건들이 혼란스럽게 뒤범벅이 된 채로 널려있는 것처럼 말이다. 그것들을 정리해서 원래 있던 자리로 넣지 못할 것 같았다. 일상생활로 돌아가기를 간절히 바랐지만 길을 찾을 수 없을 것 같았다.

희망의 씨 심기

가슴 찡한 멜로드라마 같은 이야기를 하려는 것이 아니다. 그동안 우리는 슬픈 이야기를 충분히 들었다. 나의 희망과 기도는 살면서 내가 겪은 '불공평했던 일'을 말함으로써 상처받은 사람들의 마음속에 소망의 씨앗 몇 개를 떨어뜨릴 수 있기를 바라는 것이다.

분명히 말하지만 고통에 관한 책을 쓰는데 꼭 필요한 경험을 하는 것은 결코 큰 축복이 아니다. 나는 이런 책을 쓰고 싶지 않았다. 자기 자신을 성숙시키는데 도움이 되고 사람들 간의 관계와 하나님과의 관계를 개선시키는데 도움이 되는 기쁨을 주는 책을 쓰고 싶었다.

하지만 훨씬 더 많은 사람들에게 있어서, 그들이 하나님에게 기대하는 것과 그들이 경험하는 것 사이에는 커다란 차이가 있음을 발견했다. 많은 사람들이 성경에서 말하는 '더디 이루어지는 소망'이라는 '낙담시키는 기대'를 겪고 비탄에 잠긴다.

이 책을 통해서 하나님이 그분을 믿는 사람들에게 해주시는 많은 약속에 대해서 연구할 것이고, 그 약속을 믿는 많은 사람들이 자주 느끼는 실망과 조화시키려고 노력할 것이다. 나는 신학자가 아니다. 신학자가 이 책을 읽는다면 그는 내가 얼마나 이해하기 힘들고 복잡한 주제에 접근한 것에 대해서 걱정할지도 모른다. 나는 아마추어다. 나는 아마추어지만 그동안 이런 어려운 문제들에 대해서 응답해달라고 하나님께 신실하게 간구하면서 배운 것을 이 책에서 제시할 것이다.

나는 해답을 발견했다고 말하는 것이 아니다. 사랑하는 독자여, 내가 제시하는 것은 오히려 단서나 힌트, 암시에 가깝고 당신이 그것을 통해서 스스로 결론을 내려야 한다. 이것은 내가 평신도로서 하나님에 대해서 그리고 하나님이 그분의 백성들을 다루시는 것에 대한 문제의 해답을 알아내기 위해서 씨름하는 나의 보잘것없는 노력이다. 다시 말해서 그런 문제를 스테인드글라스처럼 깨끗한 신학적 성역에서 대부분의 사람들이 삶과 투쟁하는 커피숍 수준으로 끌어내리기 위한 노력이다.

내가 전능자의 행동을 - 또는 그것으로부터 부족함을 - 설명하려고 애쓸 때 나는 흔들리는 땅 위에 서 있는 기분이였다. 하지만 인생의 비극적인 일들이 우리를 산 채로 매장하려고 위협할 때 우리를 너무나 사랑하는 하나님께서는 우리를 도와주시기 위해서 손가락 하나 들지 않으시고 조용히 보고만 있는 것처럼 느껴질 때가 많다는 것을 우리 모두는 잘 알고 있다.

고통받는 자들의 집단

심지어 일찍이 경험했던 가장 어둡고 가장 괴로운 시간을 헤쳐 나가기 위해서 몸부림 치고 있을 때조차도 하나님께서는 나를 위해서 계속 일하고 계셨다는 것을 지금은 안다. 나를 빚으시고 나를 그 어느 때보다도 더욱 예수님의 형상과 비슷하게 교정하시고 계셨다는 것을 안다. 겟세마네 동산에서 "만일 아버지의 뜻이어든 이 잔을 내게서 옮기시옵소서"라고 기도하셨던 그분의 아들처럼 말이다. 그리고 십자가에 달리셨을 때 "나의 하나님 나의 하나님 어찌하여 나를 버리셨나이까"라고 외치셨던 아들처럼 말이다.

나는 더욱 남을 측은히 여길줄 아는 사람이 되었고 덜 비판적인 사람이 되었다. 그리고 다른 사람들의 말을 더욱 잘 들어주게 되었고 고통받고 있는 사람들에게 적절한 대답을 해주고 싶은 마음을 조금 자제했다.

또한 고통에 처한 사람들로 이루어진 완전한 하위문화가 있다는 것도 잘 알게 되었다. 그것을 일종의 '고통받는 자들의 집단' Society of Suffers이라고 한다. 당신은 그들을 '생존을 위협받는 사람들' the survival-challenged이라고 부를지도 모르겠다.

세계 도처를 돌아다니면서 강연할 때 나는 그들의 사연을 들었다.

- 하나님이 왜 자신의 귀한 아들을 물에 빠져 죽게 하셨는지 이해할 수 없었던 남아프리카의 한 아버지
- 반항적인 아들 때문에 마음과 정신적인 상처를 받고 있었던 미시간 주에 사는 한 어머니
- 토네이도 때문에 한 가정이 완전히 파괴되었고, 그들이 오랫동안 열심히 일구었던 모든 것이 순식간에 날아가버린 중서부에 사는

한 가족
- 남편과 어머니가 병원으로 오는 도중 술 취한 운전자와의 자동차 충돌 사고로 죽었다는 소식을 들은 임산부

고통받는 자들을 생각할 때 내 머릿속에 떠오르는 괴로운 표정을 사람들 가운데 이들이 속해있다. 이 집단은 각계각층의 사람들을 포함한다. 어떤 종교단체나 인종단체도 제외되지 않는다. 그리스도인, 무신론자, 다른 종교에 소속된 사람들까지 해당된다. 확실히 예수님이 말씀하신 것처럼 비는 의로운 자와 불의한 자에게 똑같이 내린다(마태복음 5:45 참조).

최근까지 나는 이 사람들을 안아주고 그들을 위해서 기도해주고 그들과 함께 울고 그들이 잘되기를 바랄 수밖에 없었다. 하지만 그들의 마음속에 무슨 일이 일어나고 있는지에 대해서는 알지 못했다. 그들의 마음을 괴롭히는 고통이 어느 정도인지 알지 못했다. 종종 나는 그들의 사연을 생각하고 그들이 일찍이 그 모든 고통을 견뎌낼 수 있었다는 사실에 놀라곤 했다. 그리고 내가 그와 똑같은 시련과 고난을 견뎌야 한다면 어떻게 했을까 궁금해 하곤 했다.

사람들이 생존을 위협받는 단체에 가입하게 되는 이유는 수없이 많다. 어떤 사람들은 불치병이나 악성질환 때문에, 어떤 사람들은 배우자나 자녀나 혹은 사랑하는 사람들을 잃은 고통 때문에, 어떤 사람들은 이혼을 했거나 물질적인 어려움을 겪고 있거나 만성 우울증이나 정서장애를 겪고 있기 때문이다. 누구의 상실감이 더욱 큰지, 누가 더 큰

고통을 겪었다고 말할 수 없다. 이혼이 배우자의 죽음보다 더욱 심한가? 어떤 이의 슬픔과 상실감을 다른 사람의 슬픔과 비교하는 것은 가치 없는 일이다. 삶의 불공평함은 법원이나 의료계 등에서 모든 종류의 배반 행위나 실망감을 주는 일에서 매일 일어난다.

문제는 "가장 상처를 많이 받는 사람은 누구인가?"가 아니라 "우리의 고통을 처리하는데 도움이 되는 일은 무엇일까?"이다.

어떤 사람들은 마약을 하거나 술을 마시는 것으로 고통을 잊어버리려고 한다. 어떤 사람들은 세상으로부터 도피하기도 하고 또 어떤 사람들은 소리지르면서 화를 내기도 한다. 어떤 사람들은 사이비 종교나 이교 속에서 대답을 찾는다. 슬프게도 어떤 사람들은 하나님이 그들을 실망시켰다고 하나님에게 등을 돌린다.

진실은 사람들이 고통에 빠진 후에야 비로소 그 고통에 반응하는 방법을 알게 된다는 것이다. 그리고 내가 고통에 빠질 차례가 곧 올 것이다. 내가 고통 중에 있었을 때 나는 어느 순간 하나님이 "때를 따라 돕는 은혜"를 주신다(히브리서 4:16)라는 히브리서의 말씀에 매달리고 있었다. 하지만 고통 속에서 그분을 의지하려고 애썼을 때 하나님은 서둘러서 나에게 그런 은혜를 베풀어주시지는 않았다. 나는 오도가도 못하는 기분이 들것이라고는 결코 예상하지 못했다. 영적인 온전함으로 돌아가는 길을 찾을 수 없을 것이라고도 결코 예상하지 못했다. 마치 마음속에서 피가 흐르고 그 결과 믿음이 약해지고 흔들리는 느낌이었다. 언제 구원받을지 얼마나 궁금했는지 모른다.

최근에 한 여성이 내가 겪은 일들에 대해서 들었을 때 이렇게 말했다. "당신은 멜로드라마 같은 삶을 살았네요." 나는 멜로드라마의 열렬한 팬은 아니다. 하지만 그녀의 말이 설득력이 있다는 것을 깨달았다. 그래서 나는 다음과 같은 시를 썼다.

나는 노던 익스포저(Northern Exposure -알래스카 주민들을 소재로 한 드라마)를 겪
으면서 어두운 그림자(Dark Shadows-ABC의 TV 연속극) 속에서 자랐다
그리고 세상이 돌아올 때(As the World Turns- CBS의 TV 시리즈)
나는 대담하고 아름다운 사람들(The Bold and Beautiful-미국 TV 드라마)
가운데 한 사람이 되기 위해 애쓰면서
우리 인생의 나날들(Days of Our Lives-NBC TV 인기 드라마)을 보내곤 했다
하지만 단지 젊은 사람들과 불안한 사람들(The Young and Restless-CBS 드라마)
가운데 한 사람이 되었다

필사적으로 내일을 찾으면서(Search for Tomorrow-TV 인기 드라마)
나는 또 다른 세상(Another World-TV 드라마)으로 향했다
하지만 대신 종합병원(General Hospital-TV 드라마)에서
밤의 끝(The Edge of Night-TV 드라마)으로 끝났다

그때 나의 등대(Guiding Light-TV 드라마)이신 예수 그리스도께서
나의 은밀한 폭풍(Secret Storm-TV 드라마)을 이겨내게 하셨다

그분은 말씀하셨다. "와서 나와 함께 내 왕국(Dynasty-TV 드라마)에서 지내자

나의 모든 아이들(All My Children-TV 드라마)과 하나가 되어라

그러면 나는 너에게 살 수 있는 하나의 생명(One Life to Live-TV 드라마)을 줄 것이다."

당신은 이런 고통의 단체에 속하는 것이 어떨지 알고 있는가? 안다면 이 책은 당신을 위한 것이다.

당신에게 소중한 누군가가 고통을 겪은 적이 있을지도 모른다. 또는 지금 겪고 있을지도 모른다. 그리고 당신은 고통받는 이유에 대한 대답을 찾고 있을지도 모른다. 그러면 나는 다시 당신을 위해서 이 책을 쓸 것이다. 당신은 단지 이 세상에 너무나 많은 고통과 슬픔이 있다는 사실에 괴로워하고 있고 그 이유를 알고 싶을지도 모른다. 그렇다면 내가 당신을 위해서 이 책을 쓸 것이다. 하지만 나는 쉬운 답을 주기 위해서 쓰지는 않을 것이다. 왜냐하면 그런 것은 존재하지 않기 때문이다.

나는 사람들이 고통받는 이유를 말해주기 위해서 이 책을 쓰지는 않을 것이다. 왜냐하면 나도 모르기 때문이다. 또한 C. S. 루이스가 "당신의 눈이 눈물로 흐릿해진 동안에는 어떤 것도 잘 볼 수 없다"라고 말했던 것처럼 고통에 관한 모든 질문에 대답해준다는 약속을 할 수 없기 때문이다.

나의 목적은 고통에 관한 교과서를 쓰는 것이 아니라 우리에게 내려올 준비가 되어 있는 하나님의 은혜를 소망을 가지고 발견할 수 있는 여행을 떠나자는 것이다. 캄캄한 지하대피실에 앉아서 토네이도가 지

상에 있는 집을 파괴하는 소리를 들을 때에도 받을 수 있는 은혜 말이다!

당신이 마음을 활짝 열고 슬퍼하고 있든지, 감정을 잘 숨기고 은밀히 괴로워하고 있든지 간에 내가 신앙적인 상황 속에서 행했던 정직한 탐구가 당신의 고통 속에서 구원을 찾으려고 분투할 때 도움이 되기를 바란다.

이 여행을 시작하기에 앞서서 말하고 싶은 세 가지 중요한 사항이 있다.

1. 당신은 고난을 결코 '극복하지' 못할지도 모른다. 나는 살면서 잘못된 모든 일들을 언제 '극복할 수 있을 지' 궁금해 했던 때가 있었다. 하지만 지금은 사람들이 크나큰 상실감과 환멸감으로부터 쉽게 '회복할' 수 있다고 믿는 것은 비현실적이라는 것을 실감하고 있다.

내 남편이 병에 들고 비극적인 사건들이 내 삶속에 닥치기 전에는 내가 도달하고 싶었던 곳에 도달할 것이라고 결코 생각하지 않는다.

현재의 리 이젤은 2~3년 전의 그녀와는 전혀 다른 사람이다. 하지만 어떤 사람들은 옛날의 리로 계속 남기를 원한다. 그들은 "그럭저럭 지내세요"라고 권면하면서 나를 고치려고 애쓴다. 깊은 고통을 겪어본 사람이라면 그렇게 사는 것이 쉽지 않다는 것을 알 것이다. 진실은 다음과 같다. 당신은 결코 고통을 극복하지 못할지도 모르지만 그것을 헤쳐나갈 수는 있다.

나는 현재 비교적 고통을 잘 헤쳐나가고 있다. 나는 무장되어 있고

(기대할 수 있을 만큼) 올바른 정신 상태를 유지하고 있다. 하지만 그것은 내가 강한 여자이기 때문이 아니라 하나님께서 나에게 탐구의 시간, 다시 말해서 상실감에서 새로운 생명으로 태어나는 시간을 허락하셨기 때문이다.

> 당신은 결코 고통을 극복하지 못할지도 모르지만
> 그것을 헤쳐나갈 수는 있다!

이 책에서 내가 가장 암울했던 시기에 믿음에 의지하려고 몸부림치면서 저지른 실수와 실패를 소개할 것이다. 하지만 지금 나는 두려움 속에서 용기가 자랄 수 있고 그 결과 내 믿음이 내 삶의 기초가 매우 격렬하게 흔들리기 전보다 더욱 강해졌다는 것을 말하고 있다.

2. 우리가 지금 시작하려는 여행은 자유로 안내한다. 이 여행은 겁 많은 사람들을 위한 것도 아니고 하나님과 친밀한 관계에 있는 사람들에게 나쁜 일들이 일어나지 않는다고 계속 믿고 싶어하는 사람들을 위한 것도 아니다.

그리스도인들에게 있어서 고통은 수많은 믿음의 형제들이 욥기를 한 번도 읽어보지 않은 것 같은 사실 때문에 훨씬 더 심해질 수 있다. 또는 욥기를 읽어도 이해하지 못했을 것이다. 당신이 힘든 시기를 겪고 있다면 사람들은 분명히 당신이 살면서 어떤 은밀한 죄를 저질렀을 것이라고 생각한다.

그 결과 고통을 겪는 그리스도인들은 자신이 무슨 일을 저질러서 주님이 자신에게 등을 돌리셨는지 궁금해 하면서 스스로를 정죄한다. 또 마음속에서는 피가 흐르고 있을 데도 얼굴에는 가식적인 미소를 띠고 행복하고 기쁜 모습을 세상 사람들에게 보여준다. 이로인해 그들은 힘든 시기를 헤치고 나가기 위한 필요한 도움을 얻지 못하기 때문에 고통은 더욱 깊어지고 극복하기가 어려워진다.

얼마나 큰 비극인가! 갈라디아서에 그리스도인들은 짐을 서로 지라고 기록되어 있다. 대신 나는 그리스도인들이 상처 입은 사람들을 상처 입히는 유일한 사람들이라고 들은 적이 있다. 그리고 어느 부분에서 그것을 사실이라고 믿는다.

3. 하나님은 다스리시고 우리를 사랑하신다. 당신이 겪은 상실과 고통은 내가 겪은 것과 다를지도 모른다. 아마도 당신은 지금 내가 깨달은 것처럼 비극이 사탄의 세계관에 깊이 그리고 영원히 영향을 미친다는 것을 깨달을지도 모른다. 삶이 불공평하게 보일 때 얼굴에 미소를 띠고 명랑한 아이같이 순진한 믿음을 갖고 하나님을 의지할 정직한 사람은 아무도 없을 것이다. 우리의 믿음이 나약해졌다고 느낄 때 어떻게 그리 할 수 있겠는가?

그러면 내가 지금 빈정대고 있는 것인가?

절대로 그렇지 않다!

나는 그 어느 때보다 지금 더 많이 소망한다. 이렇게 소망할 수 있는 위치에 쉽게 도달한 것은 아니었다. 내 삶에 뿌리내린 황폐시키는 사건들이 왜 일어났는지 이해하려고 애썼을 때 어느 순간 나는 하나님과 그분의 본성에 대한 어려운 문제와 씨름하고 있었다. 쉬운 대답과 진부한 견해만으로는 충분하지 않았다. 나는 다음과 같은 질문에 대한 해답을 알고 싶었다.

- 우리의 죽음이 정말로 하나님의 손에 달려있나?
- 천국이 어떤 곳인지 알 수 있을까?
- 우리의 날이 정말로 계수되어 있을까? 그렇다면 기도한다고 해서 무엇이 달라질 수 있을까?
- 상황이 점점 더 나빠지고 있을 때 기도하는 것이 왜 중요한가?
- 헌신적인 믿음의 삶을 살아도 이 세상에서는 보상이 없을까?
- 이 상황에서 어떤 좋은 것이 나올 수 있을까?
- 고통은 하잘것없고 무의미한 것인가?

이런 문제들과 씨름하면 할수록 하나님이 그분의 백성들에게 그들이 고난에서 해방된 삶을 살게 될 것이라는 약속을 결코 해주지 않았다는 것을 더욱 이해하게 되었다.

> 우리를 향한 하나님의 손은 우리를 상처 입히기 위한 손이 아니다. 오직 그 손은 상처 입은 손이다. 못자국난 손이다.

그분은 정말로 우리가 고통받을 때 우리와 함께 하겠다고 약속하셨다.

당신은 하나님이 당신을 사랑하고 당신을 고통받게 함으로써 당신에게 벌을 내리시는 것이 아니라는 것을 알 수 있을 것이다. 당신이 저지른 죄 때문에 그분에게 진 어떤 '빚'을 갚고 있는 것이 아니다. 그분은 자신의 아들을 보내셔서 우리를 위해서 고난받고 죽게 하심으로써 우리가 진 빚을 이미 갚으셨다.

기억하라, 우리를 향한 하나님의 손은 우리를 상처 입히기 위한 손이 아니다. 오직 그 손은 상처 입은 손이다. 못자국난 손이다.

나는 하나님이 우리를 돌보시고 우리가 고난에 대한 어떤 어려운 문제를 질문할지라도 싫어하지 않는다는 것을 확신한다. 중요한 것은 그것뿐이다!

각 장의 끝에 "질문하기 … 그리고 실행하기"라는 부분이 나올 것이다. 야고보서 1장 5절에 "너희 중에 누구든지 지혜가 부족하거든 모든 사람에게 후히 주시고 꾸짖지 아니하시는 하나님께 구하라 그리하면 주시리라"고 되어 있다.

때때로 믿음은 하나님께 어려운 질문을 하고 듣고 싶지 않은 대답일지라도 기꺼이 그 대답을 들으려는 마음에서 생긴다. 하지만 야고보가 2장에서 지적하듯이 그것이 우리가 해야 할 일의 전부는 아니다. 그는 아브라함을 믿음 있는 사람의 주요한 본보기로 언급한 다음 이렇게 말한다. '네가 보거니와 믿음이 그의 행함과 함께 일하고." 그 다음에 그는 아브라함의 '행함으로 믿음이 온전하게 되었느니라"고 덧붙인다 (22절).

질문하기 … 그리고 실행하기. 이것들이 믿음을 생기게 하기 위해서 함께 일한다.

"질문하기 … 그리고 실행하기"는 당신이 치유과정을 겪는 동안 어떤 중요한 질문을 할 때 도움이 되도록 고안된 것이다. 또한 치유과정에서 도움이 될 실천할 행동도 몇 가지 제안할 것이다. 큰 슬픔을 통해서 당신이 성장하고 당신이 받는 궁극적인 보상이 되는 것이 내 기도 제목이다. 슬픔을 통한 성장은 결코 시간 낭비가 아니다. 오히려 당신의 삶에 값을 매길 수 없는 보물이 될 것이다.

이제 여행을 시작할 준비가 됐는가? 그럼 떠나자!

질문하기 … 그리고 실행하기

☐ **1단계 : 질문하기**

지금 개인적인 고통이 당신과 하나님 사이에 갭을 만들고 있는가, 아니면 당신이 두분에게 더욱 가까이 가는 데 도움을 주고 있는가?

☐ **2단계 : 실행하기**

이 책을 읽음으로써 얻기 바라는 것을 목록으로 만들어보라. 다음과 같이 적어보라

1. 성장
2. 여행할 수 있는 은혜
3. ....
4. ....
5. ....

성경공부

마태복음 5:45 로마서 8:28, 히브리서 4:13, 야고보서 1:5, 22

02
"빅 C" 처리하기

수많은 위험과 수고와 유혹을 이겨내게 하시어
우리는 마침내 본향本郷에 도착했다네
우리를 지금까지 이렇게 안전하게 데려다 주신 주님의 은혜
그 은혜에 힘입어 우리는 본향本郷으로 인도되리니
(존 뉴튼John Newton)

사랑스러운.

내 남편 할을 생각할 때 떠오르는 첫 번째 말이다.

그리고 이것은 나만의 생각은 아니다. 할은 모든 사람들이 좋아했고 매우 사랑했던 훌륭한 사람들 가운데 한 명이다.

할은 몸집이 커서 처음에는 위협적으로 보일 수도 있지만 그와 잠깐 동안만 지내보면 그의 부드럽고 섬세한 면을 금방 알게 될 것이다.

우리는 사경회에서 만났다. 진부하게 들리겠지만 우리는 정말로 "첫눈에 사랑에 빠졌다." 우리는 데이트를 시작했고 그를 알면 알수록 내 감정은 더욱 깊어졌다. 특히 그의 두 딸 파멜라Pamela와 산드라Sandra를 대하는 그의 자상함에 감동받았다. 할은 고통에 대해서 확실히 알고 있었다. 그는 두 명의 아름다운 그리스도인 여성들과 결혼했었다. 첫 번째 부인은 뇌종양으로 죽었고 두 번째 부인은 낭창으로 죽었다.

할이 나에게 세 번째 부인이 되어달라고 부탁했을 때 나는 감격했다. 결국 세 번째 행운인 셈이었다. 마지막이라그 해서 시시하다는 의미는 아니다.

할은 레이건 대통령 정부시절에 서부지역 이민국의 공증인으로 일한 후에 개인 사업을 시작했다. 그를 위협할 수 있는 위험은 세상에 없었다. 그는 담대했고 용감했으면 열정적이었다. 사전에서 '기업가' entrepreneur라는 단어를 찾았을 때 그 단어 옆에 할의 사진이 있어도 별로 놀라운 일이 아닐 정도였다.

그는 자즈 아프지도 않았고 몸이 안 좋다고 해서 즉시 병원으로 달려가는 사람도 아니었다. 그는 병을 다스릴 수 있고 가볍게 이겨낼 것이라고 생각했기 때문에 계속해서 열심히 일했다.

하나님에게 취하다

할은 치유사역에 관심이 매우 많았다. 그래서 어느 아름다운 가을밤에 나는 유명한 복음전도자가 설교하는 치유집회에서 앞줄에 앉아 있었다.

사실은 그곳에 있고 싶지 않았다. 솔직히 이 특별한 복음전도자에게는 나를 불편하게 만드는 무엇인가가 있었다. 그는 일류였다. 그가 하나님을 욕되게 하는 말을 해서 불편한 것은 아니었다. 그는 사역을 통해서 일어나는 모든 영광을 예수 그리스도에게 돌릴 준비가 되어 있었다. 하지만 그의 매너리즘 가운데 몇 가지는 도에 지나쳤고 교회 예배보다는 라스베이거스 라운지 쇼에나 잘 어울릴 것 같았다.

그러나 나는 그의 성격이나 외모에 정신이 분산되지 않으려고 애를 썼고 그의 성경 중심의 설교에 집중하려고 노력했다.

예배가 끝나갈 무렵 그 복음전도자가 청중을 둘러보면서 말했다. "여러분 중에 하나님의 사역을 하기 위해서 더욱 큰 능력을 사모하시는 분들은 지금 연단으로 나와서 기도받으세요."

'안 될 것이 뭐 있겠어?' 이렇게 생각한 나는 수십 명의 사람들이 줄을 선 연단 앞으로 나가고 싶었다. '기도받는다고 해서 해로울 건 없잖아. 전국을 돌아다니면서 장기간 밤낮으로 강연을 하면 체력이 소모되는 것도 사실이니까. 사역을 하기 위한 더욱 큰 능력? 내가 손해 볼 건 없잖아? 확실히 그 힘을 사용할 수 있을 거야!'

하지만 나는 그 다음에 벌어진 일에 대한 준비가 전혀 되어있지 않았다. 그것은 마치 벼락같은 하나님의 사랑과 능력이 나에게 감전된 느낌이었다. 복음전도자와 멀리 떨어져 있었는데도 그것은 예고도 없이 나를 강타했고 다리에 힘이 풀리면서 바닥에 큰 대자로 나동그라졌다. 당황한 나는 일어나려고 했지만 그럴 수 없었다. 오직 내가 할 수 있는 일은 거기에 누워서 하나님의 사랑과 평화의 물결이 나를 씻기고 내 몸속에서 흐르도록 내버려 두는 것뿐이었다.

마침내 도움을 받아 일어날 수 있었지만 술 취한 여자처럼 비틀거렸고 다시 바닥에 눕고 말았다.

나는 살면서 그런 상쾌한 기분을 경험해본 적이 한 번도 없었다. 아무도 나를 그렇게 만진 적도 없었다. 그리고 연단에서 넘어질 준비도 되어 있지 않았다.

그날 밤 나에게 역사하신 하나님의 영향은 한 달이 지나서야 비로소 완벽하게 드러났다. 나는 녹내장을 앓고 있었고 그로인해 시신경이 압박을 받았다. 그래서 레이저로 눈 수술을 받기로 예약되어 있었다. 수술하기 전에 안과 의사와 상담을 하는데 그가 머리를 갸우뚱하면서 사무실로 들어왔다.

"뭐가 잘못됐나요?"

"잘못됐냐고요? 잘못된 건 아무것도 없어요. 전혀요."

나는 그의 말을 이해하지 못했다.

"리, 수술받을 필요가 없겠어요. 눈은 괜찮아요. 12년 동안 앓던 녹내장이 나았네요. 더 이상 수술받을 필요가 없어요."

심지어 평생 고생했던 난시조차 깨끗이 사라졌다. 하나님께서 나를 고쳐주셨는데도 알지 못하고 있었던 것이다. 안경을 썼는데도 잘 안보였던 이유가 눈이 완전히 회복되었기 때문이라는 것을 알게 되었다. 그리고 더 이상 안경을 맞출 필요가 없었다.

나는 초자연적인 치유를 요구한 적도 없었고 그것을 기대하지도 않았고 심지어 그런 힘이 왔을 때도 깨닫지 못했다. 하지만 이런 경험을 한 이후로 나는 당연히 다음에도 하나님이 치유의 역사를 베풀어 주시고, 내가 원할 때 다시 역사해주실 것을 기대하게 되었다.

그저 감기라고 생각했는데…

할이 감기라고 생각했던 병에 걸린 것은 다음 해 1월이었다. 할은 구토 증세와 식욕이 없었으며 온몸에 힘이 없고 쇠약해진 느낌이 들었다.

어느날 나는 그에게 샌드위치를 먹겠냐고 물었다.

"아니." 그가 거절하며 말했다. "먹고 싶지 않아." 내 얼굴에 떠오른 걱정스러운 표정을 보자 그는 농담을 하려했다.

"최소한 살은 빠질 거야." 그가 미소 지으며 말했다. "살이 빠지면 좋잖아."

한 달이 지나도 '감기'가 낫질 않자 나는 할에게 병원에 가야 한다고 말했다. 그동안의 몸 상태에 대해서 의사에게 사실대로 말하는 것을 확인하고 싶었기 때문에 나는 그와 함께 병원에 갔다.

의사는 대수롭지 않게 말했다.

"지금 독감이 유행이에요. 푹 쉬면 나을 거예요."

나는 의사에게 검사를 요구했지만 그는 어떤 검사도 요청할 의사가 없었다. 할의 증상은 보통의 감기 증상으로 결론이 내려졌고 그것으로 끝났다.

(내가 당신에게 할과 나는 건강관리보험HMO에 들었다고 말한다면 놀랄 것인가?)

할의 성격에 맞지는 않았지만 그는 느긋해지려고 했고 많이 쉬려고 노력했다. 하지만 별 도움이 되지 않았다. 하루나 이틀 동안은 몸이 좋아지기도 했지만 다시 메스껍고 기운을 차리지 못했다.

어머니날이었던 주일날 나는 할의 동생 돈Don이 섬기는 교회에서 강의를 했다. 그날의 예배는 로스앤젤레스 항구 지역에 위치한 성경을 믿는 그리스도인들의 훌륭한 예배였다. 나는 믿음으로 어려운 상황을 헤쳐나가자는 주제에 대해서 설교하고 있었다.

그날 예배에 집중하는 할의 모습과 너무도 아파보이는 그 모습을 결코 잊지 못할 것이다. 그는 인자하신 어머니 나나Nana 옆에 앉아 있었고 그가 신도석 의자 아래로 점점 내려가는 모습을 지켜봐야 했다. 나는 그가 바닥에 떨어질까봐 두려웠다.

정말 독한 감기였다. 월요일이 되었을 때 할은 여전히 병원에 가고 싶어 하지 않았다.

"봐요!" 나는 그에게 소리치다시피 말했다. "거의 4개월째 감기를 앓고 있잖아요. 그리고 몸도 더 나빠지고 있고요. 심지어 제대로 걷지도 못하는데 병원에 가야 해요!"

처음으로 나는 할의 눈에 공포같은 것이 어리는 것을 보았다. 그 당시에 나뿐만 아니라 할도 우리가 감기 이상의 것을 다루고 있다는 것을 느꼈다고 생각한다. 그러나 우리 모두 검사 결과가 어떻게 나올지에 대해 준비가 되어있지도 않았고 예상하지도 못했다.

놀랍게도 의사는 여전히 할이 검사받을 필요가 없다고 했다. 그는 "시간이 지나면 낫을 거라"고 했지만 나는 그의 말에 동의할 수 없었다.

"선생님이 전산화단층촬영CAT을 요청하시기 전에는 이 사무실에서 나가지 않을 거예요." 나는 의사에게 말했다.

"그럴 필요가 정말로 있을지…"

"이 사람을 보세요! 감기가 아니에요! 도움이 필요하다구요!" 나는 소리쳤다.

내가 굴복할 것 같지 않자 의사는 결국 지시를 내렸고 우리를 촬영실로 보냈다. 검사 후에 우리는 집으로 돌아갔고 할의 몸속에서 정말로 무슨 일이 일어나고 있는지 알려줄 전화를 기다렸다.

몇 시간 후에 전화벨이 울렸다. 전화를 받자 담당 의사의 떨리는 목소리가 수화기를 통해서 들려왔다.

"할, 간이 너무 커요. 심각한 상태인 것 같아요." 그가 말했다.

"심각하다니 무슨 뜻이죠?" 할이 물었다.

수화기에서 잠시 침묵이 흘렀다. 의사는 말하고 싶지 않았지만 선택의 여지가 없었다.

"간암인 것 같아요." 그는 조용히 말했다.

그때 내가 했던 행동을 생각하면 지금도 부끄럽다. 나는 다른 전화로 그들의 통화를 듣고 있었는데 의사를 마구 공격했다.

"어떻게 암이라고 말할 수 있죠? 당신이 암전문의예요? 암환자를 치료하나요?" 나는 그를 맹렬히 공박했고 왜 그랬는지 지금도 이해할 수 없다. 아마도 그 의사가 "그래요, 당신 말이 맞아요. 결국 암이 아닐지도 몰라요"라고 말해주기를 바랐던 것 같다.

"전화로 이런 말을 하다니 믿을 수 없어요! 확실히 알지도 못하잖아요."

의사는 내가 화내는 것을 충분히 이해했고 검사를 더 해보자는 말에 동의했다. 그리고 그는 다음날 오전에 암전문의와 진료 예약을 해놓았다고 우리에게 말했다.

전화를 끊고 나서 나와 할은 부둥켜 안고 하염없이 울었다. 어떻게 이런 일이 할에게 일어날 수 있단 말인가? 이렇게 멋진 사람에게… 어떻게 이런 일이 우리에게 일어날 수 있단 말인가? 서로 너무나 사랑하고 우리의 인생과 우리의 결혼을 하나님을 섬기는 일에 바친 사람들에게… 그럼에도 불구하고 이 일은 우리에게 일어났다.

그 순간에 우리는 완전히 고립된 채 홀로 남겨진 듯한 느낌이 들었다. 하지만 우리는 혼자가 아니라는 것을 알았다. 왜냐하면 하나님이 우리와 함께 계셨기 때문이다.

사망의 음침한 골짜기

다음날 암전문의는 할의 상태에 대해 설명을 했다. 그는 날씨에 대해서 말할 수도 있었지만 할의 생명에 대해서 말하고 있었다.

그는 할이 간암이고 췌장에서 처음 발병됐을 거라는 담당 의사의 예측에 동의했다. 그가 앞으로 있을 치료에 대해서 솔직한 목소리로 말하고 있었을 때 내 머릿속에서는 수많은 '가정들'의 목록을 끊임없이 생각하고 있었다.

할이 아팠을 때 바로 병원에 갔었다면 어땠을까?

감기가 지나가길 기다리는 대신에 처음부터 일련의 검사를 요구했다면 어땠을까?

할에게 좀 더 쉬고 자신을 더 잘 돌보라고 했다면 어땠을까?

안 돼! 과거에 일어난 일을 후회하는데 시간을 보낼 수 없었다. 나와 할, 두 사람은 앞으로의 일에 다시 말해서 이 끔찍한 병을 이기고 우리가 함께 계속 사는 일에 집중해야 했다.

암전문의는 할이 즉시 항암화학요법을 시작해야 한다고 말했다. 그는 종양의 크기가 줄어들 가능성에 대해서 말했고 현대 의학으로 병을 완치할 수 있다는 희망을 우리에게 주었다. 진실은 할의 암이 거의 희망이 없는, 다시 말해서 초자연적인 기적으로도 치유될 확률이 거의 없다는 진단을 받았을 때부터 지금까지 진행됐다는 것이었다.

암전문의가 우리에게 솔직했었다면 아마도 나와 할은 몸을 쇠약하게 만드는 몇 주 동안의 치료를 받지 않았을 것이다.

나와 할은 상태의 심각성에 대해서 완전히 이해하지 못했지만 우리 두 사람 모두 시편 기자가 "사망의 음침한 골짜기"라고 부르는 힘들고 위험한 곳으로 우리가 들어갔다는 것을 알았다.

우리가 시편 23편을 함께 읽었을 때 다윗이 "내가 사망의 음침한 골짜기로 다닐지라도"라거나 "내가 절박해서 사망의 음침한 골짜기에 가까이 갈지라도"라고 쓰지 않았다는 것이 떠올랐다.

오히려 그는 그 끔찍한 골짜기로 "다닐지라도"라고 썼다. 그리고 그것은 나와 할이 막 들어 가려는 곳이었다.

기어(Gears) 바꾸기

우리가 첫 번째로 해야 할 일은 할이 건강을 회복할 수 있도록 중보기도로 도와줄 수 있는 가족과 친구들에게 알리는 것이었다. 나도 할도 하나님의 치유의 능력에 대해서 잘 알고 있었다. 우리 두 사람은 하

하나님의 사랑이 벼랑 끝에 서 있는 사람을 구하는 것을 본 적이 있었고 우리 두 사람 모두 야고보서에 "의인의 간구는 역사하는 힘이 많으니라"(5:16)와 같이 정곡을 찌르는 말씀이 있다는 것을 알고 있었다.

할이 진단받은 직후에 '기도의 용사'라고 알고 있는 믿을 만한 친구 몇 명이 모여서 우리 집에서 집회를 했다. 그날은 긴급하고 간절히 기도하는 밤이었다. 사탄과 그의 군사들을 그들이 속해 있는 지옥으로 다시 쫓아 보내는 기도의 밤이었다.

저녁이 되기 전에 우리 모두는 눈물바다가 됐지간 할의 상태 때문에 절망해서 울지는 않았다. 오히려 하나님이 시작하시려는 일에 대한 기쁨과 소망의 눈물을 흘리며 울고 있었다. 치유에 관한 예언의 말씀이 할의 입에서 선포되었고 우리는 그가 곧 고침받을 것이라고 분명하게 느꼈다.

의사에게 "항암화학요법은 필요 없을 것 같아요. 보시다시피 하나님이 할을 초자연적으로 고쳐주셨거든요!"라고 말한다면 얼마나 멋질지 생각했다.

다음 날 나는 할의 상태가 조금 호전되었으리라 기대했다. 하지간 그는 더 안 좋아보였다. 그리고 담당 의사들은 낭비할 시간이 없다고, 즉시 항암화학요법chemotherapy을 시작해야 한다고 말했다.

다시 회의가 열렸다. 이번에는 할이 치료를 받아야 하는지 의논하기 위해서 이젤 집간이 연 회의였다.

할은 동생 돈과 그의 아내 린다Rinda의 지혜를 신뢰했다. 할의 어머니 또한 우리 딸 팸과 함께 그 자리에 있었다. 3,200킬로미터 떨어진

동해안에 사는 딸 샌디도 전화로 우리와 함께했다. 그들의 걱정스러워하는 표정에서 그들이 얼마나 내 남편과 나를 사랑하는지 분명히 알 수 있었다.

하나님이 우리 두 사람을 위해서 어떤 계획을 세우셨을지라도 그들이 우리의 힘과 평안의 원천이 될 것임을 알았다. 그리고 내 생각이 옳았다. 생각해보면 우리 두 사람 가운데 한 사람이 그들의 지속적인 사랑과 지원이 없었다면 무엇을 했을지 상상조차 할 수 없다.

> 암은 생물학적으로 귀신이 들린 것이다.
> 의학은 귀신을 쫓아내는 일종의 노력이다.

그날 밤 우리는 의사의 지시에 따라야 한다는 합의에 이르렀다. 의사들은 전문가였고 할은 매일매일 점점 더 쇠약해졌고 그가 고통스러워하는 것을 알 수 있었기 때문이었다. 그날 밤 이후로 나는 항암화학요법에 대해서 재미있는 점을 알게 되었다. 그것은 다음과 같다. 암은 생물학적으로 귀신이 들린 것이다. 의학은 귀신을 쫓아내는 일종의 노력이다.

나는 "바디캡슐"Fantastic Voyage이라는 오래된 영화를 보고 느꼈던 감동을 기억한다. 나는 공상과학 영화의 팬이었기 때문에 의료 전문가들을 축소시켜서 초소형 잠수함에 태우고 그 잠수함을 주사기로 환자의 혈관 속으로 주입한다는 그 영화의 소재가 마음에 들었다. 혈관에서 그들은 몸속을 돌아다니면서 환자의 생명을 위협하는 질병을 공격할 수 있었다.

유일한 군제는 환자 몸의 자연 항체가 그 잠수함을 침입자로 감지해서 그것을 공격한다는 것이다. 영화 속의 환자는 한 가지 면역체계를 갖고 있었다. 그것은 암세포가 우리 몸속에서 자라는 것을 막기 위해 우리 각자에게 필요한 것이다.

나는 암이 있는 할의 몸속으로 환상적인 여행을 떠나려는 암전문의가 가득 찬 소형 잠수함을 발견하기를 얼마나 원했는지 모른다! 하지만 그것은 불가능한 일이었다.

제발 주님, 우리에게 해야 할 바를 보여주세요!

다음 몇 주 동안 우리는 항암화학요법은 끔찍한 일이라는 통렬한 교훈을 배웠다. 항암화학요법은 몸속에 독을 쏟아 붙는 것과 같았다. 몸을 죽이지 않고는 암을 죽일 수 없다는 것이다. 때때로 그 반대일 때도 있다.

재키 오나시스Jakie Onassis는 몇 년 동안 임파선 암을 앓고 있었지만 비교적 건강하고 활동적으로 살았다. 하지만 그녀는 뉴욕의 한 병원에서 검사를 받았고 삼 일 후에 죽었다.

무슨 일이 있었을까? 의사는 그녀에게 다량의 약물을 투여했다. 하지만 그것은 나중에 치명적인 것으로 판명되었다. 전 영부인은 임파선 암으로 죽은 것이 아니라 항암화학요법에 의한 급성 중독으로 죽은 것이었다.

첫 번째 항암화학요법 치료 후에 나는 "그만해요!"라고 소리치고 싶었다. 하지만 암전문의는 모든 부작용은 할의 암을 즉각적으로 중지시키기 위해서 필수적으로 나타나는 증상이라고 설명해주었다. 하지만 어떤 것이 내 사랑하는 남편에게 더욱 해가 되는지 구별하기가 힘들었다. 그의 병인지 아니면 암전문의가 그 병을 파괴시키려고 노력하는데 사용하는 수단인지 말이다.

그러는 동안에 세계 도처에 사는 친구들이 수많은 효과를 봤다는 증거와 함께 확실한(?) 암 치료제를 들고 몰려왔다. 그중에는 암 정복을 보장하는 동양의 차와 독일의 세럼, 남아프리카의 고구마, 상어 연골, 고양이 발톱, 수많은 기타 조제약, 그리고 음식과 음료 등이 있었다. 심지어 우리는 매일 세 번씩 하면 몸 안의 암이 제거된다는 전자기파 대전 기구도 선물받았다.

암 투병에 관한 이런 대체요법 가운데 어떤 것들은 일반인들에게 비밀로 감추어졌다는 뉴스도 있었다. 뉴스에 의하면 미국 정부가 암 치료법이 존재하지만 제약회사, 병원, 그리고 의사들이 항암화학요법과 기타 표준 치료를 통해서 거두어들이는 막대한 수익을 올리기 위해서 그 암 치료법을 숨기고 있다는 사실이 확실하다는 것이었다.

나도 그 뉴스를 믿고 싶은 유혹을 받았다. 몇 번의 전기 충격이나 고구마 몇 접시가 정말로 할의 암을 치유한다면 매우 멋진 일일 것이다.

암 치료 대체요법에 관한 최신 정보를 발견하기 위해 인터넷에서 검색했을 때 혼란스러움은 훨씬 더 심각해졌다. 문자 그대로 오직 그 주제만으로도 수천 개의 웹사이트가 있었다. 나는 매일 몇 시간씩 전화를 걸고 상황을 확인하면서 하루를 보냈다.

암과 싸우는데 진실로 희망을 주는 것처럼 보이는 대체요법과 완전히 엉터리 치료법을 구분하는 것은 쉬운 문제가 아니었다. 불행하게도 의사들은 암치료에 대한 모든 대안적 접근 방식을 어리석은 것이라고 간단히 치부해버렸다. 마찬가지로(우리가 얘기를 나눈) 전인적 입장의 사람들은 전통적인 암치료법을 멀리하라고 우리에게 말했다. 우리는 양립할 수 없는 두 개의 견해로 이러지도 저러지도 못하는 상태에 있었다. 절충안은 없었다.

"제발 하나님" 우리는 기도했다. "우리에게 할 바를 보여주세요!" 우리는 환상이나 신기루를 쫓아가는데 시간을 낭비하고 싶지 않았다. 우리가 올바른 방향으로 가고 있는지 확실히 알고 싶었다. 하나님께서 "남아프리카에서 온 고구마는 먹을 필요는 없지만 동양에서 온 차는 아주 좋다"와 같은 말씀을 해주시길 소망했다. 하지만 그분은 침묵하시기로 결정하셨다. 할 수 있는 일은 우리가 옳은 일을 하고 있다고 기도한 다음 앞으로 나아가는 것뿐이었다.

그 시간 동안에 배운 것을 회상해 볼 때 암과 싸우고 있는 사람은 누구든지 전통적 치료법과 전인적 치료법 중에서 가장 좋은 것을 찾아야 한다고 생각한다. 언젠가 의사들과 전인적 치료사들이 겸손해져서 서로에게 배울 점이 있다는 것을 깨닫고 서로 협력하기를 바란다. 그날이 오면 암처럼 쉽게 치료되지 않는 질병을 이길 수 있는 진정한 의학적 진보를 이루게 될 것이다.

할은 내가 서로 읽거나 들은 것에 관해서 듣는 것을 재미있어 했다. 그것을 통해서 할은 희망을 가졌고, 나는 살기 위해 몸부리치는 사람에게 희망이 얼마나 중요한지 배우고 있었다.

우리는 집안 여기저기에 용기를 주는 글귀를 붙여놓고 긍정적인 태도를 유지하려고 노력했다. 여기에는 영혼을 북돋는 성경말씀, 하나님의 약속, 재미있는 문구, 서로에게 보낸 사랑의 말 등이 있었다. 또한 할은 두 개의 목록을 만들어 벽에 걸었다. 각각의 목록에는 새로운 항목을 적을 공간이 있었다. 첫 번째 목록에는 암을 이겨내야 하는 중요한 이유들이 적혀 있었다. 그것은 다음과 같다.

살기 위한 꿈
(곧 있을) 25주년 결혼기념일
딸의 마흔 번째 생일
손자 손녀들의 졸업
나나의 아흔 번째 생일
마가렛이 재혼하는 것 보기
부부를 위한 사역 단체 세우기

두 번째 목록은 암을 물리칠 수 있다는 용기를 주는 역할을 했다. 거기에는 암과 싸워서 승리를 거둔 몇 사람의 이름이 써있었고 "우리의 암 정복 영웅들"이라는 제목이 붙여져 있었다. 거기에는 에밀리 반스Emilie Barnes, 엘레인 플레시먼Elaine Fleishman, 래리 버켓Larry Burkett, 데이브 드레베키Dave Dravecky, 베티 사우써드Betty Southard, 존 이젤John Ezell, 수 뷰캐넌Sue Buchanan, 팻 킹Pat King 등이 있었다.

나는 암전문의 시드니 J. 위나워Sidney J. Winawer 박사가 그의 책 「치유 수업」Healing Lessons에서 희망의 중요성에 대해서 했던 말을 좋아한다. 위나워 박사는 그의 아내 안드레아Andrea가 암 진단을 받았을 때 그의 관점이 변하게 되었다.

전통적인 치료가 도움이 되지 못했을 때 그녀는 수많은 대안적 접근 방식을 조사하기 시작했다. 그것들 가운데는 전혀 '상관이 없는' 것도 있었다.

위나워 박사는 아내가 새로운 치료법에 대해서 들으러 갈 때마다 동행하곤 했는데 그곳에 앉아서 "저 사람은 자기가 무슨 말을 하는지도 몰라"라고 생각하곤 했다고 한다.

하지만 그는 부정적인 반응을 겉으로 표현하지는 않았다. 왜냐하면 사랑하는 아내의 눈에서 빛나기 시작한 희망의 빛을 보았기 때문이었다. 그는 다음과 말했다.

안드레아가 암이라는 것을 알기까지 나는 희망의 가치를 과소평가했다. 이제 희망이 나를 끌어당긴다. 아내가 희망을 가질 수 있다면 나는 그녀와 함께 희망을 가져야 한다. 우리가 희망을 가질 수 있는 한 나는 의학적 지식, 나의 본능, 나의 경험을 버릴 것이다. 불확실한 희망이 절망적인 확신보다 더 좋기 때문이다.

정말 중요한 것 배우기

내가 그 당시에 배우고 있었던 또 다른 것은 희망의 중요함 이외에 암 진단이 어떻게 인생에 대한 한 사람의 시각을 변화시킬 수 있는가였다. 어제까지만해도 매우 급박해 보였던 일이 갑자기 당신에게 전혀 감동을 주지 않는 일로 바뀔 수 있다.

프랭크 시나트라Frank Sinatra는 할이 암 진단을 받은 그 주에 죽었다. 나는 그의 열렬한 팬이었기 때문에 그 올드 블루 아이즈(Old Blue Eyes, 프랭크 시나트라의 별명) 음반이 산더미처럼 많았다. 평소 같으면 그가 죽었다는 소식을 듣고 하던 일을 멈추고 울었을지도 모른다. 하지만 그때는 그의 죽음이 단지 저녁 뉴스에 나오는 기사 가운데 하나일 뿐이었다.

할의 소식을 듣지 못한 한 친구가 신나는 정보를 알려주기 위해서 전화했다. 그녀는 비니베이비즈(Beanie Babies, 콩을 넣어 만든 주머니 인형)의 이월 상품을 아주 싸게 살 수 있는 곳을 발견했다고 말했다. 우리의 상황을 그녀에게 말했을 때 그녀는 어쩔 줄 몰라했다. 하지만 내가 과거에 비니베이비즈에 대해서 조금이라도 관심이 있었다는 것조차 믿기 어려웠다.

또한 핵 무기고를 세우려는 어떤 나라의 얘기가 TV에서 방송되었다. 어떤 극단적인 국가가 전 세계를 그냥 날려버릴지도 모른다는 것이 아닌가? 그런 뉴스에도 전혀 신경이 쓰이지 않았다. 그것은 실제로 일어날 일 같지 않았다. 내가 아는 현실은 할이었고 할 수 있는 한 오랫동안 이 멋진 현실을 고수하고 싶었다.

어떤 노래 가사처럼 세상사가 이상하게 희미해져 가고 있었다.

질문하기 … 그리고 실행하기

☐ **1단계 : 질문하기**

당신의 믿음은 사실에 입각한 것인가, 아니면 감정에 입각한 것인가? 사실이 감정보다 더 중요한 이유는 무엇인가?

☐ **2단계 : 실행하기**

하나님에 대해서 당신이 알고 있는 사실을 목록으로 만들어보라. 그런 후에 그 사실을 뒷받침할 수 있는 하나님의 말씀을 한 가지 이상 찾아보라. 하나님이 당신을 다루실 때 그분답지 않게 행동하신다고 느낄 때마다 목록을 보고 "성경에 써있기" 때문에 그분에 대해서 사실이라고 생각했던 것들을 확인해보라. 그분을 이해할 수 없을 때조차도 그분을 신뢰하는데 도움이 될 것이다.

1. 하나님은 다스리신다(다니엘 4:25).
2. 나를 향한 사랑스러운 생각을 갖고 계신다(예레미야 29:11).
3. ....
4. ....
5. ....
6. ....

성경공부

시편 23, 야고보서 5:16

03
일상적인 세상 찾기

그는 멸시를 받아 사람들에게 버림 받았으며 간고를 많이 겪었으며 질고를 아는 자라.
(이사야 53:3)

난 미쳤어!

정말 그랬다. 도대체 이 밤중에 가게에서 내가 무엇을 하고 있었던 것일까? 나를 지켜본 사람이라면 내가 겉으로 보기에는 새로운 색깔의 분홍색 립스틱을 찾고 있는 것처럼 보일지도 모른다.

아무튼 몇 분 동안 내가 실제로 하고 있었던 일은 암과 싸우는 생활에서 탈출을 시도하고 있었다는 것이다. 나는 잠시동안 할을 돌보는 일에서 도망치는 중이었고 약간의 평범한 생활을 찾고 싶었다.

나는 여자라는 느낌을 찾고 싶었다. 간병인이나 약 먹이는 사람, 음식을 먹이는 사람이 아닌 보통 여자 말이다. 그래서 한 친구가 잘 지내고 있는지 문병 차 왔을 때 가게에 다녀올 테니 잠시 할을 봐줄 수 있냐고 물어보았다. 사실 필요한 것은 아무것도 없었다. 그냥 집 밖으로 나가고 싶었다.

나에게 탈출구가 없다는 사실을 잘 알고 있었다. 심지어 그 가게의 거울 앞에 섰을 때조차드 나는 할을 '버렸다는' '이기심'으로 죄의식에 사로잡혀 있었다. '그가 나를 필요로 하면 어쩌지?' 이런 질문이 꼬리를 물고 머릿속에 떠올랐다.

약은 다 먹였을까?
밤에 갈증나서 일어나지 않도록 충분한 물은 주었을까?
필요할 때 손을 뻗어서 집을 수 있는 침대용 스턴드 위에 '먹을 것'을 준비해 놓았을까?
도움이 필요할 때 벨에 손이 닿을 수 있을까?

거울 속의 내 모습이 '평범한 여성' 같지는 않았다. 거울 속에서 나를 빤히 응시하고 있는 사람은 평범한 여자이기보다는 슬픈 광대처럼 보였다.

우리는 지금 전쟁의 한가운데에 있었다. 할은 매일 항암화학요법을 받고 있었지만 효과는 없었다. 하루가 다르게 할의 얼굴은 야위어 갔다. 움푹 들어간 그의 눈은 마치 홀로코스트의 희생자처럼 보였다.

하지만 우리의 담당 암전문의는 치료가 도움이 되고 있다고 말했다. 나는 이의를 제기하지 않았지만 이 상황을 그냥 넘어 갈 수는 없었다. 그래서 의사와 나는 종종 의견 충돌이 일어났다. 향상 할이 진료실에 없을 때 그랬다. 그 의사가 여자들이 마음속에 담아둔 말을 하는 것은 바람직하지 않다고 생각하는 중동 출신이라는 것 때문에 상황은 더욱 나빠졌다. 그는 내 질문에 노골적으로 불쾌한 감정을 드러냈다.

"어떻게 그가 점점 더 좋아지고 있다고 말할 수 있죠? 그를 좀 보세요!"

의사는 손을 흔들면서 걱정하지 말라고 했다.

"과잉 반응하시는 거예요. 제 판단을 믿으셔야 해요."

"가장 최근의 혈액검사 결과를 보고 싶어요." 나는 대항했다.

"이해하지 못하실 거예요."

"어쨌든 보고 싶어요."

그리고 그렇게 했다.

우리는 항암화학요법이 적절하게 행해지고 있다는 의사의 보고를 믿고 싶었지만 할의 상태는 너무 빠르고 너무 현저하게 악화되고 있었다. 암을 발견한 직후에 나와 할은 날마다 집 주변을 산책하곤 했는데 머지않아 그는 보행보조기를 사용해야 했고 곧바로 휠체어를 사용하게 되었다.

나와 할이 겪은 일을 회상할 때 암과 같은 비극을 겪고 있는 사람 누구에게나 해당되는 중요한 원칙 네 가지를 깨달았다.

🪶 1. 당신이 사실을 알고 있는지 확인하라

성경에 "진리가 너희를 자유케 하리라"고 되어 있다. 이 말씀은 사실이다. 나와 할이 우리가 직면하고 있었던 엄연한 사실에 대해서 알

앉다면 할이 아팠던 몇 주 그리고 몇 달을 다르게 보냈을지도 모른다. 오직 당신의 현실에 정면으로 맞설 때 그것을 적절하게 다룰 수 있다.

비록 우리가 끊임없이 진실을 알고 싶어했지만 우리는 할이 처음 암 진단받았을 때부터 치료에 상관없이 3개월 밖에 못사는 것이 정직한 예후라는 것을 알지 못했다. 다시 말하지만 우리가 이 사실을 알았다면 분명히 항암화학요법을 그만두었을 것이다. 담당 의사의 주장에도 불구하고 할이 받은 치료는 그에게 조금도 유익하지 않았다. 대신, 그 치료로 인해서 우리가 함께 보낼 수 있는, 서로의 친구들과 즐겁게 지낼 수 있는 시간을 빼앗기고 있었다.

나는 담당 의사를 비난할 생각은 없다. 아마도 그는 진실을 듣고 싶어하지 않은 사람들에게 그것을 비밀로 하는 전략에 익숙할 뿐이었다. 동시에 나는 의사에게 나와 할은 죽음을 두려워하지 않는다는 것과 무슨 일이 일어나고 있는지 정확하게 알고 싶다고 거듭 말했다.

할의 건강이 악화되자 나는 주야로 쉬지 않고 그를 간병했다. 할은 통증과 구토로 또는 화장실에 갈 때 내 손길을 필요로 했기 때문에 밤에 잠을 잘 수 없었다. 그래서 할이 잠깐이라도 잠을 자는 낮 동안에 잠깐씩 잤다. 나는 다이어트를 하지 않았는데도 살이 빠지기 시작했다.

믿음의 친구들은 나에게 수면제를 복용하거나 잠자기 전에 와인 한두 잔을 마셔보라고 권했다. 하지만 나는 거절했다. 처음부터 이 고통스러운 경험을 겪을 때 약에 의지하지 않겠다고 마음속으로 결심했기 때문이다. 사드락과 메삭과 아벳느고가 풀무에 던져졌을 때 그들 옆에 하나님이 계셨던 것처럼 하나님께서 이런 끔찍한 시련을 극복할 수 있도록 도와주실 것을 입증하고 싶었다.

앞으로 나에게 닥칠지도 모르는 그 고통을 완화하기 위해서 어떤 나쁜 습관을 들이고 싶지 않았다. 성경학자 유진 피터슨Eugene Peterson이 "마취는 수술할 때 가장 유용한 것이지만 영혼이라는 문제에 있어서는 가장 해롭다"라고 현명하게 말한 것처럼 말이다.

대부분 나의 걱정은 사랑하는 할이었지만 내가 겪고 있는 정신적 스트레스는 이루 말할 수 없었다. 그것은 단지 긴 시간이나 힘든 일, 매우 애처롭고 쇠약해져서 고통스러워하는 남편을 보는 스트레스가 아니었다. 이런 모든 것들도 끔찍했지만 중대한 재정적인 압박감이 나를 힘들게 했다. 물론 일을 할 수 없었고 우리에게는 수입이 없었다.

건강할 때 할은 13개의 프로젝트를 동시에 처리했고 모든 일을 주도적으로 해나갔다. 하지만 지금의 할은 매일매일 하는 일상적인 일조차도 할 수 없을 정도로 너무 아프다. 우리는 더 이상 자동차 할부금도 낼 수 없었다(어쨌든 그는 운전을 할 수도 없었다).

몇 년 동안 사용했던 사무실 문을 닫아야 할 지경에 이르렀다. 그리고 다른 것도 축소해야 할지도 몰랐다. 우리의 재정 상태는 더 이상 아무것도 나올 수 없는 상황까지 내려갔다.

나는 어쩔 수 없이 할 수 있는 모든 강연 예약을 수락해야 했지만 그 이상으로 할을 돌봐야 했다. 그래서 남편과 함께 집에 있기 위해서 대부분의 강연을 취소하기 시작했다.

내 전화를 받은 대부분의 사람들은 그들에게 했던 약속을 취소하는 일에 선선히 응해주었다. 그들은 친절했고 나와 할을 위해서 기도하겠다고 다정하게 말했다. 반면에 기꺼이 동의하지 않은 사람들도 있었다.

"절대로 취소할 수 없어요! 광고 비용으로 많은 돈을 지출했어요! 티켓도 팔았고요! 꼭 와야 해요!" 그들은 말했다.

할 옆에 내가 꼭 있어야 한다고 했지만 그들은 "들어봐요, 아무개가 왔는데 그녀는 정말로 아팠어요. 하지만 그녀는 왔어요. 그리고 주님께서 그녀를 정말로 축복해 주셨어요. 그리고 우리는 주님이 당신에게도 똑같이 축복해주실 것을 믿어요"라고 말했다.

이런 상황에 부딪힐 때면 나는 가방을 챙길 수밖에 없었다. 정말 눈물 날 정도로 마음이 상했다. 그리고 집을 떠나서 내 자신에게 필요한 용기를 다른 사람들에게 주기 위해서 노력했다. 하지만 그것은 쉬운 일이 아니었다.

집을 떠나 있을 동안에도 내 머릿속은 온통 할 생각으로 가득했고 그를 위해서 쉬지 않고 기도했다.

주님, 저는 다시 길을 떠납니다. 캘리포니아로 돌아가서 할과 함께 있고 싶지만 사람들을 섬기는 일에 집중하려고 애쓰고 있습니다. 몸이 두 부분으로 나누어진 것 같습니다. 비록 내 몸은 집에서 멀리 떠나 있지만 내 영혼은 서해안에 있는 남편이 고침 받기를 열망하고 있습니다. 하나님은 시간과 공간을 초월하시는 분이십니다. 주님은 우리 각자에게 필요한 것을 공급해주시고 우리 두 사람을 돌보아 주심에 감사드립니다. 우리의 마음이 사랑으로 이어져 있듯이 우리의 영혼은 하

일상적인 세상 찾기_51

나님의 아들 예수 그리스도께서 우리를 위해 흘리신 보혈을 통해서 연결되어 있습니다. 오늘 밤 우리 두 사람을 돌봐주세요.

2. 소중한 것을 먼저하라

당신이 위기 가운데 있을 때 실제로 그다지 중요하지 않은 것에 정신이 분산되기 쉽다. 집에 돌아왔을 때에도 전투는 끊임없이 계속되었다.

한 가지 후회가 있다면 할과 함께 집에 있을 때조차도 내가 너무 바빴다는 것이다. 나는 어떤 기적적인 치료법을 발견하려고 인터넷을 검색하는데 몇 시간을 보냈다. 인터넷을 하지 않으면 의료보험기관과 싸우거나 다른 '긴급한' 문제를 처리할 때가 많았다.

최근에 성경에 나오는 마리아와 마르다에 관한 연극 대본을 쓰면서 미친 사람처럼 보냈던 모든 시간들이 생각났다. 그 대본은 나와 내 친구 팸 로젤Pam Rozell이 여러 곳에서 공연했던 연극이었다. 물론 팸이 상냥하고 헌신적인 마리아의 역할을 했고 나는 자신의 일에 몰두하고 일을 바로 해치워버리는 마르다 역할을 맡았다(적절한 배역이란 바로 이런 걸 두고 말하는 것이다!).

할이 너무 아팠을 때 나는 마르다처럼 살았다. 지금 나는 내가 예수님의 충고를 받아들이고 '좋은 편'을 선택했으면 얼마나 좋았을까 하는 아쉬움이 있다. 우리의 모든 문제에 대한 해답을 찾기 위해서 모든 시간을 사용하는 것보다 그냥 할과 함께 앉아서 시간을 보냈다면 얼마나 좋았을까.

이 시간 동안에 할은 늘상 했던 일들을 하고 싶어했지만 할 수 없었다. 점점 더 절망적인 상태가 되어가는 그를 지켜보는 내 마음은 갈기갈기 찢어졌다

한 번은 다른 치료를 받기 위해 집 밖으로 나왔을 때 할이 선언한 듯 말했다.

"내가 운전할게." 그는 휘청거리며 운전석 쪽으로 걸어갔다.

"여보, 운전할 수 없잖아요, 음주운전 테스트조차도 통과할 수 없을 걸요!" 그는 꼭 어떤 일을 하기 위해서 '없는 용기를 끌어 모은' 어린 소년처럼 미소 지었다.

"오 그래! 그럼 테스트해보는 게 어때?" 그는 너무나도 운전하고 싶어했다.

"좋아요, 할게요!" 나는 쏘아 붙였다.

나는 그의 앞에 서서 말했다. "코를 만져 봐요." 그는 간신히 했다.

"이제 진입로를 똑바로 걸어 봐요!"

첫 번째 걸음은 그렇게 나쁘지 않았다.

두 번째 걸음은 끔찍했다.

그는 비틀거렸고 나는 그를 다치지 않도록 붙잡아야 했다. 그리고 우리는 울지 않으려고 웃으면서 서로의 품에 안겼다. 내 말이 맞다는 것이 분명해졌다. 나는 그를 차에 태우고 병원으로 갔다.

할이 잠든 후에 나는 모든 서류를 읽었다. 어떤 보험료를 냈고 내지 않았는지 검토했고 내색하지 말았어야 했지만 그렇게 하지 못했던 치료와 싸울 준비를 시작했다.

병원과 의사가 청구한 영수증과 보험계산서를 조정하려고 애쓰지 않고 있을 때는 서류를 작성하고 있었다. 내 남편을 위한 사회보장 장애혜택을 받으려고 주 정부에 제출할 신청용지와 연방정부에 제출할 신청용지 등 모든 종류의 서류를 작성하고 있었다.

현재 나는 자랑스럽게 내 자신을 명망있는 VMW라고 생각한다. 그것은 베테랑 의료전사Veteran of Medical Wars의 줄임말인데 그것을 입증할 전투에서 얻은 상처도 있다.

3. 가능한 한 긍정적인 사고를 유지하라

"범사에 감사하라"(데살로니가전서 5:18)고 성경에 나와 있다. 이 말씀이 얼마나 어려운지 잘 알고 있다. 하지만 매우 중요한 말씀이다.

어느 날 밤 나는 모든 것에 너무 절망했고 더 이상 견딜 수 없다고 느꼈다. 나는 의자를 밀치고 테이블에서 일어나 거실을 가로질러 생각을 정리하기 위해서 잠시 창 밖을 내다 보았다.

화가 난 순간에 예수님이 십자가상에서 죽으셨을 때 나를 위해서 하신 일이 갑자기 떠올랐다.

"하나님, 그리스도께서 프리미엄을 지불하셔서 제가 하나님의 평화를 100퍼센트 누릴 수 있게 해주셔서 감사합니다! 비록 저는 이런 고통에 동전 하나도 내지 않았지만 내 남은 생애 동안, 그리고 영원토록 수익을 거둘 것임을 알고 있어요!"

이렇게 용기를 얻은 나는 적어도 신청할 수 있는 보험료 급부제도가 있는 미국에 살고 있다는 사실에 감사했다. 그 사실 때문에 나는 조금 진정되었고 탁자 한가운데 산더미같이 쌓여 있는 엄청난 양의 용지와 서류를 다시 살펴보았다.

보험회사에서 우리의 상황을 평가하기 위해서 사회복지사를 보냈을 때 고마웠다. 그는 내가 할에게 필요한 모든 것을 주고 있음을 확신하도록 도와주는 '전문적인 지식을 가진' 사람이었다.

우리가 사적인 대화를 나눌 때 그는 나에게 물었다. "남편분은 지금까지 살면서 자주 아프셨나요?"

"아니요. 거의 아픈적이 없었어요, 왜요?" 나는 말했다.

"음" 그가 설명했다. "그것은 좋은 소식이기도 하고 나쁜 소식이기도 하네요. 나쁜 소식은 남편분이 아픈 것에 익숙하지 않기 때문에 매우 우울해 하실 거예요. 좋은 소식은 암을 이길 수 있다면 아마도 매우 빨리 이기실 거예요. 아픈 것에 익숙하지 않은 사람들은, 다시 말해서 병과 상관없이 산 사람들은 빨리 회복하는 경향이 있어요. 그들은 남에게 의존하고 싶어하지 않거든요."

마치 긍정적인 사고에 한 표를 던지는 것 같은 말이었다. 바울의 충고에 따르면서 나는 칭찬이 될만한 것들을 열심히 찾기 시작했다.

4. 예수님만 바라보라

맞다. 할이 정말로 우울했던 때가 있었다. 하지만 대부분의 시간동안 예수님을 마음속에 두었기 때문에 명랑한 상태를 유지했다.

나는 부엌 창문에 서서 할이 테라스에서 손을 높이 들고 그가 좋아하는 "예수님의 발 아래서 찬양하라" Sing at the Feet of Jesus를 부르면서 주님을 찬양하는 모습을 지켜보곤 했다. 그는 그 노래를 매우 좋아했는데 빌 게이더Bill Gaither가 홈커밍 비디오 시리즈용으로 편곡한 노래였다. 할은 노래를 부르는 동안 그것을 계속해서 틀어달라고 부탁하곤 했다.

> 예수님 발 아래 앉아서
> 나는 울고 기도하는 것을 좋아한다
> 그리고 그분의 충만하심으로부터
> 은혜와 평안을 매일 간구한다.

우리는 여전히 치유해주시는 하나님을 믿고 있었지만 할의 몸은 점점 쇠약해지고 있었다. 하지만 그의 영혼은 어땠을까? 그의 영혼은 시간이 흐를수록 더욱 강해지고 있었다. 그는 고린도후서 4장 16~17절 말씀인, "우리의 겉사람은 낡아지나 우리의 속사람은 날로 새로워지도다 우리가 잠시 받는 환난의 경한 것이 지극히 크고 영원한 영광의 중한 것을 우리에게 이루게 함이니"에 대한 증거물 1호였다.

친구여, 당신이 어떤 일을 겪고 있든지 간에 지금은 하나님께서 당신 옆에 묵묵히 서 계시다는 것을 깨달을 때이다. 그분은 결코 당신을 떠나시거나 "네가 이 시련을 이길 때 다시 너와 연락하겠다"라고 말씀하시지 않는다.

바로 지금 믿음의 손을 뻗어 그분과 연락하는 것이 어떨까? 당신이 소망하는 신적 현실의 본질을 느껴보라. 지금은 구원받을 때이다.

모든 투쟁을 거치고 있는 이 순간에 '지금'이라는 단어가 주는 의미를 놓치지 말라. 당신은 매일 그분께 풀무 속에 있는 당신 옆에 계셔달라고 간구해야 한다. 지금은 당신의 옷에서 담바 냄새를 없애고 우울한 영을 격퇴하기 위하여 찬양의 옷을 입을 때이다.

질문하기 … 그리고 실행하기

☐ **1단계 : 질문하기**

정말로 범사에 감사할 수 있다고 생각하는가? 그런 이유와 그렇지 않은 이유는 무엇인가?

☐ **2단계 : 실행하기**

연습을 통해서 완벽해진다. 현재 당신이 싸우고 있는 고통을 넣어서 아래의 기도문에 빈 칸을 채우고 개인적인 기도문으로 만들어 보라. 이번 주에는 매일 아침 일어나 이 기도문으로 기도해보라. 그리고 당신에게 의미가 있을 때까지 계속 기도하라. 냉혹한 상황속에서 하나님을 찬양하는 것이 당신의 상황과 상관없이 당신의 영을 초자연적으로 북돋아 주는 것을 알게 될 것이다. 기도문은 다음과 같다.

하늘에 계신 아버지여,
_____ 때문에 미친 사람처럼 괴롭습니다. 왜 이런 일이 저에게 일어나고 있는지 이해하지 못하겠습니다.
하나님께서 저를 불공평하게 대하시는 것 같습니다. 저는 _____는(은) 기분이 듭니다(당신의 감정을 나열하라). 하지만 주님을 찬양하기로 결정했습니다. 하고 싶지는 않지만 하기로 선택했습니다. 당신을 사랑합니다. 왜냐하면 _____ 때문입니다. 주님을 신뢰합니다. 왜냐하면 _____ 때문입니다. 주님을 찬양합니다. 왜냐하면 당신께서 나의 주 예수 그리스도를 통해서 공급해주신 것들 때문에 찬양받기 합당하시기 때문입니다. 아멘.

성경공부

이사야 53:3, 고린도후서 4:16~17, 데살로가전서 5:18

04
하나님이 "안 돼"라고 말씀하실 때

두 권은 삶의 고통을 없애주는 것이 아니다.

이유가 뭘까?

이것은 할이 암과 싸우고 있었을 때 내 머릿속에서 떠나지 않았던 질문이다.

하나님은 간단하게 손가락 두 개로 '딱' 소리를 내셔서 세상의 모든 병자들을 고치실 수 있는데 왜 그렇게 하지 않으실까?

하나님은 해를 입히는 방식으로 움직이시는가?

가끔은 그런 것 같다. 그렇지 않은가?

할과 내가 항암화학요법과 대체요법 사이에서 고민하고 있을 때 나는 선택해야 하는 상황을 원하지 않았다. 할이 두 가지 치료법 가운데 어떤 것도 할 필요가 없도록 하나님이 초자연적으로 간섭해 주시기를 원했다.

어쨌든 할과 나는 의심의 여지없이 하나님은 여전히 "네 모든 병을 고치시는"(시편 103:3) 분이심을 알고 있었다.

게다가 "여호와는 죽이기도 하시고 살리기도 하시며 스올에 내리게도 하시고 거기에서 올리기도 하시는도다"(사무엘상 2:6)라고 성경에 나와 있다.

따라서 할의 진단 소식으로 겪은 초기의 충격과 공포를 일단 극복한 몇 주 후에 나는 "문제 없어. 그를 치유집회에 데려가면 돼"라고 생각했다. 어쨌든 하나님께서 이전에 한 번의 폭발적인 치유의 힘으로 내 아픈 눈을 고쳐주셨기 때문에 그분은 확실히 할의 간과 췌장에도 똑같이 역사하실 수 있고 그렇게 하실 것이라고 믿었다.

할의 동생 돈도 똑같이 생각했다. 어쨌든 돈은 성경을 믿는 교회의 목사로서 그동안 치유의 역사를 많이 목격했다. 그래서 우리는 서둘러서 비행기를 타고 나라의 반을 날아서 하나님의 능력이 확실히 역사하는 치유집회로 갔다.

그랬다! 하나님은 그곳에 계셨다! 예배시간 내내 할은 하나님의 손길을 느꼈다. 하나님의 임재하심의 사랑스러운 온기가 그의 전신을 통해 퍼져 나갔다. 그는 확실히 고침받았다는 것을 알게 되었다. 나도 그렇게 알았다.

우리는 암전문의에게 가서 전산화단층촬영을 한 번 더 찍고 싶다고 말했다. 독실한 이슬람교도인 그 의사는 머리를 가로저었다.

"검사하기에는 너무 빨라요. 그동안 받은 검사만으로도 충분합니다. 한 번 더 검사한다고 해서 알 수 있는 것은 아무것도 없어요."

나와 할은 검사비용이 비싸다는 것을 알고 있었다. 몇 천 달러 정도 되었다. 하지만 우리는 검사받고 싶었다.

"저는 확실히 예수님이 저를 만져주셨다는 것을 알아요. 고침받았다고 믿어요." 할이 의사에게 말했다.

나는 할의 검사가 끝나기를 기다리던 때를 결코 잊지 못한다. 그날 밤에 축하파티가 열릴 예정이었다. 그때 표정이 굳어 있는 방사선과 의사의 얼굴이 보였다.

"왜 담당 의사가 이렇게 빨리 검사를 하라고 했는지 이해할 수 없군요. 무엇을 기대했는지 모르겠어요. 단지 종양이 좀 더 커졌을 뿐인데."

나는 눈물이 가득 찬 할의 눈을 보고 울지 않으려고 있는 힘을 다했다. 실망이란 바로 이런 걸 두고 하는 말이다. 거부감, 굴욕감. 두려움이란 바로 이런 걸 두고 하는 말이다. 그날 병원문을 나설 때 그런 모든 감정들이 우리에게 넘쳐 나오고 있었다.

할은 여전히 하나님께서 그를 만져주셨다는 것을 알고 있었다. 하지만 분명히 그것은 치유의 손길이 아니었다. 우리 모두에게 얼마나 끔찍한 충격이었는지…….

그럼에도 불구하고 할은 그가 겪고 있는 비통함과 고통에 결코 굴하지 않았고 상냥하고 사려 깊은 상태를 유지했다. 그것은 그를 아는 모든 사람들에게 힘과 믿음의 본보기가 되었다.

투쟁은 계속되다

할은 기대했던 병 고침은 받지 못했지만 항암화학요법과 치료과정에서 발생하는 고통스럽고 무력하게 만드는 과정들을 잘 견디어냈다. 그것에는 천자술(paracentesis, 내용물을 빼내기 위하여 속이 빈 바늘을 강벽(腔壁)에 찔러 넣는 일) 같은 것도 있었다.

자정이 지난 이 특별한 시간에 나와 할은 이 치료를 받기 위해서 병원 응급실에 와 있었다. 응급실에는 간호사 두 명이 우리와 함께 있었다.

한 간호사가 할의 배에 긴 주사 바늘을 꽂았다. 그녀는 간에 있는 암세포 때문에 축적된 과다한 체액을 뽑아내고 있었다. 할의 네 번째 천자술이었다. 나는 그가 첫 번째 천자술을 받을 때에는 무서워서 밖에 있었다. 할이 고통스러워하는 모습을 볼 수 없었다. 나는 그가 구토를 할까봐 걱정이 되었다. 결국 나는 내가 있어야 할 그곳에 있었다. 무슨 일이 일어날지라도 말이다.

할에게는 내가 필요했다. 그는 내가 그의 손을 잡아주길 원했고 그의 이마를 닦아 주길 원했다. 또 내가 그에게 사랑한다고 말해주길 원했다. 그리고 하나님께서 우리를 돌보아 주시고 보호해 주시고 여전히 소망하는 치유의 기적을 베풀어달라고 조용히 기도해주길 원했다.

나는 눈을 감고 할이 나를 감싸주었을 때의 그 따뜻한 기분을 기억한다. 그의 강한 팔로 나를 꼭 안고 나를 얼마나 사랑하는지 내가 가는 것을 결코 원하지 않는다고 말했다. 나도 그가 가는 것을 원하지 않았다. 우리는 작별인사를 할 준비가 되어있지 않았다.

한밤중에 병원에 온 것은 이번이 처음은 아니었다. 하지만 이번에는 전과는 달랐다. 의사가 너무 없는 것 같았고 모든 것이 도와주고는 싶지만 어떻게 해야 할지 확실히 알지 못하는 사람들의 손에 할의 목숨이 달려 있는 것처럼 느껴졌다. 눈에 보일 정도로 자신감 없는 의사들의 모습에 괴로웠지만 어쩔 수 없었다.

마침내 치료가 끝나고 우리는 어떤 방으로 옮겨졌고 할을 집중치료실로 옮길 침대가 곧 올 것이라는 말을 들었다.

5분이 지나고 10분이 지났지만 침대는 올 기미가 전혀 보이지 않았다.

15분이 지났다.

할의 혈압이 급격히 떨어지자 나는 너무 늦었다는 생각이 들었다. 남편이 생사가 어떻게 될지 미지수였고 그냥 거기에 서서 그가 죽는 것을 지켜볼 수는 없었다.

나는 병원에 같이 가 주었던 믿을 만한 친구 몇 명에게 전화했다. 그리고 우리는 신속하게 할의 침대를 밀어 집중치료실로 이어진 복도로 갔다.

간호사들이 우리가 오고 있는 것을 보고 서둘러 우리를 맞았다. 그들은 즉시 할을 인계받고 쫙 늘어선 모니터 선을 할에게 연결했다. 그리고 할의 육체에 얼마만큼의 생명이 남아있는지 알기 위해서 윙윙거리고 딸깍하는 기계음들이 측정하기 시작했다. 한참이 지난 후에 담당 간호사가 오더니 내 어깨에 손을 올리면서 집에 가서 잠깐 쉬라고 말했다.

"하지만."

"당신의 기분이 어떨지 알아요." 그녀가 애처롭게 말했다. "하지만 남편분은 안정됐어요. 그리고 지금 편안하게 자고 있고요."

나는 당황해서 얼굴이 달아올랐다. 왜냐하면 그녀가 내 눈 밑의 다크서클을 빤히 쳐다보고 있었기 때문이다.

"좀 쉬어야 해요. 당신을 위해서도 그렇게 해야 해요. 그리고 남편분을 위해서도요."

그녀의 말이 맞았다. 내가 아프면 어떻게 할을 돌볼 수 있겠는가? 집에 가기 싫었지만 잠깐이라도 자고 싶어서 못 견딜 지경이었다.

나의 진실한 친구 마가렛이 자기가 병원에 있으면서 할을 '계속 지켜보겠다고' 말했을 때 한결 가벼운 마음으로 집으로 갈 수 있었다. 마가렛은 이 병원에서 남편을 잃었다. 그래서 다른 어떤 사람보다도 내가 겪고 있는 상황을 잘 알고 있었다.

그때 나는 집에 가면서 기도를 했다. 하지만 무슨 기도를 했는지 확실히 기억나지는 않는다. 무슨 기도를 했든지 간에 그것은 논리적으로 설득력이 없었다. 물에 빠져 허우적거릴 때 구명조끼를 던져달라고 소리칠 때 멋있게 말하지 않으니까 말이다.

막 현관문에 열쇠를 꽂았을 때 집안에서 전화벨이 울렸다. 미친 듯이 문을 밀치고 깜깜한 거실을 지나쳐 수화기를 들었다.

"여보세요?" 나는 잘못 걸린 전화이거나 나쁜 소식이 아니길 바라며 전화를 받았다. 새벽 1시에 말이다 마가렛이었다. "리" 그녀가 말했다. "할이 악화됐어. 코드 블루(환자에게 위급한 상황이 닥쳐 심폐소생술을 요하는 상황을 의미한다)래. 빨리 와."

코드 블루가 무슨 뜻인지 몰랐지만 그것이 나쁘다는 것은 알고 있었다. 나는 '쾅' 하고 수화기를 내려놓고 차로 황급히 달렸다. 그리고 병원을 향해 전속력으로 차를 몰았다. 눈물이 흘러내렸다. 엘리베이터 문이 열렸을 때 마가렛이 핏기 없는 얼굴로 나를 맞이했다. 나는 무슨 일이 일어났는지 짐작할 수 있었다.

그녀의 말이 그것을 확증했다.

"할이 죽었어!" 그녀가 외쳤다 "미안해, 하지만 할이 죽었어!"

그 순간 세상이 정지되어 버렸다. 그리고 몸이 마비되는 것 같았다.

할이 죽었다.

그에게 작별인사조차 하러 가지 못했다.

나는 나중에 천자술을 할 때 할의 위에 상처가 났고 이로인해 내출혈이 발생했으며 발견했을 때는 너무 늦었다는 것을 알게 되었다. 그날 밤에 의사가 옆에 있어서 치료가 올바르게 진행됐는지 확인만 했어도 살 수 있었을 것이다.

하지만 그것은 공평하지 않았다. 할은 매일 조금씩 죽어가고 있었다. 그것은 분명한 사실이었다. 죽음이 비극적인 그날 밤에 나에게서 할을 빼앗아가지 않았더라도 곧 그에게 죽음이 찾아왔을 것이다.

어쨌든 할이 천자술 때문에 죽었다고 생각하지도 않는다. 비난할 것은 얼마든지 있었다.

- 예고도 없이 갑자기 닥친 암에게 책임이 있다.
- 좋은 것보다 해로운 것이 더 많았던 치료에 책임이 있다.
- 할의 상태에 대해서 사실대로 말해주지 않은 몇몇 의사들에게 책임이 있다.
- 내 자신에게도 책임이 있다. 왜냐하면 임종했을 때 거기에 없었기 때문이다.
- 그리고 할을 고쳐주지 않기로 결정하신 하나님에게도 책임이 있다.

다시 시작하기

물론 나는 하나님 탓으로 돌리고 싶지 않았다. 하지만 내 마음은 이해하기 힘들고 고통스러운 질문으로 가득 찼다.

하나님을 사랑하는 자들에게는 모든 것이 합력하여 선을 이룬다고 성경에 나와 있지 않은가? 하지만 이 훌륭한 사람의 죽음으로부터 나올 수 있는 선은 무엇이었을까?

홀로 남아서 내 주위에 흩어져 있는 것처럼 보이는 삶의 조각들, 다시 말해서 깨끗이 쓸어서 휴지통에 내던져지도록 준비된 수많은 유리 조각 같은 삶의 조각들을 주워서 다시 사는 것이 어떻게 선할 수 있을까?

나는 야고보서를 보았다. 그랬다. 그 말씀은 여전히 거기에 있었다.

너희 중에 병든 자가 있느냐 그는 교회의 장로들을 청할 것이요 그들은 주의 이름으로 기름을 바르며 그를 위하여 기도할지니라 믿음의 기도는 병든 자를 구원하리니 주께서 그를 일으키시리라(야고보서 5:14~15).

왜 이 말씀이 할에게는 해당되지 않았을까?
나는 하나님의 신비한 섭리를 이해하면서 새로운 시기를 시작해야 했다. 또한 나는 사도 바울도 몸부림쳤다는 사실을 상기해야 했다. 그것이 그가 다음과 같이 쓴 이유이다.

우리가 사방으로 우겨쌈을 당하여도 싸이지 아니하며 답답한 일을 당하여도 낙심하지 아니하며 박해를 받아도 버린 바 되지 아니하며 거꾸러뜨림을 당하여도 망하지 아니하고
그러므로 우리가 낙심하지 아니하노니 우리의 겉사람은 낡아지나 우리의 속사람은 날로 새로워지도다 우리가 잠시 받는 환난의 경한 것이 지극히 크고 영원한 영광의 중한 것을 우리에게 이루게 함이니 우리가 주목하는 것은 보이는 것이 아니요 보이지 않는 것이니 보이는 것은 잠깐이요 보이지 않는 것은 영원함이라(고린도후서 4:8~9, 16~18).

질문하기 … 그리고 실행하기

□ **1단계 : 질문하기**

당신은 하나님께서 "안 돼"라고 말씀하실 때 어떤 생각이 드는가?

당신을 벌하신다고
당신을 더 나쁜 일로부터 보호하신다고
당신에게 어떤 것을 가르친다고
당신이 성장하는 것을 도우신다고
당신은 위에 나온 어떤 이유 때문에 누군가에게 "안 돼"라고 말해본 적이 있는가?

□ **2단계 : 실행하기**

다음에 제시할 것은 새로운 생각은 아니지만 아무튼 좋은 생각이다. 다음번에 하나님이 당신에게 불공평하셨다고 느낀다면 종이 한 장을 가져와서 종이 가운데에 수직선을 그려라. 왼쪽에는 "돼", 오른쪽에는 "안 돼"를 써라. 두 개의 목록을 만들어보라. 한 목록은 하나님께서 당신의 기도에 긍정적인 응답을 하실 때이고, 다른 목록은 당신의 기도를 거절하실 때에 대한 것이다. 어떤 쪽에 쓴 것이 더 많은가?

성경공부

사무엘상 2:6, 시편 103:3, 고린도후서 4:8~9, 16~18, 야고보서 5:14~15

05
믿음 또는 가정?

세상에서는 너희가 환난을 당하나(요한복음 16:33).

친구들.

극심한 고통 속에 있기 전에는 친구의 됨됨이를 결코 알지 못한다. 그리고 고통당할 때 어떤 친구가 하나님의 사랑을 당신에게 베풀어주기 위해서 곁에 있어줄지 결코 알 수 없다.

할이 병들었을 때 우리에게 수십 명의 친구가 있다는 것을 발견하고 놀랍기도 하고 기쁘기도 했다.

그들은 편지를 보내왔고 전화를 했다. 그들은 문병을 왔다. 그들은 우리에게 기도하고 있다는 것과 할이 건강해지기를 바란다고 말했다. 그후 재미있는 일이 친구들 중 몇 명에게 일어났다. 할의 건강이 좋아지지 않자 그들은 사라졌다.

나는 정말로 그들을 비난하지는 않는다. 최소한 그들을 비난하지 않으려고 노력하고 있다.

그들은 단지 무엇을 해야 할지, 그 상황을 어떻게 다루어야 할지 몰랐기 때문에 떠난 것뿐이다. 물론 다 그렇지만은 않았다. 대부분의 친구들은 끝까지 우리와 함께 있어 주었다.

할의 회복이 그들의 기대에 미치지 못했기 때문에 떠난 사람들도 있었다. 그들은 할을 위해서 계속 기도했고 그가 치유되기를 기대했다. 그것은 정말로 매우 간단했다.

> 나는 지혜의 말씀을 원했지만
> 단지 희망 사항만을 들었을 뿐이다.

할이 보스턴 마라톤 대회에 나갈 정도로 초자연적인 에너지와 힘으로 침대에서 벌떡 일어나지 않자 그들은 외면했다. 지금까지도 나는 그들이 할과 나에게 실망했기 때문에 떠났는지 그들의 '믿음을 믿는 믿음'이 할의 불치병이라는 잔인한 현실과의 충돌을 견딜 수 없었기 때문에 우리에게 등을 돌렸는지 알 수 없다.

할의 암 투병 초반부에 많은 막역한 믿음의 친구들이 '주님의 말씀'을 우리에게 말해주었다. 그들은 할이 죽지 않는다는 것을 확신시키기 위해서 성경말씀과 예언의 말씀을 사용했다. 나는 그들이 전해준 용기의 메시지들이 하나님 그분으로부터 받은 말씀이라고 믿고 싶었고 한동안 그렇게 믿었다. 지금은 그 메시지가 하나님으로부터 받은 것이 아니라 할이 온전히 치유되는 것을 보고 싶었지만 그런 일이 일어날 것이라고 하나님으로부터 확실히 응답받지 못한 신실한 그리스도인들의 마음에서 나온 것임을 알고 있다. 지금 생각해보면 나는 지혜의 말씀을 원했지만 단지 희망 사항만을 들었을 뿐이다.

할이 병상에 있을 때 이런 사람들 몇 명이 할의 최근 상태가 어떤지 알기 위해서 전화하거나 잠깐 들리곤 했다. 그들은 종양이 줄어들었거나 기력을 회복했다거나 상태가 좋아 보인다는 소식을 듣고 싶어 했다. 나는 그들이 듣고 싶어하는 말을 얼마나 하고 싶었는지 모른다. 하지만 할 수 없었다. 종양은 점점 커지고 있었고 할의 기력은 날마다 약해지고 있었으며 내가 하나님의 목적을 이해하고 그분의 손에 계속 의지하려고 몸부림칠 때에도 나는 풀이 죽었고 낙담해 있었다.

그들이 원하는 소식을 전할 수 없게 되었을 때 그들은 사라졌고 나는 버림받은 느낌이 들었다. 배신당했다는 느낌이 더 맞는 말일 것이다. 그리고 다음과 같이 기도했다.

주님, 저를 기억하세요? 병 고침의 역사를 믿는 주님의 자녀 중의 한 사람이에요. 저를 예수 그리스도의 손길을 받을 수 있다고 믿는 극단적인 사람들 속에 포함시켜주세요. 저는 주님의 손길로 병 고침을 경험한 사람 중에 한 명이에요. 저는 의심하지 않아요. 주님 손바닥의 못자국을 보여주실 필요가 없어요. 주님께서 우리 대신 고난받으셨다는 것을 알고 있어요. 예수님께서 징계를 받으심으로 우리가 평화를 누리고 채찍에 맞음으로 우리가 나음을 입었어요.

하지만 제 모든 믿음에도 불구하고 상황이 나아지고 있는 것 같지 않아요. 저는 굳건히 섰고 꼭 붙들었는데 동시에 그것을 잃었어요. 참으로 인간의 이해를 초월한 모순이죠! 저는 치유함을 부르고 요구했고 움켜줬고 붙들었어요. 하지만 치유는 우리에게 오지 않았어요. 그 모든 것들이 하나님의 때와 주권 속에 있는 것 같아요. 그래서 제가 영향을 미칠 수도 치유해달라고 설득할 수도 없어요. 다시 한 번, 비록 그리스도 안에서 모든 것을 가졌지만 저는 저의 무능함을 인정할 수밖에 없어요. 다시 한 번 주님의 자비에 굴복합니다.

하나님은 할을 왜 고쳐주시지 않으셨을까? 나는 모른다. 착한 사람은 왜 항상 고통받아야 하는가? 그 질문에 대한 대답도 모른다.
하지만 고뇌 속에서 하나님과 씨름하면서 해답을 찾았던 여러 날을 보낸 후에 나는 몇 가지 중요한 결론에 도달했다.

1. 가정(假定)과 믿음을 혼동하기가 쉽다.
2. 하나님은 다스리시고 항상 그분의 목적이 있으시다.
3. 그리스도인은 고통받지 말아야 한다고 생각하는 사람은 누구든지 내가 읽고 있는 것과 똑같은 성경을 읽고 있는 것이 아니다.
4. 기도는 반드시 역사한다.

믿음과 가정 혼동하기

첫째로, 나는 믿음과 가정의 차이에 대해서 말하고 싶다.
다윗은 "또 주의 종에게 고의로 죄를 짓지 말게 하사"(시편 19:13)라고 썼다.
어떤 그리스도인들은 하나님을 우리가 행복하고 건강하고 번영하기를 원하시는 일종의 요정의 대부처럼 생각한다. 할이 아팠을 때 이런 사람들은 나에게 공식이 간단하다고 말했다. 그것은 "그것을 믿어라… 그것을 말해라… 그리그 그것을 받아들여라"였다.

> 내 소망은 내 믿음이 현금으로 바꿀 수 없는 수표에
> 서명을 하는 것이었다.

문제는 이런 신념 체계가 미래를 하나님의 소관 밖으로 끌어내서 우리의 책임으로 돌린다는 것이다. 우리가 충분히 믿고 충분히 기도하고 충분히 성경말씀을 인용한다면 모든 것이 좋아질 것이다.

할이 죽었을 때 "마귀가 할의 목숨을 빼앗지 못할 것이라"는 확신으로 의욕이 넘쳤던 사랑하는 가족과 친구들은 죄의식과 혼란스러움에 어쩔 줄 몰라했다. 우리는 성경에 따라서 모든 것을 했는데 효과가 없었다. 할의 건강이 악화되고 있었을 때 할의 증서에 대해서 어떤 것도 할 수 없었기 때문에 믿음 없는 실패자가 된 느낌이었다. 내 소망은 내 믿음이 현금으로 바꿀 수 없는 수표에 서명을 하는 것이었다.

그 이후로 진정한 믿음은 격려의 말이나 궐기대회에서 생기는 것이 아니라는 것을 배웠다. 그리고 하나님이 원하시는 것을 하지 못하게 하는 나의 무능력이라는 문제에 관해서 나에게 전한 감동을 주는 친구가 있다는 것을 알게 되었다.

사도 바울의 '육체의 가시'에 대해서 생각해보라. 성경에는 이 '가시'가 무엇인지 나와 있지 않다. 하지만 고린도후서 12장에는 바울이

그 가시를 없애달라고 주님께 세 번 기도했다는 것과 하나님이 그의 기도를 들어주시지 않았다고 기록되어 있다. 이것은 바울의 믿음이 부족했기 때문인가?

그렇지 않다!

여기에 "그의 몸에서 손수건이나 앞치마를 가져다가 병든 사람에게 얹으면 그 병이 떠나고 악귀도 나가는"(사도행전 19:12) 믿음이 매우 충만한 사람이 있었다. 하나님의 치유의 능력을 알았던 사람은 바울이었다. 그럼에도 불구하고 그는 평생 동안 자신의 '육체의 가시'로 고생했다. 게다가 하나님께서 초자연적으로 그를 고쳐주시는 것을 거절했다고 해서 바울의 믿음은 조금도 흔들리지 않았다.

바울의 인생을 연구할 때 세 가지 다른 상황이 마음속에 떠올랐다.

첫째, 그의 젊은 친구 디모데에게 "물만 마시지 말고 네 위장과 자주 나는 병을 위하여는 포도주를 조금씩 쓰라"(디모데전서 5:23)고 한 그의 충고다. 바울 사도는 디모데가 약하고 건강이 좋지 않은 그리스도인이라고 결코 비웃지 않았다. 그는 결코 "알다시피, 충만한 믿음이 있다면 항상 아프지 않을 거예요"라고 말하지 않았다. 심지어 "다음번에 마을에 올 때 그 병을 고쳐줄게요"라고 말하지도 않았다.

둘째, 드로비모와 관련이 있다. 그가 바울의 선교여행 가운데 한 여행에서 동행했다는 것 이외에 그에 대해서 알려진 바가 거의 없다. 디모데에게 보낸 두 번째 편지에서 바울 사도는 "드로비모는 병들어서 밀레도에 두었노니"(디모데후서 4:20)라고 말한다. 바울 사도여, 왜 그랬죠? 당신은 그를 고칠 수 있는 믿음이 충분하지 못했나요?

마지막으로 에바브로디도가 있다. 빌립보서 2장에서 바울은 이 친구가 "병들어 죽게 되었으나 하나님이 그를 긍휼히 여기셨고 그뿐 아니라 또 나를 긍휼히 여기사 내 근심 위에 근심을 면하게 하셨느니라"(27절)이라고 쓴다.

바울이 말하려고 애쓰는 행간의 숨은 메시지를 들을 수 없는가? "들어보세요, 이 사람의 건강이 좋지 않아요. 솔직히 걱정돼요. 그 사람이 나 때문에 죽였다는 소리는 듣고 싶지 않아요. 그래서 그가 잠시라도 편하게 지낼 수 있는 그의 집으로 보낼 거예요."

바울, 당신은 왜 그의 머리에 손을 얹고 고쳐주지 않았나요?

왜냐하면 바울은 하나님을 믿는 것과 믿음을 믿는 것에는 차이가 있다는 것을 잘 알고 있었기 때문이다. 사도행전에 기록된 바울의 이야기를 읽다보면 하나님께서는 우리가 가는 길에 닥칠지도 모르는 고통에도 불구하고 그 모든 것들 가운데서 우리를 구원해 주시지 않더라도 우리가 그분을 계속해서 섬기고 그분을 신뢰하기를 기대하신다는 것을 깨닫게 된다.

바바라 브라운 테일러Barbara Brown Taylor가 다음과 같이 썼듯이 말이다.

> 하나님은 소망을 들어주실 생각이 없으시다. 우리가 소망의 목록을 언약으로 착각하지 않는 한 우리가 원하는 것을 하나님에게 알린다면 잘못된 것은 아무것도 없다. 언약은 합의 할 수 없는 것이다.

다시 말해서, 하나님은 우리가 손짓할 때마다 달려오는 평범한 심부름꾼 소년이 아니라는 말이다. 인간은 하나님을 섬기기 위해서 창조된 것이지 그 반대가 아니다. 하나님이 항상 원할 때마다 무엇이든지 주실 거라고 믿는 사람은 믿음을 초월한 가정에 빠져버린 사람이다. 참된 믿음은 살면서 무슨 일이 일어나든지 하나님을 계속 붙잡는 것임을 나는 깨달았다.

이 책을 써야겠다고 결심했을 때 출판 담당자들을 만나기 위해 미국 기독교출판서점협회Christian Bookseller Association 연차총회에 참석했다. 나의 메시지를 가장 잘 이해하고 감상해서 이 메시지가 필요한 고통받는 사람들의 손에 '주도록' 나를 도와줄 수 있는 출판사를 발견하는 것이 나의 목적이었다.

한 친구가 소규모 출판사를 추천해 주었다. 그래서 나는 그 출판사 부스로 불쑥 들어가서 마음속에 간직한 말을 그들에게 했다. 얘기를 다하기도 전에 내 말을 듣고 있던 여자가 내 말을 중지시켰다.

"저희 출판사에서는 하나님의 치유하심을 믿어요." 그녀는 싸늘하고 오만한 목소리로 말했다.

"우리는 하나님께서 그분의 백성들을 돌보신다고 믿어요." 그녀는 미리 준비한 듯한 믿음에 관한 설교를 늘어놓았다. 그녀가 말할 때 나는 그 출판사에서 새롭게 출판한 책의 표지를 유심히 쳐다보았다. 모든 책의 제목은 승리와 번영 속에 사는 삶과 관련이 있었다.

「병을 이기기」Victory Over Illness나 「하나님은 당신이 번영하길 원하신다」God Wants You to Prosper 등과 같은 제목 말이다.

나는 그녀의 말을 가르막고 출판사의 사장이 누구냐고 물었다. 그녀는 내가 들어본 적이 있는 이름을 말했다.

"그를 만났으면 해요. 여기에 계시나요?"

"아니요. 작년에 예수님과 함께 하늘나라에 가셨어요." 그녀는 대답했다.

"오, 몰랐어요." 나는 애처롭게 말했다. "무슨 일이 있었나요?"

"암이었어요." 그녀가 조용히 말했다.

나는 무례하게 굴고 싶지 않았다. 하지만 나는 다시 "하지만 그것 때문에 당신은 다시 생각해 보지 않았나요?"

그녀는 내가 무슨 말을 하는지 알았고 내가 그 말을 할 때까지 기다리지 않았다. "절대로 아니에요!" 그녀는 쏘아 붙였다. "하나님의 말씀은 참 되요. 그리고 하나님은 생명을 결코 데려가지 않으시고 오직 생명을 주신다고 되어 있어요! 성경에 '하나님이 그를 데려가셨다' 라고 나오는 말씀은 오직 두 군데 밖에 없어요(그녀는 에녹과 엘리야를 말하고 있었던 것 같다). 그밖의 다른 사람들은 생명을 단념하기로 결정하죠."

"그러면 당신 회사의 사장님도…?"

"물론이에요. 그는 부인에게 아침에 죽어서 천국으로 갈 것이라고 말했어요. 그것은 가야 할 그의 선택이었어요."

나는(물론, 좋은 의미로) 화가 났다. 나는 그녀가 '이해를 돕기 위해서' 준 몇 가지 자료와 내가 가져온 자료를 정리해서 그 부스를 나왔다. 그녀가 준 자료들은 쓰레기통으로 직행했다. 그녀가 드러낸 냉혹하고 무자비한 마음이 그녀의 교리적 견해보다 더욱 두드러지게 나타났다.

우리가 받아들이고 싶고 믿고 싶은 것만을 선택하고 우리의 편견된 관점에서 상충될 것 같은 모든 것들을 무시하면서 성경말씀을 왜곡하는 것을 하나님께서 보시면 얼마나 실망하시겠는가!

나는 연설이나 설교를 시작할 의도는 없다. 그것은 내 스타일이 아니다. 나의 목적은 사람들에게 용기를 주고 그들의 기운을 북돋는 것이다. 하지만 내가 무시할 수 없는 몇 가지 사항이 있다.

그 사항 가운데 하나가 고통받고 있는 수많은 그리스도인들에게 엄청나게 해를 끼치고 있는 성경을 벗어난 믿음의 교리이다.

"믿음의 사람들"은 다음과 같은 것들을 이론적으로 생각해냈다.

- 질병과 고통은 아담과 하와가 받은 저주의 결과로서 이 세상에 생겨났다.
- 예수님은 이 저주에서 우리를 자유롭게 해주시기 위해서 오셨다.
- 결과적으로 그리스도인들은 아프거나 고통받지 말아야 한다.

하지만 질병이나 고통보다 더 큰 저주가 있다. 예를 들면 하나님은 아담에게 저주의 일부분으로 그가 살기 위해서는 열심히 일해야 할 것이라고 말씀하셨다. 이런 저주가 더 이상 우리에게 적용되지 않는다면 왜 우리 모두는 일을 해야 하는가? 왜 하나님은 우리가 필요한 돈을 초자연적으로 주시지 않으실까?

하나님은 여자들에게는 저주의 일부분으로 해산의 고통이 있을 거라고 하셨다. 나는 출산의 고통이 공원에서 산책하는 것이 아니라는 것쯤은 개인적인 경험을 통해 잘 알고 있다. 왜 아닌가? 그런 저주의 부분이 없어진다면 아기 낳는 것이 즐거울 것이다. 그렇지 않겠는가?

어떤 사람이 감기가 걸렸는데 복음전도집회에 갔다가 그리스도를 영접했다고 생각해보라. 감기가 여전히 낫지 않았다면 그가 진심으로 회심하지 않았다는 뜻인가? 물론 그렇지 않다! 그 사람은 그리스도께 나왔을 때 '종합선물'을 받았지만 육체적인 치유가 반드시 항상 그 종합선물에 포함되는 것은 아니다. 그는 이제 감기에 걸려 있는 그리스도인이다.

그리스도인 두 명이 교회에 나란히 앉아 있는 모습을 상상해보라. 한 명은 세상을 다 얻은 듯한 기분인 반면에 다른 한 명은 깊은 감정적 고통 속에 잠겨 있다. 두 사람 모두 똑같이 하나님의 축복을 받을 가치가 있다. 그런데 한 사람은 고통을 받는 반면에 왜 다른 사람은 상처 없는 삶을 사는가? 고통받는 형제는 그가 무엇인가 잘못했다고 느낀다. 죄의식이 모든 구멍에서 흘러나오고 있다. 그는 믿음이 부족하다고 증명됐는가? 다른 친구보다 하나님으로부터 더 멀리 떨어져 있는가? 이 사람의 믿음은 삶이 그에게 불공평할 때 너무 쉽게 파괴될 수 있다.

'번영의 복음'을 증거하는 사람은 이것이 사실이라고 우리를 믿게 하지만 인생과 성경은 그런 복음을 지지하지 않는다.

히브리서 11장에는 위대한 믿음의 영웅들이 나온다. 그들에게 무슨 일이 있었는가? 어떤 사람들은 고문을 당했고 어떤 사람들은 채찍에 맞거나 몸이 찢겼고 또 어떤 사람들은 돌에 맞거나 칼에 찔려 죽었다.

> *하나님은 우리를 위해서 일하시지 않는다는 것을 상기하자!*
> *우리가 그분을 위해서 일하는 것이다!*

이런 사람들에게 무슨 문제가 있었을까? 건강이나 번영을 믿지 않았을까? 그리고 왜 하나님은 친히 간섭하셔서 이 모든 참사를 막지 않으셨을까?

내가 이런 믿음의 문제와 씨름하다가 실패했던 유일한 사람이라면 위험을 자초하지 않을까 걱정하지는 않을 것이다. 하지만 나는 문자 그대로 그 씨름에서 져서 현재 부상당한 상태에 있는 수많은 사람들과 대화를 했다. 상처 입은 전사들 대부분은 하나님이 해주신 약속을 그분에게 상기시켜드리면 그들이 원하는 것을 받을 것이라고 믿도록 배웠다.

나는 한 때 "지붕위의 바이올린"이라는 연극의 제작 단계에서 엄마인 골다Golda 역을 맡을 기회가 있었다. 리허설 내내 나는 늙은 아버지 렙 테비Reb Tevye가 하던 일을 멈추고 하늘을 쳐다보면서 하나님에게 성경말씀을 인용하려고 하는 소리를 듣곤 했다. 그는 계속해서 하나님에게 "성경책에 보면요…"라고 상기시켰고 그런 다음 성경의 약속의 말씀 가운데 하나를 인용하곤 했다. 연극이 끝나갈 무렵 그는 다시 "성경책에 보면요…"라고 말했다. 그리고 그는 말하는 중간에 '낄낄' 웃고는 "그런데 제가 왜 당신에게 '성경책에 보면요'라고 말해야 하죠?"

라고 말한다. 하나님은 우리를 위해서 일하시지 않는다는 것을 상기하자! 우리가 그분을 위해서 일하는 것이다!

하나님은 다스리시고 항상 목적이 있으시다

하나님은 기적을 일으키시는가? 당신은 자신 있게 그렇다고 말할 것이다! 그분은 초자연적으로 치유하시는가? 그렇다!

하지만 우리가 아니라 하나님이 이 우주를 다스리신다는 것을 기억하는 것이 중요하다. 어쨌든 그분은 창조자시고 우리는 창조되었다. 그리고 그분이 항상 완벽한 사랑을 가지고 행동하신다고 확신할 수 있지만 그 사랑이 어떤 형태를 취할지는 확실히 알 수는 없다.

하나님은 개인에 기초해서 모든 사람과 모든 상황을 다루신다. 내가 당신에게 당신과 하나님과의 관계가 나와 똑같기를 요구하거나 그분께서 정확히 나를 다루신 것처럼 당신을 다루시도록 요구하는 것은 공평하지 않을지도 모른다.

내가 아는 사람 중에 수술 불가능한 뇌종양에 걸린 사람이 있었다. 그는 이사야 53장의 "그가 채찍에 맞음으로 우리가 나음을 입었도다" (KJV)라는 성경말씀을 적어서 침실 거울에 붙여놓았다. 그리고 매일 아침 면도할 때 그 말씀을 읽었고 믿음으로 병 고침을 받았다. 20년이 지난 지금 그는 건강하고 튼튼하다.

왜 그런 종류의 접근 방식이 할에게는 효과가 없었을까? 나는 모른다. 나는 단지 하나님은 모든 것을 다스리신다는 것과 내가 그분을 믿는다는 것과 그분이 언젠가 이 모든 어려운 문제에 대한 해답을 나에게 주신다는 것을 알 뿐이다.

한편, "나는 믿음의 힘으로 내가 다스릴 수 있어"라는 태도를 지나치게 강조하는 것이 그리스도의 몸을 무참하게 파괴시킨 원인이 되었다고 믿는다.

길가에는 용맹스럽게 싸우다 패배한 '부상당한 용사들'로 온통 뒤덮여 있다. 파산을 멈추게 할 수 없었다. 질병을 저지시킬 수 없었다. 아이들이 정상적으로 태어나지 못했다.

이 모든 것들은 비극적인 사건이다. 하지만 "무슨 일이죠? 이런 일을 이길 만한 믿음이 없는 거 아니에요?"라고 악의 없이 비난하며 말하는 그리스도인들은 상황을 더욱 악화시킬 수 있다.

예수님이 십자가에 달려 돌아가실 때 주위에 모인 사람들 가운데 어떤 사람들은 그리스도의 믿음이 부족하다고 조롱했다. 그들은 말했다. "그가 남은 구원하였으되 자기는 구원할 수 없도다"(마태복음 27:42).

얼마나 아이러니한가! 그들은 그리스도가 온 세상의 구원자임을 알지 못했다. 그분이 고난당하는 데에는 매우 중요한 목적이 있었다.

당신이 타당한 이유 없이 고통받고 있고 어떤 사람들이 마치 "당신이 영적으로 충만하다면 왜 기도 응답을 못 받는 거죠?"라고 당신에게 말하면서 바라보는 것 같다고 느낄 때 이것을 기억하라.

내가 할의 병 고침을 위해서 뜨겁게 기도하고 있을 때, 나는 다니엘 3장에 나오는 사드락과 메삭과 아벳느고의 이야기를 읽었다. 당신도 이 이야기를 잘 알고 있을 것이다. 세 명의 독실한 청년들은 느브갓네살 왕이 세운 우상에 절하지 않아서 풀무에 던져졌다. 하나님은 불로

인한 시련에서 그들을 구해주셨다. 그들이 풀무에서 나왔을 때 "불이 … 겉옷 빛도 변하지 아니하였고 불 탄 냄새도 없었더라"(27절)고 성경에 기록되어 있다. 그들에게는 불에 그을린 냄새도 나지 않았다.

내가 많은 시간동안 그 이야기를 읽고 문득 알아차린 것은 사드락과 그의 친구들은 하나님이 틀림없이 그들을 구해주실 거라고 생각하지 않았다는 것이다. 왕이 그들을 풀무에 던지라고 위협했을 때 그들은 말했다. "우리를 맹렬히 타는 풀무불 가운데에서 능히 건져내시겠고 … 그렇게 하지 아니하실지라도 왕이여 우리가 왕의 신들을 섬기지도 아니하고 왕이 세우신 금 신상에게 절하지도 아니할 줄을 아옵소서"(다니엘 3:17~18).

그들은 "어서 하세요, 우리를 던져 넣으세요, 그럴 용기가 있다면요! 우리 하나님께서 허락지 않으실 거예요!"라고 오만하게 선언한 듯 말하지 않았다. 그들은 겸손하게 하나님의 보호하심을 믿었다.

이것이 믿음이다!

요약하면 그들은 "우리 하나님은 다스리시고 그분이 그러기로 작정하시면 우리를 구출해주실 것을 알아요. 하지만 우리가 죽을지라도 우리는 왕이 세우신 우상에 절하지 않을 거예요"라고 말하고 있었다.

하나님, 저에게도 이런 믿음을 주소서!

그리스도인들도 고난받는다

그리스도인들은 고난받을 필요가 없다고 믿는 사람은 분명히 내가 읽고 있는 성경과 다른 성경을 읽고 있는 것이다.

성경은 고난을 통해 성숙한 믿음으로 성장해서 하나님에게 가까이 간 사람들의 예로 가득 차 있다. 예를 들면 요셉, 예레미야, 스데반이 있다.

나와 할이 암을 다루고 있었을 때 우리는 실제로 고난에 대해서 말하는 성경말씀에서 큰 위안을 받았다. 그 말씀을 통해서 시험당할 때 혼자가 아니라는 것과, 시련의 한가운데 서 있을 때도 하나님이 우리와 함께 계신다는 것과, 우리가 고통에 잠겨있을 때 그분께서 우리와 함께 우신다는 것을 상기했다.

고난과 관련된 수많은 성경말씀을 모두 인용하지는 않을 것이다. 하지만 누구든지 당신에게 평안하고 고통 없는 삶이 그리스인의 표적이라고 말한다면 그들에게 히브리서 11장, 야고보서, 베드로전서를 읽어 보라고 말하라. 또한 그들에게 사도행전을 훑어보고 사도 바울이 겪은 모든 어려운 시간을 재발견해 보라고 제안할 수도 있다.

동병상련이라는 말을 아는가? 나와 당신이 고통받을 때 수많은 사람들도 아파한다는 말이다.

나는 사람들이 고통받는 것이 하나님의 뜻이라고는 믿지 않는다. 우리의 고통은 예정된 것이 아니다. 나는 계단에서 넘어졌는데 즉시 "그렇게 끝나서 다행이다"라고 말하는 비관주의적인 그리스도인이 아니다. 또한 비극과 고통이 올지라도 상처나 손상되지 않는 삶을 살아야 하는 것이 하나님의 뜻이라고도 믿지 않는다. 비극과 고통은 우리가 성장하고 그리스도를 더 닮기 위한 수단이다.

나는 폭풍우를 기대하지 않지만 그럴 경우에 대비해서 영적인 피난처를 준비했다. 또 다른 감정적인 재난에 처하더라도 나는 이런 방식으로 영적으로 황폐화되는 것을 막는다.

나는 캘리포니아에 살기 때문에 다른 주에 사는 사람들보다 이것을 더 잘 이해할지도 모른다. 나는 사람들이 '언젠가' 이곳에서 발생할 모든 것을 황폐화시키는 지진과 같은 '대참사'가 일어난다고는 예상하지 않는다. 하지만 그것을 예상하지 않을지라도 내 차고에는 응급 상황 시 필요한 지진 대비용 상자가 있다. 또한 침대 밑에는 신발 한 켤레를 준비해 두었고 손이 닿는 곳에 손전등을 준비해 두었다(만일의 경우를 대비해서 말이다).

나는 고통과 근심에 관해서 두 가지 결론에 도달했다.

첫째, 고통과 근심은 이 행성에 사는 삶의 일부분이고 아담과 하와가 금지된 열매를 한 입 베어 먹고 에덴동산으로 죄를 들어오게 한 이후로부터 지금까지 계속 존재했다. 둘째, 그리스도인들이 받고 있는 박해에 대해서 보도하는 세상의 뉴스를 볼 때 나는 그리스도인들이 믿지 않는 자들보다 종종 더 많은 고난을 당한다는 것을 깨닫게 되었다. 결코 덜 하지는 않을 것이다.

분명한 진리는 고통은 발생한다는 것이다. 하지만 어떤 그리스도인들은 너무 심각하거나 너무 중요해서 해결할 수 없는 문제는 없다고 믿는 찰리 브라운(만화 피너츠에 나오는 주인공)처럼 행동한다. 고통이 없는 척하면 고통은 그냥 사라질 것이고 우리만 혼자 남겨질 것이라고 생각할지도 모른다.

나는 그것을 "거룩한 부인" sanctified denial이라고 부르는 것인데 효과가 없다. 그리스도인들이 그렇게 행동한다면 모든 것을 부인하는 기독교 학술파 Christian Scientist가 되는 것이 더 나을 것이다. 성공은 발생하지 않을 것이다. 악은 발생하지 않을 것이다. 그것은 모두 환상이다. 기독교에 관한 위대한 것들 가운데 하나는 기독교가 우리에게 악을, 고난을, 그리고 죽음을 똑바로 쳐다보고 "네 찌르는 것이 어디 있느냐?"라고 말할 수 있는 능력을 준다는 것이다.

그리고 하나님이 자동적으로 우리의 상황에 간섭하지 않으실지라도 그분이 그 속에서 구해주실 것이라고 온 마음을 다해 믿는 것이다.

제임스 반 톨렌 James Van Tholen 목사는 기나긴 암 치료를 마친 후 돌아와서 한 첫 번째 설교에서 다음과 같이 말했다.

> 우리는 이미 일어난 일을 무시할 수 없다. 그것을 초월할 수도 없다. 하지만 그것을 견디며 살 수는 있다. 하지만 그것을 무시할 수는 없다. 죽음의 위협을 얘기하기에 너무 끔찍한 것으로 무시한다면 우리는 그 위협에 지는 것이다. 그후에는 그 위협에 압도당하고 믿음으로 이길 수 없다. 그런 일이 일어나면 우리는 희망을 잃을 것이다.

기도는 효과가 있다

내가 기도하는 것을 포기했을까? 전혀 그렇지 않다. 나는 기도가 효과가 있다는 것을 알고 있다. 심지어 할이 고통 중에 있을 때에도 기도는 하나님께 가까이 이끄는 수단이었다. 나는 예배드리는 동안에 하나님께서 할을 만져주셨지만 그것이 치유의 손길은 아니었다고 믿는다.

그것은 "나는 너를 사랑하고 항상 너와 함께 있을 것이다. 비록 죽을 때에라도 말이다"라는 손길이었다.

나는 지금도 성실하지 기도한다. 내 기도가 기적적으로 응답받는 것을 기대한다. 하지만 하나님이 내가 요청하거나 원하는 것을 주시지 않을지라도 그분이 가장 좋은 것을 주실 것임을 믿으면서 모든 것을 하나님의 손에 맡기는 방법을 배웠다.

요한복음 15장에 베데스다 연못에 대한 이야기가 나온다. 성경에는 천사가 가끔 내려와 이 못의 물을 동하게 했고 이때 그 물 속에 먼저 들어가는 사람이 병 고침을 받는다고 되어 있다. 자, 하나님께서 내 물을 동하게 하신다고 느낄 때마다 나는 그 못 속에 들어가는 첫 번째 사람이 되려고 노력했다. 맞다. 나는 여전히 기도의 능력을 믿는다. 나는 여전히 치유를 믿는다.

어떤 사람들은 믿음과 비극을 조화시키는 것이 더욱 안전하다고 느끼는데 그것은 너무 위험한 생각이다. 그들은 하나님이 해결해 주실지도 모른다고 생각한다. 다시 말하지만 아마 하나님은 그렇게 하지 않으실 것이다. 그들은 한쪽을 정하지 않고 양쪽에서 이익을 취하려고 애쓴다. 그리고 하나님이 나타나시면 더 잘된 일이라고 생각한다. 얼마나 불경한 태도인가!

할의 병을 긍정적인 믿음으로 다루지 않았던 일을 내가 후회하고 있을까? 그렇지 않다! 후회스러운 것은 놀림당한 것이 후회스럽다. 다시 말해서 "네 믿음대로 받을 것이다"라는 현혹시키는 약속에 속은 것을 후회한다. 나는 거의 속은 느낌이 들었는데 작가이자 강연자인 짐 콘

웨이Jim Conway의 말을 들었을 때 다시 속은 기분이 들었다. 그는 사랑하는 아내 샐리Sally를 암으로 잃었다.

그가 수정교회에서 설교할 때 그는 아내의 생애 마지막 9개월에 대해서 얘기했다. 9개월 동안 그녀는 침대에서 지냈다. 모든 가족들이 천국에 대해서 그리고 샐리가 곧 집으로 간다는 것에 대해서 얘기했었던 그 마지막 몇 주가 얼마나 아름다웠는지에 대해서 말했다. 샐리는 식구들 한 명 한 명에게 손을 얹고 그들을 축복했고 그들 모두를 위해서 바라는 소망을 말했다. 그들은 함께 노래했다. 그녀에게서 영광의 광휘가 뿜어져 나왔다.

못할 말은 아무것도 없었다. 마무리 짓지 못한 것도 없었다. 지금 내가 얼마나 할을 위해서 그렇게 했으면 하고 바라는지 모를 것이다. 그럼에도 불구하고 멋진 순간들이 있었다. 그것은 하나님께서 여기저기에 뿌리신 선물이다.

나는 하나님께서 그분 방식대로 우리의 영혼을 북돋아 주신 날을 결코 잊지 못한다. 할의 담당 의사가 할에게 수십 가지의 치료법 가운데 또 하나의 치료를 하는 동안 병원 로비에서 잡지를 읽으면서 할을 기다리고 있을 때 오랄 로버츠Oral Roberts의 얼굴을 쳐다보았다. 그의 아내 에블린Evelyn이 그와 함께 있었다.

"우리가 TV에서 본 그 여성분 아니야, 에블린?" 그가 물었다. "당신은 유머를 섞어가며 설교하셨죠, 맞죠?" 나는 일어서서 그들에게 인사했다. 그들은 따뜻하고 편한 사람들이었다.

에블린은 그녀의 남편이 어딘가 불편하다고 호소해서 X-레이를 찍

기위해 왔다고 말했다. 그들은 내가 거기에서 무엇을 하고 있는지 알고 싶어했지만 내가 말을 마치기도 전에 간호사가 왔고 우리를 병실로 안내했다. 할의 바로 옆 병실에 로버츠의 침실이 있었다.

나는 로버츠 부부에게, 내가 할에게 "내가 복도에서 누구를 발견했는지 맞추어 봐요?"라고 말할 동안에 잠깐만 복도에서 기다려 줄 수 있는지 물었다.

오랄 로버츠가 "당신을 축복해요, 이젤 형제"라고 말하면서 팔을 활짝 벌리고 할의 침대로 걸어갈 때 입이 쩍 벌어진 할의 모습을 봤어야 했다.

그리고 로버츠 부인은 앞으로 나가더니 짧은 설교를 시작했다. "자, 이젤 형제" 그녀가 말했다. "당신의 천국은행계좌에 많은 돈이 예금되어 있어요. 오늘 치료를 잘 받아서 주님에게 돈을 조금 인출하고 싶다고 말했나요?"

할은 충격에 휩싸여 무엇인가를 중얼거리고 있었고 그녀는 계속해서 그를 권고했다.

"하나님" 나는 조용히 기도했다.

"이런 일을 허락해 주셔서 감사합니다."

질문하기 … 그리고 실행하기

□ 1단계 : 질문하기
하나님이 낮과 밤을 창조하지 않았다면 일출을 볼 수 있었을까? 우리의 '영혼의 어두운 밤'이 우리의 믿음을 아름다운 보물로 만드는가?

□ 2단계 : 실행하기
나는 당신에 대해서 잘 모르지만 음악은 나의 원기를 북돋아준다. 바로 지금 하던 일을 멈추고 당신이 제일 좋아하는 CD나 테이프를 듣는 것은 어떤가? 소파에 누워서 눈을 감고 음악이 슬픔과 고통을 초월해서 당신의 기운을 북돋게 해보라. 음악에 따라서 콧노래를 불러보라. 목청껏 힘차게 노래를 따라 불러보라! 당신은 기분이 좋아질 것이고 하나님은 당신이 오직 그분만을 위해서 연 콘서트를 즐기실 것이다.

성경공부

시편 19:13, 이사야 53, 다니엘 3:17~18, 27, 마태복음 27:42, 요한복음 5, 16:33, 사도행전 19:12, 고린도후서 12, 디모데전서 5:23, 디모데후서 4:20, 히브리서 11, 야고보서, 베드로전서

06
죽음의 문턱에서 내리는 은혜

잘 사는 삶의 아름다움은 대대로 이어지는 유산이 되고
추억을 상기시키는 마음을 따뜻하게 해준다.

눈물.

할의 생에 마지막 며칠 동안 나는 많이 울었다. 그리고 그가 죽고 난 며칠 동안 더 많이 울었다.

하지만 웃는 일도 있었다. 그것은 어둠을 헤치고 예기치 못한 순간에 찾아왔고 믿을 수 없을 만큼 고통스러운 고난과 슬픔에 처해 있을 때조차도 인생에는 지속적으로 이어지는 좋은 것들이 많다는 것을 상기시켜 주었다. 예를 들면 자녀나 친구들이다.

자녀들이 대해서 말할 수 있는 것은 오직 그 애들을 주셔서 하나님께 감사하다는 것이다. 왜냐하면 그들의 순수함과 믿음 때문이다. 예수님께서 누구든지 하늘나라에 들어가고 싶은 사람은 어린 아이들처럼 되어야 한다고 말씀하신 것도 당연하다.

할이 죽은 후에 동해안에 사는 6살 난 손자 메이슨Mason이 가족과 함께 나를 방문했는데 잠을 잘 때 나를 혼자 놔둘 수 없다고 하면서 나와 함께 자겠다고 고집을 피웠다. 메이슨은 '할아버지가 눕는 쪽에서' 자겠다고 했다.

메이슨은 밤새도록 뒤척거렸지만 그래도 좋았다. 그 애는 나를 외롭지 않게 해주었다. 다음날 아침에 메이슨은 팬케이크를 같이 만들자고 말했다. 나는 묵묵히 메이슨의 요구에 응해 주었다.

나는 메이슨이 나를 독차지 하고 싶어 하는 꿍꿍이가 있다는 것을 몰랐다.

"지금 할아버지는 천국에 있죠, 맞죠?"

"맞아"

"그러면 다시 안 오시죠, 맞죠?"

"응"

"그럼 다시 결혼하셔야 해요." 메이슨은 "그것은 당연한 일이에요"라는 몸짓으로 그의 손을 위로 치켜들고 충고했다.

"오, 아니야 메이슨" 나는 말했다. "결혼하고 싶지 않구나. 할아버지와 살 때 행복했었으니까."

메이슨은 '아니' 라는 대답을 받아들이지 않으려고 했다. "그럼 할아버지와 닮은 사람과 결혼하면 되잖아요?" 메이슨의 말에 나는 웃고 말았다.

"하지만 메이슨, 다른 남편을 찾는 방법을 모르겠구나, 어떻게 해야 할까?"

"그거야 쉽죠!" 메이슨은 나의 무지함에 화를 내면서 한숨을 쉬었다.

"자동차에 기름을 가득 채우세요. 그런 다음 기름이 다 떨어질 때까지 차를 몰고 돌아다니세요. 그때 만나는 첫 번째 사람에게 '내 남편이 되어주시겠어요?' 라고 말하세요. 그 사람이 '싫어요' 라고 말하면 차에 기름을 다시 채우고 다시 돌아다니세요!"

메이슨의 말이 맞았다. 배우자를 찾고자 하는 사람이라면 누구에게 필요한 충고였다. 6살짜리의 마음에서 나온 솔직한 의견이었다. 어떻게 혼자된 나의 친구들이 이런 간단한 해결책을 모를 수 있었을까?

그리고 우리 주변에는 사랑의 마음을 지닌 멋진 친구들이 많이 있었다. 그들은 할이 투병 중일 때 우리와 함께 했고 그가 천국에 간 후에도 나를 위로해 주었다.

나는 마가렛 하비Margaret Harvey 같은 친구에게 감사의 빚을 졌다. 이젤과 하비 가족은 20년 이상을 가까이 지내왔다.

마가렛의 남편 존이 암으로 죽은 후에 그녀는 내 개인 조수로 일하면서 나와 함께 국내를 돌아다녔다. 또 라이언Ryan이라는 할의 친구는 남아프리카의 요하네스버그에서 비행기를 타고 와서 우리와 함께 몇 시간을 보냈다. 그는 이 일을 위해 많은 돈과 시간을 썼다. 그것은 오직 할과 함께 기도하고 그가 얼마나 할을 사랑하는지 알리기 위해서였다.

이웃의 어린 두 소년 채드Chad와 트로이 맥도널드Troy MacDonald는 이젤 씨에게 특별한 것을 선물하고 싶다면서 그들의 비니베이비즈 인형 가운데 미국 국기가 장식된 곰 인형을 그를 응원하기 위해 보내 오기도 했다. 장담하지만 그것은 할에게 특별했다. 왜냐하면 그 어린 소년들이 얼마나 많은 희생을 했는지 알기 때문이다.

다른 감동적인 선물들과 짧은 편지들이 거의 매일 도착했다. 할은 유쾌한 카드를 많이 받았는데 우리는 그것을 벽난로 선반 위에 나란히 놓았다. 그 카드 가운데는 할의 배꼽을 빠지게 만들었던 농담이 들어 있는 카드도 있었다.

병원에 입원 중인 남편이 아내에게 가까이 오라고 힘없이 신호했다. 그녀가 몸을 기울이자 눈물이 가득 고인 눈으로 그가 속삭였다. "여보, 당신은 힘들 때 계속 나와 함께 있어 주었어. 내가 자동차 사고를 당했을 때 당신은 거기에 있었어. 사업에 실패했을 때, 심지어 집을 잃었을 때에도 항상 거기에 있었어. 왜 그런지 알아?"

웃으면서 아내가 말했다. "왜죠, 여보?"

그는 대답했다. "당신은 재수가 없으니까!"

- 「미싱 피스」The Missing Piece에 나오는 - 내 딸 줄리Julie에게는 두 명의 자녀가 있는데 할아버지에게 카드를 보내왔다. 13살 된 케이시Casey는 자신의 미래에 있을 결혼식 초대장을 할에게 보냈다. 케이시는 중요한 날이 올 때마다 할을 빼뜨리고 싶지 않았기 때문이다. 케이시의 11살 난 남동생 허브Herb는 학사모와 가운을 입은 모습을 그린 2006년 고등학교 졸업식 초대장을 할아버지에게 보냈다. 그 카드들은

할에게 귀한 보물이었다.

임종 준비하기

나는 소중한 친구 클라이드 마틴Clyde Martin의 친절함을 결코 잊지 못할 것이다. 그는 캘리포니아 북부에서 비행기를 타고 와서 할의 임종 준비를 도왔다.

클라이드는 할의 가장 오래된 소중한 친구이다. 그런 사이였기 때문에 클라이드는 나라면 결코 할 수 없었던 방식으로 임종 준비에 관해서 할에게 말할 수 있었다.

"들어봐, 할" 그가 말했다. "자네가 곧 죽을 것 같아서 내가 여기에 온 건 아니야. 단지 때가 되면 자네가 임종을 준비할 수 있도록 모든 것을 잘 처리했는지 확인하고 싶어서 온거야."

그는 마이크로 카세트 녹음기를 꺼냈다. "예를 들면, 자네가 어떤 종류의 장례식을 원하는지 리가 알고 있나?"

"물론 알고 있지" 할이 대답했다.

나는 머리를 흔들었다. "아니요, 몰라요. 동생의 교회에서 장례식을 하고 싶다는 정도만 알고 있어요."

다음은 할이 고개를 저을 차례였다. "아니야" 그가 말했다. "수정교회에서 장례식을 치르고 싶어. 화려하지 않지만 확실히 그 교회가 더 좋아."

"그래요" 나는 웃으면서 말했다. "그럼 난 미스 아메리카가 되어서 왕관을 쓰고 싶어요. 하지만 그런 일은 일어나지 않을 거예요. 좀 진지하게 말해봐요. 정말로 원하는 걸 말해요."

"난 진지해" 그가 대답했다. "당신은 내가 뭘 원하는지 물었고 나는 당신에게 말했어."

나는 그의 말이 비정상적이고 비현실적이라는 생각에 눈을 크게 떴지만 클라이드는 계속 녹음했다.

"그리고 예배드릴 때 누가 설교했으면 좋겠어?"

"음 동생이 예배를 집례했으면 좋겠어" 할이 말했다. "하지만 로렌 커닝햄Loren Cunningham이 설교했으면 좋겠어."

"오, 할" 나는 항의했다. "제발 터무니없는 소리하지 말아요, 로렌이 시간 내기가 얼마나 불가능한지 알잖아요." 로렌 커닝햄은 어린시절에 교회캠프에서 만났던 이후로 계속 할의 친구였다. 하지만 그는 세계에서 가장 큰 국제선교단체인 예수전도단Youth With a Mission을 설립하는 일을 하고 있었다. 그는 항상 세상의 밀림 속에서 복음을 전파할 기회의 장을 열고 있었다. 그가 할의 장례식에 참석하기 위해 미국에 올 수 있다는 기대는 정말로 무리였다.

"하지만 그가 와서 설교해줬으면 좋겠어" 할은 다시 말했고 그를 실망시킬까봐 나는 그것에 대해서 더 이상 거론하지 않았다.

계속해서 클라이드는 부드럽게 할에게 원하는 음악에 대해서 질문했고 비록 중요한 것이었지만 나는 결코 질문할 수 없는 질문을 많이 했다.

왜냐하면 그것은 "할, 우리 두 사람은 당신이 죽을 거라는 걸 알아요. 그리고 그것을 인정하는 게 나아요"라고 말하는 것 같았기 때문이었다. 하지만 클라이드는 사람을 공격적이면서도 부드럽게 대하는 방법을 알고 있었다. 그가 간섭해서 이끌어 나가줘서 얼마나 고마웠는지 모른다.

"그럼, 이제, 할" 클콰이드가 녹음기를 끄면서 말했다. "자네가 원하는 것을 리가 알게 되어서 기분이 더 좋아졌지? 이 테이프를 대여 금고에 넣을 거야. 그리고 그날이 언제 오든지 리가 자네의 바람대로 해주기 위해 노력할거야."

그리고 클라이드는 나에게 말했다. "리, 미안하지만 나와 할이 처리할 개인적인 용무가 있어요. 우리 두 사람에게 몇 시간만 주겠어요?"

내가 그럴 수 있겠냐고요? 쇼핑센터에서 윈도우 쇼핑을 하면서 두세 시간을 보냈던 때가 언제였는지 기억도 나지 않았다. 몇 년이 지난 것 같았다. 조금이라도 나만의 시간을 보내게 되서 나야말로 기뻤다.

클라이드는 할이 비디오테이프를 녹화하기 원했다. 실제로 테이프 3개에 녹화했는데 파멜라와 샌드라의 것 하나씩과 나머지 하나는 내 것이었다. 이 테이프도 대여 금고에 넣을 예정이었다. 할은 매우 쇠약했지만 자발적으로 임했다. 클라이드는 거실에 비디오카메라를 설치했고 (빠진 머리를 가리기 위해서 파나마 모자를 쓴) 할은 우리 각자에게 그가 얼마나 우리를 사랑하는지 말했고 그의 두 딸과 손자 손녀들에게 바라는 소망과 꿈을 말했다.

그 당시 클라이드는 할이 이 땅에서 겨우 열흘 밖에 살지 못할 것을 알지 못했다. 그 비디오테이프는 너무나 소중한 것이 되었다. 나에게 만들어준 비디오테이프를 생각하면 눈물이 난다. 할이 어떻게 나를 향한 그의 사랑을 표현했는지 기억나기 때문이다. 심지어 지금도 할이 나에게 계속해서 글을 쓰고 강연을 하며 하나님 나라에서 내가 더욱 크게 쓰임 받도록 기도하라고 부탁한 것을 생각하면 손이 떨리기 시작한다.

나를 위해서 이렇게 귀한 선물을 남기도록 할을 권고한 클라이드에게 아무리 감사를 해도 충분하지 않을 것이다. 그 선물은 나에게 매우 큰 의미이기 때문에 나도 사랑하는 사람들에게 비디오테이프를 남기기로 결심했다. 당신도 나처럼 하기를 간절히 바란다. 그리고 빨리 하길 바란다. 알겠지만 사람이 아프고 죽음에 직면할 때 장례식 계획에 대해서 얘기하기는 쉽지 않다. 그래서 지금 그런 얘기를 하는 것이 중요하다. 당신이 건강할 때 당신이 사랑하는 사람들이 찾아서 적절한 때에 볼 수 있도록 그 테이프를 어딘가에 숨겨두라.

마지막 인사

예상대로 할의 장례식은 그가 원했던 방식으로 치러졌다. 장례식은 수정교회에서 열렸고 그곳에서 로버트 슐러 박사는 우리가 필요로 하는 모든 것들을, 그것도 듬뿍 친절하게 제공해 주었다. 할의 동생 돈이 예배를 집례했고 로렌 커닝햄이 할과 함께 지냈던 즐거웠던 어린 시절에 대해서 말하기 위해 그 자리에 참석했다. 클라이드 마틴 또한 할의 우정이 그동안 그에게 얼마나 중요했는지 전해주었다.

할이 로널드 레이건 정부시절 이민국 공증인으로 일했기 때문에 국경 순찰대의 군기 위병이 성조기가 덮여 있는 할의 관 바로 옆에 서 있었다. 마가렛 하비는 뉴질랜드에서 온 이주민인데 미국 내에서 출생한 시민이 아닌 사람은 모두 일어서라고 부탁했고 그들은 그렇게 했다. 교회에 모인 수십 명의 사람들이 일어났다.

나 또한 간신히 몇 마디 할 수 있었다. 그것은 지금까지 내가 했던 연설 가운데서 가장 힘든 연설이었다. 나는 연설 중에 이런 말을 했다.

"저는 할 이젤과 수없이 많은 소중한 추억을 나누었어요. 저는 항상 그에게 '그가 가장 좋아하는 사람'이라고 말했어요."

"그와 결혼해서 저는 훌륭한 팸과 샌디를 기를 수 있었어요. 그리고 할은 - 21년 후에 - 제가 친딸 줄리와 다시 만나도록 노력해보라고 용기를 준 사람이에요. 그래서 우린 식구가 늘었죠."

나는 또한 할이 이민국 공증인으로 근무할 때 나와 할은 다른 민족 사람들과 미국이 그들에게 제공하는 자유에 대해서 올바르게 인식하게 됐다고 말했다.

"할의 죽음이 너무 이른가요?" 나는 물었다. "불공평한가요? 왜죠? 우리는 질문할 수 있을 거예요. 내가 확실히 아는 것은 오직 삶과 죽음의 비밀은 하나님의 손에 달려있다는 것과 하나님은 아무도 우연히 데려지는 않는다는 거예요."

나는 슬프고 엄숙한 분위기에서 약간의 농담을 했다. "아마 할에게는 두 명의 훌륭한 아내가 있었다는 것을 아실 거예요. 그리스도를 믿는 훌륭한 여성들인데 모두 암으로 죽었죠. 이제 그들은 천국에서 할과 하나가 됐어요." 나는 한숨을 쉬며 말했다. "그리고 오직 하나님만

이 그 한몸이 된 것을 나누실 수 있겠죠!"

🪶 다시 일상의 생활로

돌이켜보면 할이 죽고 난 직후 며칠 동안 나는 감각이 무뎌져서 할이 정말로 죽었다는 것이 믿겨지지 않았다.

사랑하는 사람이 없다는 사실은 어디에서나 느낄 수 있다!

나는 이런 무감각한 느낌이 극도로 힘든 시기를 겪고 있는 사람들에게 하나님이 주시는 선물이라고 확신한다. 하지만 장례식이 끝나고 모든 친구들과 가족들이 집으로 돌아가자 할이 없다는 사실은 벽돌로 한대 얻어맞은 것처럼 강하게 나를 강타했다.

사별한 사람들이 깨달은 것처럼 나도 사랑하는 사람이 없다는 사실을 어디에서나 느낄 수 있었다.

하루는 청소를 하는데 한숨을 쉬며 큰소리로 말했다. "저, 예수님, 꼭 당신과 나만 다시 제자리로 돌아온 것 같아요."

그분은 곧바로 강하게 대답하셨다. 그 말이 내 마음속에 울렸다. "항상 그랬단다."

나는 그 말의 진실에 너무나 깜짝 놀라서 그 자리에 주저앉을 수밖에 없었다. 그 순간 친구나 가족들이 아무리 많을지라도 결정적인 순간에는 항상 두 사람, 즉 예수님과 본인만 남는다는 사실을 깨달았다. 오래된 흑인영가에 "여리고로 가는 길에 두 사람만 들어갈 수 있는 공간이 있네. 그 이상도 그 이하도 안 되네, 오직 예수님과 당신만 있을 수 있는 공간이네"라고 되어 있듯이 말이다.

나는 예수님이 나를 외면하시거나 떠나시지 않는다는 것과 그분이 나와 함께 계시는 한 결코 혼자가 아니라는 것을 알고 눈물을 흘리며 미소 지었다.

애도할 시간이 부족한 사람은 개선할 시간이 부족하다.

그럼에도 불구하고 혼자 있고 싶어서 나와 할의 침실로 - 그러니까 내 침실로 - 갈 때면 내가 느끼는 외로움은 매우 깊었다. 할의 보석이 화장대 위에 있다. 할의 신발 한 켤레가 구두 수리점에서 찾아 가기를 기다리고 있다. 그의 옷이 옷장에 걸려 있다. 이것들이 어떻게 처리해야 할까? 나는 흐느끼며 할의 베개에 얼굴을 묻고 그가 그리워서 엉엉 울곤 했다. 그는 내 삶의 동반자요, 최고의 친구요, 사역의 중요한 후원자요, 탁월한 남편이요, 아빠요, 할아버지였다. 그 없이 어떻게 살 수 있을까? 나는 아주 오랫동안 고통에 잠겨 있을 것을 알았다. 하지만 "애도할 시간이 부족한 사람은 개선할 시간이 부족하다"라고 말한 셰익스피어의 말의 뜻도 이해가 되었다.

애도함으로써 얻는 교훈

내 슬픔에 대한 해답을 찾는 과정에서 유대민족이 우리 고임(goyim-비유태인의 히브리어)보다 애도하는 것을 더 잘 처리한다는 것을 알았다. 전통파 유대교에게 있어서 슬픔의 처리는 엄격하게 요약되어 있다. 랍비 웨인 도식Wayne Dosick의 저서 「유대인의 신념, 전통, 관례에 관한 종합 안내서」The Complete Guide to Jewish Belief, Tradition and Practice에는 유대인의 전통 방법이 분명하게 나와 있다. 시신은 (이론상으로) 죽은 지 24시간 이내에 매장해야 하며 주요 조문객이 '찢기도록 아픈 마음'을 나타내기 위해서 그의 옷을 찢는다. 애도할 때 처음 7일 동안에 가족은 집 밖으로 나가지 말아야 하지만 문상객은 맞아도 된다. 문상객은 바닥에 앉거나 낮은 의자에 앉는 것이 관례이다. 이것은 슬픔으로 '몸이 쇠하였음'을 상징하는 것으로 고대에 문상객들이 베옷을 입고 재를 무릅쓰고 앉아 있었던 일을 상기하는 것이다.

장례식 후 11개월 동안에 문상객은 집에 있는 모든 거울에 카디쉬 기도문를 적고 암송해야 한다. 사망 1주년이 다가올 때 사별한 식구는 '애도를 마치고' 좀 더 보통생활로 돌아간다. 하지만, '좀 더 보통생활로 돌아가는 것'은 말이 쉽지 실천하기는 어렵다. 당신의 삶에 구멍이 뚫렸을 때 그리고 그 구멍이 당신의 마음속에 뚫렸을 때 정상적인 생활을 할 수 있는 방법은 없다.

사랑하는 독자여, 당신의 삶속에 구멍이 뚫렸는가? 그렇다면 매순간을 소중하게 여기며 살라. 울 필요가 있는가? 그럼 울어라. 당신의 고통스러운 마음을 하나님에게 쏟아 내라. 이런 '비우는 과정'은 다음에 다가올 일을 올바르게 숙고하기 전에 꼭 필요한 과정이다.

바로 지금 이 책을 덮고 잠시 휴식시간을 가져라. 그리고 하나님과 진지한 시간을 갖도록 하라.

질문하기 … 그리고 실행하기

☐ **1단계 : 질문하기**
하나님을 이해할 수 없을 때 당신은 그분에게 환멸을 느끼는가 아니면 그분을 경외하게 되는가? 우리의 지성으로 하나님을 완전히 이해할 수 있다면 그것은 그분을 우리 인간의 수준으로 끌어내리는 것이 아닐까?

☐ **2단계 : 실행하기**
당신 자신의 장례식 계획을 준비한 적이 있는가? 지금은 다소 우울한 일인 것 같지만 은퇴에 대비해서 돈을 모으는 것과 같다. 당신은 장례식을 준비할 필요성을 느끼지 못하겠지만 그것을 준비하는 것은 좋은 일이다. 다음은 시작하는데 도움이 될 몇 가지 제안점이다.

1. 예배의 필수요소에 대해서 바라는 점을 적어보라. 설교자, 찬양, 장소 선택 같은 것 말이다.

2. 당신이 강하게 반대하는 게 있다면 지금 말해야 한다. 예를 들면, 당신의 사진을 전시하는 것을 원하지 않을지도 모른다. 예배가 순수한 경배시간이 되기를 원하지 찬양집회시간이 되는 것을 바라지 않을지도 모른다. 당신이 바라는 바를 생각해야 한다. 그리고 그것을 사랑하는 사람들에게 알려주면 그들은 장례식을 은혜 가운데 진

행할 수 있고 가족 간의 다툼의 위험을 최소화하는데 도움이 될 것이다.

3. 당신의 계획을 적은 후에 그것을 안전한 장소에 보관하고 그것이 어디에 있는지 가장 가까운 가족에게 말하라.

4. 가끔 봄 대청소를 할 때 당신의 계획을 꺼내서 훑어보라. 시간이 지남에 따라 바꾸고 싶은 마음이 들지도 모른다.

07
구하라 그러면 찾을 것이요

지혜가 제일이니 지혜를 얻으라
네가 얻은 모든 것을 가지고 명철을 얻을 지니라(잠언 4:7).

숫자들.

숫자는 그동안 내 마음속에 매우 중요한 부분이었다.

얼마 전에 자신의 100번째 생일 파티를 연 한 여성에 관한 기사가 신문에 났다. 가족과 친구들로 가득 찬 행복한 파티였다.

100세라니! 정말 긴 시간이다.

그리고 나는 궁금해졌다. 어떤 사람들은 그렇게 오래 사는데 어떤 사람들은 - 할같은 사람들 - 왜 천명을 다하지 못하고 죽는 것일까?

시편 기자가 "나를 위하여 정한 날이 하루도 되기 전에 주의 책에 다 기록이 되었나이다"(시편 139:16)라고 썼을 때 그는 진심으로 그렇게 말하고 있었을까?

성경에는 이와 비슷한 의미, 즉 우리가 태어나기도 전에 하나님께서는 우리의 살날의 수를 아신다는 것을 함축하고 있는 성경말씀이 많이 있다. 나는 만일 이것이 사실이라면 훌륭한 사람들이 – 공헌할 것이 너무 많은 사람들이 – 너무 이른 나이에 죽는 이유가 궁금했다.

피터 마샬Peter Marshall은 47세에 죽었다. 오스왈드 챔버스Oswald Chambers는 43세에 죽었다.

이들은 세계에 공헌할 일이 정말 많았다. 어떤 사람들은 말한다. "할 일이 끝날 때까지 가면 안 돼요." 하지만 내가 위에서 언급한 사람들에 대해서 생각할 때 그 말이 과연 맞는 말이지 모르겠다. 그럼에도 불구하고 전국종교방송대회National Religious Broadcaster's convention에서 빌리 그레이엄Billy Graham 목사가 연설할 때 그는 자신의 몸 주위에 보호물이 덮여있다고 믿는다고 했다. 그는 죽는 날이 올 때 그 덮개가 없어지고 죽게 될 것이라고 말했다. 확실히 주님의 종은 하나님이 그와의 관계를 끊으실 때까지 파괴할 수 없는 존재이다.

그런데 하나님이 우리의 날을 정하셨다면 내가 어떻게 살지가 중요할까? 하나님이 "좋아 메리에게 22348일을 주고 로저에게는 19787일을 주겠다"라고 말씀하시는가? 그렇다면 내가 담배를 피우거나 너무 많이 먹거나 운동을 하지 않아도 누가 신경 쓰겠는가? 왜냐하면 그렇게 한다고 해서 더 오래 사는 것도 아닌데 말이다. 아니면 하나님은 인간의 수명의 잠재력에 대해서 아시지만 우리의 행동으로 그것을 늘리거나 줄일 수 있다는 것을 아신다는 말이 사실일지도 모른다.

> 확실히 주님의 종은 하나님이 그와의 관계를
> 끊으실 때까지 파괴할 수 없는 존재이다.

우리는 모두 누군가 죽을 때 "그의 수가 다했다"라는 그럴듯한 말을 들은 적이 있다. 이 말은 성경적인가? 내가 그리스도인 친구들에게 이 말이 정말로 사실인지 물었을 때 대부분은 사실이라고 대답했다. 대부분 자신의 견해를 뒷받침하기 위해서 시편 90편을 지적했다. 하지만 시편 90편을 찾아보았을 때 그 속에 적힌 말씀들은 인간이 어떤 수만큼 살 수 있는 날을 할당받았다는 것을 증명하는 말씀이라기보다는 올바르게 살라는 경고의 말씀이었다. 그 이상도 그 이하도 아니다.

12절에 "우리에게 우리 날 계수함을 가르치사 지혜로운 마음을 얻게 하소서"라는 말씀이 있다.

내 남편은 그가 죽은 날에 천국에 가기로 예정되어 있었을까? 천국의 생명책에 어느 날에 영생할 지 어떤 임의의 날짜가 적혀 있을까? 그렇다면 나는 침을 삼키고 할의 죽음의 직접적인 원인이었던 잘못된 치료가 하나님께서 내 남편을 천국으로 데려가기 위해서 사용하신 것임을 인정해야 할까? 그것으로 끝인가? 상황을 바꾸기 위해서 내가 할 수 있었던 일이 아무것도 없었다면 왜 자꾸 나는 다른 생각이 들까? 다른 한편으로 그때가 떠나야 할 '그의 시간이' 아니었지만 사탄이 몰래 들어와서 그를 낚아채 갔다면 어떨까? 또는 할의 죽음이 단지 서투른 병원 직원의 실수의 결과였다면 어떨까?

이같은 생각을 하다보니 다른 의문이 생겼다.

- 하나님은 찰튼 헤스톤Charlton Heston(모세)이 이스라엘 백성들을 4백 년 동안의 속박과 노예생활로부터 구원할 정확한 날을 알고 계셨을까?
- 하나님은 마리아가 예수님을 낳을 정확한 날을 미리 정해놓으셨을까?
- 가룟 유다는 어떠한가? 그가 그리스도를 배반할 것이라고 미리 정해졌다면 우리는 무엇 때문에 그를 비난해야 할까?
- 십자가에 못 박히신 날은 미리 마련되고 정해졌을까?

결국 내가 도달한 결론은 하나님께서는 우리가 죽을 때를 아신다는 것이다. 이것을 뒷받침하는 말씀이 많이 있다.

- "날 때가 있고 죽을 때가 있으며…"(전도서 3:1~2).
- "그의 날을 정하셨고 그의 달 수도 주께 있으므로 그의 규례를 정하여 넘어가지 못하게 하셨사온즉"(욥기 14:5).
- "여호와는 죽이기도 하시고 살리기도 하시며 스올에 내리게도 하시고 거기에서 올리기도 하시는도다"(사무엘상 2:6).
- "나를 위하여 정한 날이 하루도 되기 전에 주의 책에 다 기록이 되었나이다"(시편 139:16).
- "인류의 모든 족속을 한 혈통으로 만드사 온 땅에 살게 하시고 그들의 연대를 정하시며 거주의 경계를 한정하셨으니"(사도행전

17:26).

나는 한 사람이 자신의 살날을 연장시킨 오직 하나의 예를 알고 있다. 하나님은 히스기야 왕의 기도에 응답하셨고 수명을 10년 연장해 주셨다. 하지만 그 10년 동안 그는 큰 고통을 겪었다. 그 이야기는 모두 열왕기하 20장에 나와 있다.

다스리시는 하나님

해답을 찾는 과정에서 나는 매우 깊은 신학적 수렁에 빠졌다. 하지만 진실에 대한 나의 갈급함은 만족할 줄 몰랐다. 결국 하나님이 통치하신다는 것을 믿는 것은 그분이 천국에 앉아서 우리에 대한 음모를 꾸미고 계신다는 것을 의미하지 않는다는 결론을 내렸다. 그분은 우리에게 교훈을 가르치기 위해서 질병이나 비행기 추락이나 허리케인을 일으키시지 않는다. 술 취한 운전자들의 죽음을 유발시키고, 어린이들이 수영장에 빠져서 익사하게 만들고, 사람들이 암으로 고통받게 하는 하나님은 누구나 열중하거나 경배할 수 있는 하나님이 아니다. 하나님은 죄를 짓지 않으시고 다른 어떤 사람도 죄를 짓도록 유혹하지 않으신다.

어떤 지역에는 허리케인이 오는 계절이 있다. 그리고 폭풍은 매년 불가피하게 일어나곤 한다. 대부분의 경우에 질병은 유전학, 즉 환경적인 원인이나 흡연, 부적절한 다이어트, 운동 부족과 같은 몸을 혹사시키는 것에서 원인을 추적할 수 있다. 어떤 나라에서는 사람들이 굶어죽고 있을 때 당신은 종종 그 원인을 인간이 만든 이유에서 찾을 수도 있다.

그러나 우리는 이런 세상의 재난에도 불구하고 하나님이 여전히 우리를 다스리신다는 것을 인정해야 한다. 나는 하나님이 모든 사람의 자유 의지를 무시하지 않기 때문에 그분이 관여하시는 것을 제한하시는 것이라고 믿는다.

우리는 단지 천국의 체스게임의 졸에 지나지 않는다. 동시에 나는 하나님이 우리가 만든 모든 혼란함을 깨끗이 해결하시고 그분을 사랑하는 사람들을 위해서 악을 선으로 바꾸시는 작업을 하신다고 믿는다.

우리에게는 우리가 고통과 슬픔을 겪을 때 우리와 함께 우시는 하나님이지만 그분은 또한 고난은 이 행성에서 사는 삶의 일부분이라는 것을 말씀을 통해서 설명해 주신다.

- "우리가 하나님의 나라에 들어가려면 많은 환난을 겪어야 할 것이라 하고"(사도행전 14:22).
- "그가(바울) 내 이름을 위하여 얼마나 고난을 받아야 할 것을 내가 그에게 보이리라 하시니"(사도행전 9:16).
- "너희로 하여금 하나님의 나라에 합당한 자로 여김을 받게 하려 함이니 그 나라를 위하여 너희가 또한 고난을 받느니라"(데살로니가후서 1:5).
- "세상에서는 너희가 환난을 당하나"(요한복음 16:33).

비행기 재난은 어떠한가? 예수님은 "너희와 항상 함께 있으리라"(마태복음 28:20)고 우리에게 약속해 주시지 않았는가? 어쨌든 성경을 연구한 후에 나는 더욱 편안한 마음으로 살고 있다. 심지어 잔인한 폭풍우 속을 뚫고 비행하는 작은 비행기조차도 편안하게 생각하게 되었다. 나는 하나님이 어떻게 말씀하시는지 기억한다. "여호와의 말씀이니라 너희를 향한 나의 생각을 내가 아나니 평안이요 재앙이 아니니라 너희에게 미래와 희망을 주는 것이니라"(예레미야 29:11).

이런 모든 어려운 문제와 씨름하고 있는 동안에 나는 일주일 동안 전국을 돌아다니면서 강연을 하기로 되어 있었다. 하지만 나는 여섯 번째 손자가 될 쿠퍼Cooper의 출산 예정일이 지났기 때문에 그냥 집에 있고 싶었다.

강연을 가기 전에 쿠퍼가 태어나게 해달라고 간절히 기도했지만 그 기도가 "법에 맞는지" 궁금했다. 왜냐하면 쿠퍼의 수명은 이미 그가 태어날 날을 포함해서 "계수됐기" 때문이다. 그리고 그 날짜가 소위 말하는 "돌에 새겨졌다면" 왜 하나님에게 그 날짜를 변경해달라고 기도해야 하는가?

나는 이 모든 생각 때문에 머리가 아팠다. 결국 하나님은 나에게 숫자에 대해서 조금 보여주셨다. 그리고 그분만의 유머감각에 대해서도 알려주셨다. 쿠퍼는 99년 9월 9일 오후 9시에 4.05킬로그램(9파운드)의 건강한 아기로 태어났다.

나는 웃었다. 그리고 그 모든 9라는 숫자들이 한 줄로 나열된 것을 봤을 때 외쳤다. 어떤 일이 일어나더라도 그것을 저에게 보여주신 주님, 감사합니다. 당신은 여전히 우주를 다스리시고 아주 사소한 일까지 돌보시는군요.

천국은 어떤 곳일까?

그 다음 몇 주 그리고 몇 달 동안 어느 순간부터 나는 천국에 대한 생각에 사로잡혀 있었다. 천국에 대해서 더 많이 알고 싶었다. 그곳은 어떤 곳일까? 할은 그곳에서 하루 종일 무엇을 하고 있을까? 나를 생각하고 나를 그리워하고 있을까?

> 죽으면 생명은 끊어지지만 관계는 끊어지지 않는다.

천국이 실제로 만화책에서 묘사한 것과 같다면 그리고 모든 사람들이 하프를 연주하면서 솜털처럼 가벼운 구름을 타고 떠돌아다닌다면 어떨까? 그것이 사실이라면 할은 천국의 행복한 야영자는 되지 않을 것이다. 예수님은 "내 아버지 집에 거할 곳이 많도다"(요한복음 14:2)라고 말씀하셨다.

그래서 나는 할이 크고 텅 빈 저택에서 뒹굴뒹굴 굴러다니는 건 아닐까 궁금했다. 나는 가수 팻 분Pat Boone이 할의 장례식에 보낸 꽃무늬 카드를 보관하고 있다. 팻은 카드에 "큰 저택에서 즐겁게 사세요, 할. 천국에서 제가 당신의 이웃이 되길 바래요."

천국에 대한 나의 호기심은 부분적으로 내 손자 메이슨에 의해서 더욱 자극을 받았다. 메이슨은 하인즈Heinz사의 다양한 제품보다 천국에 대한 질문이 더 많았다.

"할아버지는 아직도 아파요?"

"아니, 메이슨, 할아버지는 다 나으셨어."

"옷을 안 입고 계세요?"

"아니, 입고 계셔."

"합창단에서 노래하고 계세요?"

"아마도."

"천국에서는 게임도 할까요?"

"모르겠다, 메이슨. 아마도 하겠지."

"음… 그러면 하나님은 분명히 예수님하고 놀 거예요. 그리고 할아버지는 아브라함 링컨 대통령하고 놀 거예요!"

'메이슨, 나를 웃게 해줘서 고맙다.'

이때 나는 빌리 그레이엄 목사의 TV 인터뷰 거의 끝부분을 보고 있었다. 면담자가 천국이 어떤 곳일 것 같냐고 빌리 그레이엄 목사에게 묻자 그 위대한 복음전도자가 말했다. "천국에서는 아무도 하나님을 손가락으로 가리키면서 불공평하다고 비난할 수 없을 거예요. 왜냐하면 우리가 천국에 도착할 때 우리는 모든 것을 완벽하게 분명히 알게 될 테니까요."

나는 또한 어윈 W. 르처Erwin W. Lutzer 목사의 책 「당신이 죽은 일분 후」One Minute After You Die에서 천국에 관한 근거가 확실한 대답을 발견했다.

비록 그것이 가능할지라도 천국에 사는 사람들이 실제로 이 땅에 사는 우리를 볼 수 있다는 증거는 없다. 우리가 지금 이곳에서 어떻게 살고 있는지 정기적으로 새로운 소식을 요구할 수 있을 것이다. 나는 그런 요청이 거절될 것이라고 상상할 수 없지만 일단 천국에 가면 우리는 곧 수많은 사람들을 만나게 될 것이다. 변화산에서 제자 가운데 세 명이 모세와 엘리야를 만났다. 그리고 우리가 아는 한 이름표를 붙일 필요는 없었다.

나는 또한 랜디 알콘Randy Alcorn이 그의 가공 소설「주권」Dominion에서 다음과 같이 한 말을 좋아한다.

> 천국은 당신의 마음을 더욱 무감각하게 만드는 것이 아니라 더욱 예민하게 만든다. 당신은 이 땅의 반란과 지옥의 흉측함에 대해서 알고 있다. 이 땅에서의 행복은 현실에 대해서 아무것도 모르는 무지함에 달려 있지 않다. 그것은 인간이 하나님이 갖고 있는 현실을 보는 시각을 지녔는가에 달려있다.

천국에 있는 사랑하는 사람들을 알아 볼 수 있을 거라는 생각은 나에게 큰 위로가 되었다. 내가 천국에 갈 때 나는 여전히 내 자신일 것이고 당신은 여전히 당신 자신일 것이다. 그러나 천국에 가면 이런 물질계Physical plane에서 사는 동안에 연약하고 서투른 창조물인 우리에 비해서 모든 면에서 매우 향상된 존재로 변할 것이라고 믿는다.

나는 단지 내가 몇 살 때 나와 할이 천국에서 함께 있게 될지 궁금했다(모든 것이 쇠약해지기 시작하는 나이가 되기 전에 만나길 바란다). 하지만 나는 우리가 천국에서 여전히 '우리 자신'이겠지만 우리의 겉모습보다는 우리의 실제 도슴, 즉 우리 속에 있는 영에 의해서 인식될 것이라고 생각한다.

성경에 천국에 대한 몇 가지 설명이 나와 있다. 천국에는 강, 언덕, 황금길, 다이아몬드로 만든 도시, 그리고 진주문이 있다. 우리는 천국에서 먹을 것임을 알고 있다(만세!). 그리고 예수님이 빛이시기 때문에 밤이 전혀 없다는 것도 알고 있다. 우리는 또한 다음과 같은 것도 알 수 있다.

1. 죽음이 우리에게 다시 올 기회는 없다(유감스럽게도 윤회는 없다). 하지만 천국에 관한 가장 좋은 소식은 우리가 육신을 떠날 때 예수님과 함께 있다는 것이다.
2. 죽음으로 인해 이 땅에서 끊어진 우리의 인연은 천국에서 다시 회복될 것이다. 다시 회복될 뿐만 아니라 우리가 가능하다고 생각했던 것보다 몇 배 강해질 것이다.
3. 우리는 사도 바울이 "하나님이 자기를 사랑하는 자들을 위하여 예비하신 모든 것은 눈으로 보지 못하고 귀로 듣지 못하고 사람의 마음으로 생각하지도 못하였다 함과 같으니라"(고린도전서 2:9)는 천국에 대한 그의 묘사를 믿을 수 있다. 스티븐 스필버그조차도 그것을 묘사할 수 없다.
4. 천국에는 어떤 입학시험도 없을 것이다. 어떤 성경퀴즈게임도 없을 것이다. "성경의 권의 이름을 말할 수 있나요?"와 같은 질문도 없을 것이다. "당신은 어느 교회에 소속되어 있었나요?"와 같은

질문도 없을 것이다. 들어가는데 필요한 조건은 짧고 간단할 것이라고 확신한다.

질문이 있다면 오직 그리스도의 십자가에 대한 것일 것이다. 오직 한 가지 질문만 있을 것이다. "너는 내 아들 예수 그리스도와 함께 무엇을 했느냐?"

우리가 천국에 대해서 알고 있는 다른 한 가지는 천국은 고통에 대해 궁금해 하는 모든 문제가 풀리는 곳이라는 것이다. 이렇게 될지도 모르지만 나는 갈보리 채플Calvary Chapel의 돈 맥클루어Don McClure 목사의 이야기를 좋아한다.

진주문 저편에 "질문 있는 사람들은 모두 여기에 모이시오"라는 표지판이 붙어 있는 큰 장막을 상상해 보라. 물론 우리는 줄을 서 있다. 우리는 왜 고통을 받아야 하는지 알기 위해서 계속 기다리고 있다. 당신 차례가 왔을 때 질문에 답해 주기 위해 소집된 패널들에게 다가간다. 패널들은 다음과 같다.

형들에게 배신당하고 부당하게 감옥에 갖힌 요셉
광야에서 불평하는 이스라엘 민족들을 인도하는데 40년을 보낸 모세
남편과 아들을 잃은 나오미
재산과 가족을 잃은 욥
톱질을 당한 이사야
거꾸로 십자가에 못 박힌 베드로

돌에 맞아 죽은 스데반

하지만 제일 먼저 말한 패널은 사도 요한이다. 그가 이렇게 묻는다. "자, 당신은 어떤 고통을 겪었나요?"

혼자 보내는 크리스마스

할이 죽기 전에 크리스마스는 내가 가장 좋아하는 공휴일 가운데 하나였다. 나는 크리스마스에 관한 모든 것을 사랑했다. 불빛, 캐롤, 심지어 쇼핑센터의 사람들조차도……

하지만 올해는 아니었다. 라디오를 켤 때마다 나를 울게 하는 음악이 들렸다.

슬픈 크리스마스Blue Christmas, 슬픈 귀향I'll Be Home On Christmas, 메리 크리스마스, 달링Merry Christmas, Darling 얼마나 많은 슬픈 크리스마스 노래가 있는지 또는 얼마나 많은 크리스마스 노래가 낭만적인 사랑과 관련이 있는지 이전에는 결코 깨닫지 못했다.

그 노래를 들으면 사랑하는 남편과 함께 보낸 수많은 추억들이 떠올랐다. 난로 앞에 꼭 붙어 앉아 있었던 일, 촛불을 밝힌 크리스마스 이브 예배에 가서 함께 하나님께 경배드린 일, 손자 손녀들에게 줄 장난감을 사기 위해 쇼핑하던 일, 크리스마스 아침에 함께 선물을 열어본 일 등이 생각났다. 나의 외로움은 너무 강렬해서 육체적으로 고통스러울 지경이었다. 할이 너무나 그리웠다.

한 친구가 벤Ben이라는 13살 난 소년이 1997년 12월에 뇌종양으로 죽기 직전에 쓴 시 한 편을 보내왔다. 소년의 시는 나에게 큰 위로가 되었다. 그 시를 읽는 수천 명의 사람들에게도 위로가 됐을 거라고 확신한다. 다음은 그의 시의 일부이다.

천국에서 맞은 첫 번째 크리스마스

세상을 내려다 보면
셀 수 없이 많은 크리스마스 트리가 보여요
하늘의 별처럼 희미한 빛이
눈 속에 반짝 거려요
너무나 눈부신 광경이에요
제발 눈물을 닦으세요
왜냐하면 나는 올해 예수님과
크리스마스를 보내고 있으니까요

사람들이 좋아하는
크리스마스 노래가 많이 들려요
하지만 그 음악은
이곳의 크리스마스 합창단과 비교할 수 없어요
그들의 목소리가 주는
기쁨은 말로다 표현할 수 없어요
천사들이 노래하는 것을 듣는 것은
말로 표현할 수 없기 때문이에요

당신이 나를 얼마나 그리워하는지 알아요
당신의 마음속에 고통이 보여요
하지만 나는 그리 멀지 않은 곳에 있어요
우리는 정말로 그렇게 멀리 떨어져 있지 않아요
그러니까 나로 인해 슬퍼하지 마세요

제가 당신들을 소중하게 여긴다는 걸 아시잖아요
그리고 올해 크리스마스를
예수님과 함께 보내니까 기뻐하세요

제발 서로 사랑하고 서로 교제하세요
우리 아버지께서 하라고 말씀하신 것처럼 말이에요
왜냐하면 그분께서 당신에게 주실 축복이나 사랑은
셀 수 없기 때문이에요
그러니까 즐거운 크리스마스를 보내고
눈물을 닦으세요
올해 크리스마스를 예수 그리스도와 함께
보내고 있다는 것을 기억하세요.

'천국'에서 우리를 기다리는 것이 무엇인지 정말로 안다면 우리는 여기 이 땅의 삶에 그렇게 끈질기게 매달리지 않을 것이고 지금 '이 세상'의 삶을 영위하고 있는 사람들을 위해서 그렇게 깊이 슬퍼하지도 않을 것이다. 장담하건데 할이 천국에 들어가는 것은 매우 멋진 일이었을 것이다.

나는 마음의 눈으로 그를 환영하기 위해 줄을 선 사람들을 볼 수 있다.

"고마워요, 할! 당신이 응급 조산원에서 도와주지 않았다면 전 태어나기도 전에 유산됐을 거예요."

"만나서 반가워요. 당신은 내가 루마니아에서 미국에 선교사로 들어올 수 있도록 도와줬어요."

"저에게 예수님에 대해서 말해줘서 고마워요. 그 때문에 제가 여기 있는 거예요."

질문하기 … 그리고 실행하기

☐ 1단계 : 질문하기

시편 116편 15절에 "경건한 자들의 죽음은 여호와께서 보시기에 귀중한 것이로다"라고 나와 있다. 이 말씀이 당신에게 의미하는 것은 무엇인가?

☐ 2단계 : 실행하기

그리스도인에게 있어서 죽음은 끝이 아니다. 오직 즐거운 시작일 뿐이다. 천국에서 당신을 기다리고 있는 친구나 친척들이 있는가? 그렇다면 천국에 갔을 때 다시 보기를 고대하는 모든 사람들(또는 처음 본 사람들)의 목록을 만들어 보는 것은 어떠한가?

성경공부

사무엘상 2:6, 열왕기하 20, 욥기 14:5, 시편 90, 139:16, 잠언 4:7, 전도서 3:1~2, 예레미야 29:11, 요한복음 14:2, 16:33, 사도행전 9:16, 14:22, 17:23, 데살로니가후서 1:5, 고린도전서 2:9,

08
애통해 할 때 은혜가 임한다

예수님이 당신이 가진 모든 것이 될 때까지,
예수님이 당신이 필요로 하는 모든 것임을 깨닫지 못한다.

홀로.

"친구가 없는 것, 혼자의, 다른 모든 사람들을 제외한 상태." 이것이 펑크 앤 바그널스Funk Wagnall's 사전에 나와 있는 '홀로'alone라는 단어의 정의이다.

때때로 나는 비현실적인 존재로 살아가고 있었던 같았다. 다시 말해서, 주위에서 모든 일이 일어나고 있는 것을 볼 수 있었지만 그 일로부터 단절된 느낌이 들었다. 심각하게 얘기하면 모든 것에 관심이 없는 느낌이었다. 나는 충격과 슬픔으로 무감각해졌다. 그것은 내가 다루기 위해서 완전히 준비되지 않은 상태였다.

나는 내 자신이 강하고 독립적이고 자부심이 강한 사람이라고 생각했다. 이전에는 혼자가 되어본 적이 있었기 때문에 혼자가 되는 것이 겁나지는 않았다.

사실 혼자가 되는 문제에 관해서라면 나는 미국의 상징이 될 수 있을 것이다. 할을 만나기 전의 내 어린 시절을 조금 소개하고자 한다.

할을 만가기 전의 생활

나는 어려서부터 독립적으로 사는 법을 배웠다. 나는 딸만 다섯인 집안의 셋째 딸이었다. 우리 자매들은 평범한 가정에서 볼 수 있는 긍정적인 아버지 밑에서 자라지 못했다. 아버지는 알코올 중독자였고 그것은 우리 가족에게 큰 영향을 미쳤다.

십대 시절을 보내면서 가능한 한 빨리 자유를 찾고 싶다는 결심을 확고히 했다. 그 당시 언니 조Zoe는 이미 결혼해서 캘리포니아로 이사 갔다. 수차례 어머니를 설득한 후에 마침내 아버지와 불행한 현실을 뒤로 남기고 서부로 가야한다고 어머니를 설득하는데 성공했다. 비록 어머니가 언어적으로 육체적으로 수년 동안 폭행을 당했지만 이런 결심을 하는 것은 어머니에게 힘든 일이었다. 그때 내 나이 겨우 17살이었지만 우리가 짐을 싸서 샌프란시스코로 가게 됐을 때 나는 집안의 가장이나 다름이 없었다.

물론 나는 샌프란시스코에서 더 나은 삶을 살기 원했다. 그리고 처음의 상황들은 잘 들어 맞았다. 나는 선박제조회사에서 비서 일을 하게 되었고 동료들과 즐겁게 지냈다. 하지만 어느 끔찍한 날 나는 회사의 하청업자로 일했던 한 남자에게 강간을 당했고 '고독'이 더욱 깊고 더욱 파괴적인 차원으로 나에게 다가 왔다.

여기에서 그 다음 몇 년 동안 살았던 삶에 대해서 자세하게 설명하지는 않을 것이다. 단지 말하고 싶은 것은 나는 임신한 채로 강간당했던 샌프란시스코를 떠났다. 아기를 낳기 위해서 그리고 그 아기가 당시 내 생활에서 내가 해줄 수 있는 것보다 더 나은 환경에서 성장하도록 돌봐줄 수 있는 사람들에게 입양될 수 있는지 알아보기 위해서 로스앤젤레스로 갔다. 당신에게 정말로 하고 싶은 말은 다음과 같다. 나는 로스앤젤레스로 가는 도중에 싼 모텔에서 하룻밤 묵었다. 침대 위에 지친 몸을 쭉 뻗고 누웠을 때 느꼈던 절망감을 아직도 생생하게 기억한다. 나는 누군가에게 말하고 싶은 욕구를 느꼈지만 믿을 수 있는 사람이 없었다. 하나님 이외에는 …

나는 우리가 아버지를 떠나서 펜실베이니아로 가기 전에 하나님의 부르심에 응답했다. 어느 주말에 나와 내 친구 몇 명은 따분해서 빌리 그레이엄 목사의 부흥회에 참석했다. 나는 그날 밤에 그리스도를 구세주로 영접했다.

하지만 내가 그분을 의지하기 시작한 것은 그 쓸쓸한 호텔방에서였다. 그곳은 우주의 창조자와 교제할 수 있는 가능성이 거의 희박한 장소였다. 그날 밤새도록 나는 그분에게 기도했고 그분의 말씀을 읽었다. 놀랍게도 그분은 나의 절망적인 곤경에 처한 상태를 그분에게 맡기는데 도움이 되는 필요한 말씀으로 나를 이끌어주셨다. 이전에 결코 알지 못했던 평화가 내 영혼에 가득 찼다. 그리고 차를 몰고 로스앤젤레스로 갔을 때 나는 내가 더 이상 혼자가 아니라는 새로운 확신에 가득 차 있었다.

하나님께서 나를 어떻게 돌보셨는지 그리고 잃어버렸던 내 아름다운 딸을 어떻게 다시 찾게 됐는지에 대한 놀라운 이야기는 「미싱 피스」에 나와 있다. 이 책에서는 내 몫의 인생의 풍파를 견디어 냈음을 보여 주기 위해서 간략하게만 언급한다.

여전히 나는 할이 죽은 후에 처음으로 우리가 가장 좋아했던 식당에 걸어 들어가서 웨이터에게 "1인용 테이블 부탁해요"라고 했을 때 몰려오는 내 몸의 반응에 준비되어 있지 않았다.

1인용 테이블!

나는 완전히 패배했다. 혼자라는 충격이 홍수처럼 내 몸 위로 밀려와 과거에 수없이 많이 성공적으로 '파도를 타는데' 도움이 되었던 자신감과 안정감을 싹 사라지게 하면서 새로운 방식으로 나를 강타했다. 하지만 알다시피 할과의 결혼생활 동안에 내 삶과 그의 삶은 떨어질 수 없는 하나의 삶이었다. 그의 죽음으로 내 일부분이 죽었고 그것을 통해서 혼자라는 의미에 대한 완전히 새로운 정의를 알게 해주었다. 이번에는 혼자가 아니었다. "당신과 나예요. 하나님." 내 반쪽은 사라졌다. 그리고 지금 나는 내가 과거에 어떤 사람이었는지 그리고 다시 독신이 된 상황을 어떻게 대처해야 할지 배워야 했다.

하나님이 독신이라는 선물을 당신에게 주시지 않았다면 우리 사회에서 독신생활은 도전적인 일이다. 나는 오랜세월 동안 그런 특별한 삶이 내 삶에 찾아오기를 기다리고 갈망했다. 쉬운 시간은 아니었다.

하지만 이렇게 '갑자기 독신이 된' 상태는 그 이전의 '여전히 독신이었던' 상태보다 대처하기가 훨씬 더 힘들었다.

향수의 향기가 쏟아져 나가면 그 향기를 다시 병에 담을 수 없는 것처럼 배우자를 잃었을 때 쉽게 '독신으로' 돌아갈 수 없다.

리 이젤의 바로 그 본질이, 다시 말해서 나의 고유한 '향기'가 다 쏟아져버렸다. 이것은 내가 이제까지 경험한 어떤 것보다도 훨씬 더 고독한 상태였다.

가라… 그리고 성장하라

나는 8장의 나머지 부분을 위해서 마음속에 생각해둔 몇 가지 목표가 있다. 나는 슬픔을 통해서 성장한 내 자신을 다시 발견하면서 겪었던 우연한 과정을 말하고 싶다. 내 경험이 당신에게 용기를 주고 가능하다면 현재 당신이 겪고 있는 고통을 처리하는데 실제적인 도움이 되기를 바란다(미망인 색인 Widow's Appendix 참고).

물론 배우자의 상실 이외의 일로도 깊은 상실감을 겪을 수 있다. 반항적인 자녀나 친구의 죽음이나 심지어 당신이 애착을 가졌던 직업에서 실직했을 때도 몹시 슬퍼할 수 있다.

현재 당신이 슬퍼하지 않는다면 아마도 이 책이 당신이 아는 사람 가운데 몹시 슬퍼하고 있는 누군가에게 효과적으로 버틸 수 있는 힘을 주는데 도움이 되거나 앞으로 당신이 살면서 불가피하게 닥칠 그런 슬픔의 때를 대비하는데 도움을 줄 것이다.

또한 나는 하나님께 매달리는 것을 결코 그만두지 말라고 당신에게 말하고 싶다. 비록 당신이 혼란과 의문과 심지어 인생의 불공평함으로 인한 분노로 가득 찰지라도 말이다. 하나님은 "분을 내어도 죄를 짓지 말며"(에베소서 4:26)라고 우리에게 말씀하신다. 그것이 그분이 우리에게 권유하시는 것이다. 우리가 느끼는 혼란이나 분노를 부인하는 것은 단지 거짓말의 한 가지 형태이다. 그리고 "거짓말 하지 말라"는 것은 그분이 우리에게 주시는 몇 가지 엄중한 계명 가운데 하나다.

하나님과 우리의 관계가 진실해지는 때는 오직 하나님이 우리를 꿰뚫어 보시고 우리의 가장 어려운 질문에 응답해주시는 동안 내내 그분을 믿으면서 하나님에게 정직하게 털어놓는 방법을 배울 때이다. 또한 우리가 고통당할 때 그분과 같이 있으면 우리는 성장한다. 그리고 우리가 나약하게 거부하지 말고 적극적인 신뢰를 가지고 하나님을 의존할 때 그분의 덤추지 않은 은혜가 확실히 임할 것이다.

부여된 허가

당신이 지금 몹시 슬퍼하고 있다면 그것은 괜찮다. 아니, 괜찮은 것 이상이다. 그것은 정상적이고 자연스러운 것이다. 감정에 몰두하거나 그것을 감추는 것이 오히려 좋지 않다. 그러므로 슬프면 그냥 슬퍼하라. 눈물이 나면 치유가 될 때까지 흐르도록 놔두라. 당신에 대한 다른 사람들의 마음을 닫게 만들지 말고 지금쯤은 벌써 극복해야 하는데 라고는 자책하지 말라. 마음속에 슬픔을 묻어두는 것은 산 채로 파묻히는 것과 같다. 그러므로 슬픔이 당신을 강타할 때 당신을 때려눕히게 하라. 그런 후에 그 슬픔을 헤치고 걸어가라. 이렇게 할 때 당신은 다른쪽에 서 있는 희망을 품을 수 있다.

슬픔이 당신을 덮칠 때마다 당신이 마음껏 슬퍼하도록 허락해주는 진정한 친구를 찾아보라.

내가 영국에서 강연을 할 때 어떤 단정한 여자가 다가오더니 눈물이 자꾸 나와서 당황스럽다고 고백했다. "정말 죄송해요" 그녀가 말했다. "미망인이 되는 것에 관한 강연을 듣기 전까지는 슬픔을 겉으로 표현해도 괜찮다고 생각하지 않았어요. 교회 사람들은 지금쯤이면 내가 벌써 슬픔을 극복해야 한다고 생각하는 것 같아요. 그리고 내가 눈물을 흘리면 참을 수 없어 하죠. 그래서 지금까지 내 자신에게 계속 앞으로 나아가라고 말하면서 참았어요."

"하지만 그것이 당신이 앞으로 나아갈 수 없는 이유예요. 당신은 슬픔으로 괴로워서 감정이 꽉 막혀 있어요. 슬픔을 처리해야 해요. 사람들이 그것을 좋아하든지 싫어하든지 상관없어요. 당신은 아직 끝나지 않았어요. 그리고 아무것도 부끄러워하지 마세요. 당신은 예정에 맞춰 서 있는 거예요."

그녀가 내 어깨에 기대어 울었을 때 나는 얼마나 많은 사람들이 비웃음을 받았고 얼마나 많은 사람들이 슬퍼하도록 허락을 받아야 하는지 궁금했다.

이렇게 슬퍼하는 동안에는 삶이 약간 통제 불가능하다고 느껴질지도 모른다. 왜냐하면 당신은 우울함과 분노와 싸우고 있기 때문이다. 당신의 에너지 수치가 낮아질지도 모르고 감정의 롤러코스터를 타고 빙글빙글 도는 느낌이 들지도 모른다. 매우 큰 슬픔에 잠겨 있으면 결단력이 일시적으로 약해진다. 이 모든 감정들은 변한다는 것을 상기하라. 당신의 감정은 안정될 것이다. 당신은 정상적으로 회복될 것이다. 정말로 당신은 이런 경험을 하는 동안에 정상적인 것보다 더욱 좋아질 것이다. 이런 경험이 영적으로 성장할 기회가 될지도 모른다.

솔직해져 보자. 우리는 보통 시험받을 때 하나님께 매달린다. 모든 것이 우리가 의도한 대로 되어갈 때 하나님을 찾을 만큼 고매한 사람은 거의 없다. 우리는 그렇게 감명을 주는 사람이 아니다. 지금이 기회이다.

슬픔의 다른 쪽으로 향한 내 자신의 여행에 대해서 말하고자 한다.

아무튼 나는 누구인가?

할과 함께 사는 동안에 나는 정말로 "내 날개 아래의 바람"이라는 노래 가사처럼 그의 존재가 얼마나 중요한지 전혀 알지 못했다. 그가 죽은 후에 계속 떠다녔지만 어떤 바람도 느끼지 못했다. 나는 무력했고 갈피를 잡지 못했다. 너무나 오랫동안 '할의 아내'로 지냈기 때문에 내가 누구인지 기억할 수 없었다. 우리에게는 특별한 날에만 저녁 식탁에 놓았던 빨간색 접시가 있었다. 이런 특별한 때를 기념하기 위해서 우리는 접시 뒷면에 메모를 했다. 그런데 할이 죽은 후에 우리를 돕던 한 손님이 무심코 그 접시를 식기세척기에 넣는 바람에 그 기록이 깨끗이 씻겨나갔다. 우리의 모든 소중한 추억이 하수구에 처박혀진 느낌이 들었다.

당신은 내가 자아 정체감의 위기를 겪고 있었다고 말할지도 모른다.

나는 항상 남편의 흠잡을 데 없는 취향에 맞춰서 내 옷을 골랐다. 지금은 옷을 고르는 간단한 일에도 나는 공황 발작을 일으킬 정도이다. 심지어 내가 예전에 어떤 취미를 즐겼는지 조차도 기억할 수 없었고 집을 어떻게 정리해야 할지도 결정할 수 없었다.

예전에 간단했던 일상적인 일들이 지금은 고통스러운 추억들과 무력하게 만드는 우울함을 유발시키는 '애도 의식'이 되었다는 것을 깨달았다. 예를 들면, 몇 주 동안 매일 킹사이즈 침대를 정돈할 때 나는 할과 그 침대를 썼던 일이 기억났다.

음식을 준비하고 빨래를 하는 것과 같은 다른 의식도 있었다. 지금은 나 혼자이기 때문에 이런 일들을 규칙적으로 할 필요가 없지만 나는 마치 할이 곁에 있는 것처럼 그런 행동을 했다. 아무튼 모든 것들을 예전과 똑같이 유지될 때 위안이 되었다.

이런 의식을 수행함으로써 처음에는 아무것도 달라진 것이 없다는 잘못된 느낌이 들었다. 하지만 결국 나는 제럴드 싯처Gerald L. Sittser가 그의 책 「하나님 앞에서 울다」A Grace Disguised에서 설명한 것을 경험했다.

> 그것은 "최초의 엄청난 상실감은 서서히… 좀처럼 빠지지 않는 홍수의 빗물처럼 슬픔이 영혼의 모든 갈라진 틈과 균열된 부분을 찾아 들어가서 서서히 손상시킬 때 생기는 고통으로 바뀐다."

우리가 슬픔으로 가득 찰 때 다른 누군가를 비난하고 싶은 마음이 생기는 것은 당연하다. 내 경우에는 그곳이 의료계였다. 의료계는 나를 실망시켰다. 그리고 나는 단지 원한을 품을 때 오는 만족감 이상의 것을 원했다. 적어도 "살 1파운드" 정도는 되어야 복수심이 해소될 것 같았다. 그래서 장례식이 끝나고 건강이 회복된 후에 나는 의무국과 보험회사의 간부들에게 항의 편지를 썼다. 이러한 일은 모두 무익했다. 정중하게 보낸 답장 더미만 장부 기입대 위에 수북이 쌓여 있었고 그 편지들은 그들에게 징계가 내려질지라도 법적으로 나는 그런 사실조차도 통보받을 수 없는 입장이라는 것을 상기시켜주었다. 내가 1파운드의 살을 받았는지 여부조차도 결코 알지 못할 것이라는 뜻이다. 얼마나 좌절감을 일으키게 하는 일인가.

분노와 원한을 품었음에도 불구하고 용서하기로 결정을 했다. 나는 비통함의 뿌리가 자라서 내 영적인 생명을 질식시키도록 허용하지 않기로 선택했다 나는 오직 이 땅에서 할의 마지막 날에 행해진 모든 의료사고는 하나님이 지리하게 계속되는 통증과 고통스러운 죽음으로부터 할을 구원하기 위한 계획의 일부였을지도 모른다고 생각할 수밖에 없었다.

🍃 2보 전진을 위한 1보 후퇴

나는 슬퍼하는 것이 지루한 과정임을 배웠다. 내가 용서하기로 선택한 것처럼 앞으로 전진하고 싶었다. 하지만 그때마다 원점으로 돌아가게 하는 어떤 일이 발생하곤 했는데 가령, 내 어린 손자 메이슨이 방문했을 때 할의 전기면도기가 여전히 싱크대에 놓여 있었다. 메이슨이 전기면도기를 가리키면서 "저 할아버지 면도기예요?"라고 물었다. 목에 큰 덩어리가 걸린 듯이 침을 꿀꺽 삼키며 나는 아무렇지도 않게 대답했다.

"맞아, 메이슨. 할아버지 면도기야."

아이들은 거침이 없다. 메이슨은 자신의 호기심을 표현하는데 아무 문제가 없었다. "면도기 안에 할아버지 수염이 있을 것 같아요, 봐도 되요?"

호기심 강한 유치원생 앞에서 울지 않기 위해서 마음속으로 '좋아, 리. 넌 이 상황을 잘 처리할 수 있어'라고 내 자신을 다독거렸다.

"한번 보자." 나는 면도기 뚜껑을 열면서 메이슨에게 말했다. 많은 잔털이 세면대에 '와르르' 쏟아졌다. 남편의 일상적인 생활의 자취가 아직도 화장실에 남아있음을 알았을 때 기분이 얼마나 묘했는지 모른다. 그리고 한번만이라도 내 볼에 닿는 그의 따끔따끔한 짧은 수염의 감촉을 느껴보고 싶었다.

이와 같은 경험은 나를 뒤로 물러나게 했고 서서히 아물고 있는 상처를 덧나게 만들었다. 언젠가 나는 십대처럼 서로 손을 잡고 웃으면서 쇼핑몰을 한가롭게 거니는 노부부를 빤히 쳐다보고 있는 내 자신을 발견했다. 질투의 화신인 초록 눈의 괴물(오셀로에 나오는 질투의 화신)이 흉측한 고개를 들었다. 나는 할과 함께 늙어가는 꿈이 결코 이루어질 수 없다는 생각에 참을 수 없었다. 우리가 마침내 자식들을 다 키우고 쇼핑몰에서 한가롭게 거닐면서 아이스크림 가게를 찾아야 하는 바로 이때에 우리의 계획은 죽음에 의해서 파괴되었다. 나는 속은 느낌이 들었다. 하나님은 왜 이 노부부에게 내가 마음속 깊이 그렇게 원했던 것을 주셨을까?

나는 식료품점에서 슬픔에 잠긴 한 미망인에 대해서 들은 적 있다. 그녀의 37세 된 남편 르디Rudy는 8일 전에 죽었는데 그녀와 함께 종종 이 가게에 왔었다. 그녀가 일주일에 한번 하는 쇼핑을 하는 동안 루디는 그녀에게 주려고 노란색 꽃 세 송이를 들고 오곤 했다. 왜냐하면 루디의 아내는 꽃을 좋아했기 때문이었다.

어떤 날 한 젊은 부인이 정육점 계산대 앞에서 마음을 결정하지 못하고 있었다. "내 남편은 티본 스테이크를 너무 좋아하는데 가격이 비싸서 사야 할지 모르겠어요."

그 미망인은 마음을 가다듬고 말했다. "내 남편은 얼마 전에 죽었어요. 그 스테이크를 사서 당신이 그와 함께 있는 순간을 소중히 간직하세요."

그 여자는 그 미망인의 심정에 공감한다는 듯 미소 지었고 정육점 주인에게 가장 좋은 스테이크 두 덩어리를 주문했다. 그 미망인이 계산대에 왔을 때 그 여자는 장미 세 송이를 들고 그녀를 기다리고 있었다.

"충고에 대한 감사의 꽃이에요." 그녀가 말했다.

"오, 루디" 미망인은 눈물을 흘리며 미소 지었다. "나를 잊지 않았군요. 그렇죠?"

이런 이야기들은 상실감에 젖어 있는 나에게 위로가 되었다. 하지만 달력에 표시한 특별한 행사들이 하나씩 하나씩 다가올 때면 다시 원점으로 돌아오곤 했고 그럴 때면 꼭 한 대 얻어맞는 느낌이 들었다. '처음에는' 어머니날, 생일, 결혼기념일을 못본 체하고 지나가면서 나는 달력을 급하게 훑어보려고 했다. 하지만 그것은 미약한 노력일 뿐이었다.

나는 앞으로 나아가면서도 예측 가능한 패턴도 없이 다시 제자리로 돌아가곤 했다. 나는 판에 박힌 생활을 했다. 때때로 결코 앞으로 '나아가지' 못할 것 같다는 생각이 들었다.

🍃 다시 길 밖으로

하지만 나는 나아가야 했다. 할이 죽은 지 두 달 후에 나는 인디애나폴리스Indianapolis에서 글로리아 게이더Gloria Gaither가 이끄는 찬양집회Gaither Praise Gathering에서 네 번 강연하기로 약속되어 있었다. 그 집회는 할이 가장 좋아하는 집회였다. 게이더가 나를 구속 상태에서 해방시켜주기 위해서 고마운 제안을 했을 때 나는 수락하고 싶은 유혹을 느꼈다. 나는 강연을 다시 시작하는 일을 오랫동안 연기할 수 없었다. 더구나 내가 슬픔에 잠겨서 의무를 다할 수 없었던 몇 주 동안에 몇몇 단체로부터 불쾌한 반응을 받았던 터였다. 그래서 나는 그 어느 때보다 더욱 약하고 무기력하게 느끼면서 다시 한 번 강연을 나갔다. 때때로 내가 실제로 강연을 계속할 수 있을지 궁금했다. 나는 "웃음치료사"humor therapist라고 소개되었는데 내가 가장 하고 싶지 않은 일이 사람들을 웃기는 일이었다. 내가 슬픔에 잠겨 있는데 정말로 하나님은 내가 이 일을 계속하기를 바라실까?

게이더의 집회는 부담된 시간이면서 축복의 시간이었다. 많은 옛 친구들과 만나는 것은, 다시 말해서 내가 다른 곳에서는 찾을 수 없는 따뜻한 우정과 웃음을 즐기는 것은 멋진 일이었다.

하지만 할이 하늘나라로 간 것을 모르는 사람들이 와서 그를 찾는 어색한 순간이 있었다. 나는 존경하는 복음성가 가수 제이크 헤스Jake Hess가 "내 친구 할은 어디 있어요?"라고 물었을 때 울음을 삼켜야 했다.

"제이크, 할은 예수님과 함께 있어요." 나는 대답했다.

짧은 순간 그의 얼굴에 놀라는 표정이 스쳤지단 그는 주저하지 않고 바로 "그러니까 할이 나보다 먼저 잔치 자리에 갔다는 말이죠?"라고 말했다. 그리고 그가 나를 꼭 안아줬을 때 애처로운 눈물이 흘렀다.

다른 사람들이 나를 위로하려고 찾아왔다. 나이 지긋한 마음씨 좋은 한 여성이 말했다.

"오, 리… 나는 이해할 수 있어요. 작년 여름에 난 소중한 개를 잃어버렸어요. 그 개가 너무 보고 싶어요."

마음씨 좋은 이 여성의 말에 솔직히 그녀를 한 대 쳐서 때려눕히고 싶었다. 설명할 수 없는 나의 상실감을 애완동물을 잃어버린 상실감과 똑같이 취급할 수 있단 말인가? 그러나 나는 그 개가 그녀의 유일한 사랑하는 친구라는 것과 상실감으로 인한 그녀의 슬픔이 매우 깊을 수 있다는 것을 깨달았다.

게다가 어떤 신사는 나에게 물었다. "남편은 얼마나 오랫동안 투병하셨나요?"

"14주요" 나는 고통스러웠던 날들을 기억하지 않으려고 애쓰면서 대답했다.

나는 그가 "그렇게 빨리 돌아가셔서 얼마나 축복이에요!"라고 유쾌하게 말했을 때 온몸이 얼어붙는 것 같았다. 그렇게 아무렇지도 않게 말할 수 있는 사람이 있을 거라고는 상상하지 못했다. 신사는 자신의 아내가 죽기 전 몇 년 동안 고통스러운 병에 맞서 어떻게 싸웠는지 말했다. 하나님께서 이 남자의 안목을 통해서 나에게 또 다른 시각을 갖게 하셨을 때 나는 14주 동안의 고통스러운 시간이 축복이었다는 것을 깨닫게 되었다. 몇 주, 몇 달, 몇 년을 언제 고통이 끝날지 궁금해 하면서 참고 견디는 것은 얼마나 힘들겠는가.

또 한 번은 할의 옛 친구와 대화를 하는데 어느 순간 나는 울고 있었다. 그는 단호하게 말했다. "당신은 신앙심이 깊죠, 그렇지 않나요?" 그는 내가 우는 것을 참을 수 없어 했다.

"물론이죠" 나는 재빨리 대답했다.

"음… 그런데" 그는 강한 호기심을 드러내며 말했다. 마치 "그런데 왜 울죠?"라고 말하는 것처럼 말이다.

비록 이 사람이 내 스스로 슬픔을 극복할 수 있도록 도와주려고 했다는 것을 알고도 죽은 사람을 위해서 울 때 그것은 죽은 사람 때문에 우는 것이 아니라고 반박하고 싶었다. 나는 내 자신을 위해서 눈물을 흘렸다고, 즉 내 동반자이자 친구이자 반쪽을 잃은 내 자신의 개인적인 상실감 때문에 우는 것이라고 말하고 싶었다. 신앙심이 깊든지 깊지 않든지 간에 그는 내가 인간적인 감정에 젖지 않기를 기대할 수 없을 것이다. 우리가 상실감을 부인하는 것은 우리 자신과 다른 사람들과 하나님에게 솔직하지 못한 것이다.

멋진 게이더의 집회는 나에게 전환점이 되었고 하나님께서 내가 품은 몇 가지 의문점에 대해서 응답해 주신 은혜의 시간이었다. 나에게 잊을 수 없는 순간이 온 적이 있다. 그것은 날 때부터 눈이 멀었던 켄 메데마Ken Medema가 나에게 지혜의 말씀을 해주었던 때이다. 나는 그의 건반을 두드리면서 인사를 했고 남편을 잃은 상실감과 슬픔으로 초췌해져 있는데 계속해서 강연을 하는 것이 얼마나 힘든지 말했다. 켄은 그의 테이프 하나를 건반 위에 살짝 올려놓고 말했다. "이것이 도움이 될 거예요."

이 음악가는 즉석에서 즉흥적으로 아름다운 노래를 작곡했다. 나를 위해서 말이다. 나는 나를 위해 위로의 노래를 부르는 일에 열중하는 켄 메데마가 하나님의 마이크라고 확신했다. 후에 나는 그 노래의 제목을 "거기에 있을게요"I'll Be There라고 했다. 다음은 그 노래를 발췌한 것이다.

나는 다시 강연하러 가기 위해서 옷을 입고 있어요
고통을 지나치게 의식하려고 애쓰지 말아요
내가 사랑했던 사람은 가버렸고 그 일은 너무 가혹해요
그리고 지금 나는 일을 하러 갈 건데 바보가 된 기분이에요
내가 오늘 하루를 잘 지낼 수 있을까요?
사람들은 어리석은 것들을 통해서 말할까요?

그들은 조금도 모를 거예요

내가 겪고 있는 것을 알지 못할 거예요

그래서 그들은 이런저런 쓸데없는 말을 해요

나는 강의실을 뛰쳐나가고 싶어요

하지만 나는 하나님이 내가 하기를 바라시는 것을 할 거라는 것을 알아요

나는 여기에 있을 거예요. 왜냐하면 당신께 약속했으니까요

나는 여기에 있을 거예요. 내가 하라고 명령받은 일을 하면서 말이죠

이 노래를 들을 때 마음속에 용기의 불꽃이 타올랐다. 켄이 이 노래를 불러주었던 날 이후로 나는 뒤를 돌아보지 않았다. 나는 강연 예약에 맞춰서 옷을 입고 나가기 시작했다. 때때로 자신이 없고 불안했으며 겉으로 보여지는 것만큼의 절반의 용기도 없었다. 하지만 나약함은 내 나약함으로 완벽하게 만드시는 하나님의 능력의 비밀을 배울 수 있는 필요조건이다. 그리고 하나님께서 강연하라고 보내신 청중을 위해서 내가 하길 바라는 일은 무엇이든지 할 수 있도록 나에게 기름 부어 달라고 항상 기도했다. 그리고 여전히 지금도 그렇게 기도한다. 나는 하나님의 성실하심을 나타내기 위해서 살면서 내가 겪은 모든 불공평한 경험을 사용하고 있다.

나는 슬픔을 맛보았지만 슬픔을 낭비하지는 않았다.

하루에 한 번

빡빡한 강연 스케줄을 이행하는 것은 치유를 향한 믿음의 걸음마 단계였다. 여전히 내 앞에는 오르막길이 있었고 정말로 그것은 마터흐른 Matterhorn에 버금갔다. 이론적으로는 독신생활을 다시 시작할 만반의 준비가 되어 있었다. 어쨌든 할과 결혼하기 전 몇 년 동안 혼자 살았었고 어린 시절부터 내 자신을 돌볼 수 있음이 증명됐기 때문이다. 하지만 크든 작든 결정을 내려야 할 상황에서는 불확실한 공포에 빠져드는 내 자신을 발견했다.

지금 나는 공포와 떨림에 대한 중요한 것을 말하려고 한다. 이런 고백을 호의적으로 받아들이지 않는 그리스도인들이 있을 것이다. 심지어 그것은 예수님을 경멸하는 것이라고 나를 비난하는 그리스도인들도 있을 것이다. 그래서 현대의 바리새인들이 던지는 돌에 맞을 큰 위험을 무릅쓰고 말하려고 한다.

W. W. J. D.라는 이니셜이 새겨진 팔찌가 있다. 그 팔찌는 아이들이 하던 일을 멈추고 "예수님이라면 어떻게 하실까?"What would Jesus Do?라고 생각해보라는 것을 상기하기 위해서 차고 다닌다. 얼마동안 나는 스타일이나 목적어 있어서 이와 비슷한 팔찌가 도움이 된다는 것을 발견했다. 내 팔찌에는 W. W. H. D.라고 되어 있다. 'H'가 무엇을 뜻하는지 알 수 있겠는가? 맞다. 그것은 할이다. 할이라면 어떻게 할까? 어쨌든 어떻게 해야 할지 전혀 알 수 없었던 그런 복잡한 순간에 내 팔찌를 보면서 똑똑하고 경험이 풍부한 남편이 지금 여기에 있다면

어떻게 할까라고 생각하는 것은 큰 도움이 되었다. 나는 할과 여러 가지 것들에 대해서 얘기했던 시절이 너무나 그리웠다. 그는 나의 최고의 조언자요 상담자였고 어떠한 상황에서도 변함없이 지향해야 할 나의 '진북' true north을 가리키는 나침반의 바늘과도 같은 존재였다. 내가 잠시 시간을 내서 하던 일을 멈추고 할이라면 어떻게 할 것인지 생각하면 쉽게 결정할 수 있었다. 할이라면 어떻게 할까라고 생각했을 때 예수님은 내가 대처할 수 있도록 도와주시기 위해서 세상을 떠난 남편에 관한 기억들을 계속해서 사용하셨다고 믿는다. 당신에게 이런 보잘것없는 조언을 알려주고자 한다. 왜냐하면 그것은 내가 할을 조금씩 놓아주는 연습에 도움이 되었기 때문이다. 또한 그런 과정에서 이상한 일도 발생했다. 왜냐하면 이 땅의 남편을 놓아줌으로써 나는 천국의 남편인 예수 그리스도를 더욱 많이 의지하게 되었기 때문이다.

이 모든 일을 통해서 나는 슬픔이 어떤 과정이라는 것을 깨닫고 있었다. 전진하고 후퇴하는 과정 말이다. 기쁜 소식은 우리가 인내할 때 최종적으로 빚어지는 결과는 치유라는 것이다. 내가 슬퍼하며 보냈던 몇 주가 몇 달로 이어졌을 때 어느 날 매우 뜻 깊은 '우울한 날'을 맞았다. 나중에 그날이 나에게 돌파구였던 날로 입증되었다. 내가 위로를 받기 위해서 하나님의 말씀에 의지했을 때 나에게 새롭게 다가온 말씀 하나를 발견했다. 선지자 이사야는 "너를 지으신 이가 네 남편이시라"(이사야 54:5)라고 말한다. 나는 이 말씀을 호세아서에서 발견했다. "내가 네게 장가 들어 영원히 살되 공의와 정의와 은총과 긍휼히 여김으로 네게 장가 들며"(호세아 2:19).

와우! 얼마나 혁명적인 생각인가! 하나님께서 수년 전에 지저분한 호텔방에서 나를 만나주셨고 나에게 계속 살아가는데 필요한 것을 계속 주신 것처럼 그분은 나를 다시 만나 주셨다. 갑자기 나를 묶고 있던 족쇄가 떨어져나가는 느낌이 들었다. 하나님은 내 친구이자 형제이자 내 주인일 뿐만 아니라 내 남편이 되신다는 것을 깨달았을 때 희망이 전류처럼 내 몸속을 통해 흘렀다. 그분은 심지어 멋진 할과 비교할 수 없는 매우 완벽하고 성실한 남편이다.

그분의 말씀을 통해서 나는 천국의 남편이 항상 내 말을 들을 것이고(시편 116:1~2), 결코 나를 떠나지 않으실 것이며(히브리서 13:5), 내 모든 죄를 용서해 주실 것이고(요한일서 1:9), 내가 감당할 시험 밖에는 주시지 않을 것임을(고린도전서 10:13) 발견하고 힘을 얻었다. 그와 같은 실력을 지닌 사람은 아무도 없다.

그래서 나는 하나님과의 이런 배우자 관계를 발전시키기 시작했다. 어느 순간 나는 그분에게 모든 종류의 조언과 재정에 관한 충고를 간구하고 모든 일을, 다시 말해서 어떤 일이든지 잘 마칠 수 있도록 도와달라고 간구하고 있었다. 아내라면 누구나 다 그렇듯이 나도 그분에게 불평했고 여러 가지 일로 안달복달했으면 종종 토라지기도 했다. 나는 남편인 하나님을 조언자처럼 더욱 많이 이용하고 있었다. 또는 내 필요를 충족시켜주는 천국의 "만능 해결사"Mr. Fix-It로 이용하고 있었다.

나는 그분께서 모든 일을 바로잡을 실 것이고 내 필요를 충족시켜 주실 것이며 부족함을 채워주실 거라고 생각했다.

하지만 이것이 결혼관계의 전부는 아니다. 나는 아침에 일어나서 하나님을 위해서 그날에 '해야 할' 일의 목록을 만들어달라고 하나님에게 큰소리로 말했던 아침을 기억한다. 내가 의지하고 있었던 성경말씀을 그분에게 인용했을 때 하나님은 나에게 다음과 같은 말씀을 하심으로 내 말을 가로막으셨다. "내가 네 남편이 되기를 바란다면 신부처럼 행동해라."

아이쿠! 하나님은 분명히 나를 입이 사나운 여자라고 생각하실 것이라고 미처 생각하지 못했다. 그분이 내 남편을 대신 하실지라도 나의 요정 대모나 푸근한 아버지는 되지 않을 것이다. 그분은 신랑이다.

이런 경험을 통해서 나는 변화되었다. 그분과의 대화는 더욱 사려 깊고 더욱 사랑스럽게 되었다. 나는 아침에 일어나 하나님에게 그분이 매일 나와 함께 하심이 얼마나 기쁜지 그리고 어떤 것도 나를 그분의 사랑에서 떼어놓을 수 없다는 것을 알아서 얼마나 기쁜지 말했다. 나는 더욱 감사하게 되었고 자신의 욕구보다 자신의 축복을 더욱 중요하게 생각하는 배우자가 되었다. 그 결과 어느 순간 나는 녹초로 만드는 매일 '해야 할 일의' 목록을 만드는 대신에 조언을 구하고 있었다. 나는 하나님이 단지 원하시는 것을 나에게 나타내신다면 그분을 기쁘게 해드리기 위해서 어떤 것도 바꿀 것이라고 고백했다.

우리는 더욱 가까워졌고 더욱 보살핌을 받는 느낌이 들었고 걱정을 덜하게 되었다.

새롭게 서약하기

나는 결혼 서약서를 새롭게 만들어서 그것이 무엇이든지 간에 이 완벽한 남편에게 맹세하기로 결심했다. 그래서 조용하고 개인적인 의식 속에서 나는 익숙한 서약을 반복했다.

> 저는 주님을 남편으로 맞아 오늘부터 앞으로 기쁠 때나 슬플 때나 부요할 때나 가난할 때나 건강할 때나 병들었을 때나 사랑하고 아낄 것을 맹세합니다. 영원히!

죽음도 나를 이 남편에게서 갈라놓을 수 없을 것이다. 그리고 갑자기 육체적으로는 혼자지만 남편이신 하나님과 하나가 됐음을 확인한 그 순간이 살면서 가장 외롭지 않았다는 것을 깨달았다.

하나님과의 공식적인 결혼을 함으로써 슬픔을 견디기가 더욱 편해졌지만 아직도 나는 고통스러운 사건에 직면해야 했다. 그것은 할이 죽은 후 맞는 첫 번째 결혼기념일이었다. 결혼기념일이 다가 왔을 때 나는 하나님이 바라는 것을 하기로 결정했다. 나는 강렬한 내 슬픔에 종지부를 찍을 필요가 있었다. 밤에 우는 것에 종지부를 찍을 필요가 있었다. 내가 빠져 있었던 연약한 감정에 종지부를 찍을 필요가 있었다. 그래서 나는 할이 죽은 후 맞는 결혼기념일까지 내 슬픔의 대부분을 처리할 수 있도록 도와달라고 하나님께 간구했다. 그리고 나는 '종결 의식'을 신중하게 행했다. 나는 할의 무덤에 가서 그곳에서 종결 의식을 더 했다. 나는 영안실과 장례식에 왔던 사람들을 적은 명부를 가져와서 할을 문상하러 왔었던 친구들과 친척들의 이름을 모두 읽었다. 나는 옛날 사진을 보면서 웃고 울었다.

집에 돌아와서는 할이 나에게 남긴 소중한 비디오테이프를 봤다. 이것은 감정적으로 힘든 경험이었지만 소중한 경험이기도 했다.

나는 그날을 새롭게 시작하는 날로 기록하기로 결정했다. 그래서 나는 결혼반지를 오른손에 끼었다. 그것은 내가 예상했던 것보다 힘든 일이었다(반지를 손가락에 억지로 꼈다는 뜻은 아니다). 신중하고 상징적인 행위로서 나는 '할 이젤 부인'을 성령의 불에 태워지기를 바라면서 제단 위에 바쳤다.

은혜는 슬픔을 극복하게 한다.

나는 리가 그녀의 내부에 있는 새로운 불을 받아 일어서기를 기도했다. 나는 독신으로 새로운 삶을 시작하고 미망인으로서 슬퍼하는 일을 끝냈다는 것을 나타낼 날짜가 필요했다. 하나님은 좋으신 분이다! 할이 죽은 지 처음 맞은 결혼기념일에 그분은 나에게 귀한 말씀을 주셨다. 이 말씀은 당신에게도 해당되는 말씀이다.

네게 흑암 중의 보화와 은밀한 곳에 숨은 재물을 주어 네 이름을 부르는 자가 나 여호와 이스라엘의 하나님인 줄을 알게 하리라(이사야 45:3).

슬픔의 건너편에

나는 계속 앞으로 나아가고 있었고 그것은 기분 좋은 느낌이었다. 흥미롭게도 나는 펑크 앤 바그널스 사전에 '홀로'라는 단어에 대한 또 다른 정의가 있음을 발견했다. 그 사전에는 다음과 같이 되어 있다. "필적할 만한 것이 없는, 고유한, 비할 바 없는, '화가로서 그에게 필적할 사람이 없다.'"

내 남편이신 하나님 때문에 나는 혼자가 되는 것이 "필적할 만한 것이 없는" 상태일 수도 있음을 배우고 있었다. 그것이 쉬운 일은 아니지만 노력해 볼 만한 가치가 있다. 그리고 내가 노력할 때 그분이 나를 도와주실 것이라고 말하고 싶다. 나는 은혜가 슬픔을 극복하게 한다고 배웠다.

질문하기 … 그리고 실행하기

☐ **1단계 : 질문하기**

내가 '놓아주고' 계속해서 앞으로 나아갈 때 내 사랑하는 사람을 버리고 있는 것일까 아니면 그를 새로운 방식으로 사랑하는 방법을 배우고 있는 것일까? 내가 더 이상 슬퍼하지 않기로 했을 때 나 또한 슬퍼하는 동안에 견딜 수 없었던 달콤했던 추억을 마음 열고 받아들이지 않을까?

☐ **2단계 : 실행하기**

슬픔을 처리하는 과정을 겪으면서 당신이 개인적으로 놓아주는 의식을 할 때 시간을(하루, 주말 등) 계획하고 싶을지도 모른다. 아래에 당신이 잃은 사랑하는 사람의 이름을 넣어서 할 수 있는 기도문이 있다. 이 기도를 한번 이상해야 할지도 모르지만 할 때마다 당신은 그런 상황을 조금은 쉽게 지나가고 있는 중이고 마침내 놓아줄 날을 향해서 다가가고 있는 중이다.

하늘에 계신 아버지시여,
오늘 아버지께 _____을 잃어버린 고통과 슬픔을 바칩니다. 고통과 슬픔을 놓아버리고 주님의 치유하심을 받고자 손을 뻗으려고 노력하고 있습니다. 주님께서 이 상실의 고통을 가져가시고 대신 그곳에 당신께서 사랑으로 임재해 주시기를 간구합니다. 그리고 비록 ____가

146_삶이 불공평할 때 하나님 발견하기

더 이상 제 삶속에 없지만 제가 혼자가 아님을 알고 있습니다. 주님께서 제 손을 꼭 잡고 계심을 믿고 살아갈 것입니다. 저를 받아주시고 주 예수 그리스도를 희생시키심으로 저를 소생시켜주셔서 감사합니다. 아멘.

나중에 당신을 격려해주고 이해해주는 친구와 커피를 마시는 것은 어떤가? 당신이 혼자였을 때 겪은 경험을 얘기할 시간을 가져보라. 누군가와 함께 빛 속으로 들어가면 치료 효과가 매우 클 수 있다.

그런 다음 조용하게 축하 의식을 가져라. 당신은 큰 슬픔의 짐을 처리했고 이제 당신의 짐은 한결 가벼워질 것이다. 당신의 추억 속에서 위로를 찾길 바란다.

성경공부

시편 116:1~2, 이사야 54:5, 호세아 2:19, 고린도전서 10:13, 에베소서 4:26, 히브리서 13:5, 요한일서, 1:9

09
여진

하나님께서 치료하지 못하는 세상의 슬픔은 없다.
(토마스 무어Thomas Moore)

흔들림.

당신에게 대지진 속에서 살아남을 정도로 큰 행운이 있었다면 그후에 매우 심하게 흔들리는 여진이 있다는 것도 알고 있을 것이다. 며칠, 몇 주, 몇 달… 그렇다, 심지어 몇 년 동안 여진이 남을 수 있다.

처음 지진이 일어나면 건물들이 매우 심하게 파괴된다. 사람들은 수리하고 다시 짓기 위해서 즉시 일하러 간다. 하지만 지진이 당신이 사는 곳에 일어난다면 주의하라! 마침내 진정이 되어서 집을 다시 지으려고 할 그때에 여진이 일어날 수도 있다. 그리고 어떤 여진은 처음 지진보다 더 강력하다. 당신이 일구어 온 모든 일이 당신 주위에서 갑자기 무너져내려 잡석더미가 될지도 모른다. 내가 사는 캘리포니아에서는 여진이 올 것이라고 예상한다. 이곳에서 그것은 일괄거래 상품의 일부분이다.

이와 비슷한 일이 내 마음속에서 멀리 사라졌다가 그 흔들림이 내 삶 속에서 시작되었다. 다시 말이다. 그것은 정기 검진이었다. 어떤 증상도 없었다. 내 건강에는 어떤 우려나 걱정할 것이 없었다.

불쾌하지만 '여자라면 해야 할' 그런 일상적인 검사를 매년 했다. 단지 이번에는 그 정기 검진이 예상치 못한 결과로 나타났다는 것이 문제였다. 나는 그날 매우 서둘렀다. 부지런하고 단호한 방사선 기사가 검사를 오래하는 것은 내 계획에 들어있지 않았지만 정기적인 유방 X-선 촬영이 끝난 후에 그녀가 나에게 촬영을 다시 해야 한다고 말했다. 그녀는 무엇인가를 봤고 다시 확인하고 싶어했다. 오, 맙소사!

나는 가족력 때문에 내가 위험한 환자가 될 수 있음을 짐작하고 있었다. 나의 어머니와 여자 형제 중 한 명이 유방암이 걸린 상태였지만 나는 그리스도의 보혈이 그런 유전적 연결을 내 몸속에 침투하지 못하게 막아줄 것이라고 믿고 있었다. 그래서 방사선 기사가 세 번째 X-선 촬영을 했을 때조차도 나는 받아들이지 않았다.

나는 그 기술자와 방사선 기사에게 약간 퉁명스럽게 굴어서 미안했다. 나중에 그 두 사람에게 인내해줘서 내 생명을 구해준 감사의 표시로 초콜릿을 선물했다. 하지만 바로 지금 나는 약속시간에 늦었고 단지 옷을 입고 약속 장소로 가고 싶었다.

결국 유방 X-선 촬영을 마친 후에 의료 전문가들이 의심스러운 섬유질 유방조직 덩어리가 있다고 단언했다. 생체검사 날짜가 잡혔고 검사가 실시되었다. 결과가 나왔고 … 감정의 리히터Richter 측량기가 미친 듯이 올라갔다. 할의 장례식 후 10주가 지난 내 생일날에 나도 암이라는 소식을 들었다.

굉장한 생일선물 아닌가? 나는 망연자실한 상태로 차를 몰고 집으로 왔다. 수많은 의문으로 머리가 '빙빙' 돌았다. 이런 일이 가능한 것인가? 사랑의 하나님이라면 그런 일이 나에게 일어나게 하실 수 있을까? 새롭고 중대한 삶의 위기에 대한 개막식을 처리하기 위해서 힘들게 싸울 때 수없이 많은 질문들이 머릿속에 파도처럼 밀어 닥쳤다.

그때 할이 나와 결혼하기 전에 두 명의 여자와 결혼했었는데 두 사람 모두 암으로 죽었다는 사실이 떠올랐다. 나는 오래 전에 맹세코 이런 전철을 밟지 않겠다고 다짐했었다. 내 친구들은 할의 시련을 통해서 내가 겪은 고통과 슬픔의 짐을 함께 분담했기 때문에 여전히 지친 상태였다. 내가 어떻게 그들에게 악몽이 다시 한 번 시작되었다고 말할 수 있을까?

🪶 집에 의사가 있나?

영혼을 뒤흔드는 소식에 직면해야 했던 가장 힘든 일 가운데 하나는 다시 의료계와 관련을 맺어야 하는 일이 불가피하다는 것이었다. 나는 정면으로 대응할 수 없었다. 나는 할을 치료했던 암전문의와 심각하게 논쟁했다. 그래서 건강관리보험제도에서 의사를 선택할 기회를 줬음을 알았을 때 안도의 한숨을 쉬었다.

내 제도에 있는 다른 암전문의는 에린 랭Erin Lang이라는 내과 의사였다. 흠… 지금까지는 아주 좋았다. 적어도 그 이름이 함축하듯이 이 의사는 조리 있게 영어를 말할지도 몰랐다. 나는 활기 넘치는 빨간 머리의 혈기왕성한 아일랜드인을 상상했다. 맞다. 정말로 그랬다! 나는 에린 랭이라는 의사와 의사소통을 할 수 있을 것이라고 생각했다. 그래서 진료 예약을 했다.

나는 다시는 암센터에 발을 들여 놓지 않겠다고 맹세했지만 꿈인지 생시인지 알 수 없는 경험을 하면서 다시 이곳에 와 있었다. 그것은 꿈이 아니었다. 환자 서류를 작성했을 때 나는 다음과 같은 항목에 이르렀다.

하나만 체크하시오: __기혼 __미혼 __사별

아이쿠! 상처는 결코 사라지지 않는 것일까? 기혼이라는 말을 봤을 때 매우 안전하고 안정되고 소속감이 느껴졌다. 독신이라는 말은, 그것은 엄청난 가능성 있는 사용가능함을 의미했다. 하지만 사별은 어떠한가? 나에게 그것은 고통, 고독, 상실을 나타내는 암호일 뿐이었다.

그것은 내 담당 의사인 아일랜드인 의사가 들어오기를 기다리고 있을 때 검사실에서 느끼는 으스스한 느낌과 같았다. 그가 들어와서 강한 중국 억양으로 "안녕하세요, 저는 닥터 랭이라고 해요. 만나서 반가워요"라고 말했을 때 내가 느꼈을 놀라움을 상상해보라.

순간 나는 의혹에 가득 찬 표정으로 빤히 쳐다보았다. 랭은 미소 짓으며 "많은 사람들이 내 이름 때문에 내가 백인이라고 생각하지만 저는 대만 출신이에요"라고 말하는 것으로 봐서 분명히 내가 보인 반응에 익숙한 것 같았다.

나는 가슴이 철렁했지만 그가 남을 배려할 줄 아는 마음을 지니고 있음을 알 수 있었고 내가 대만에 여러번 갔을 때 공산주의 국가인 중국에서 탈출한 용맹스러운 이 중국민족을 깊이 사랑하고 존경하게 되었다. 그래서 나는 내가 가장 잘하는 대만어로 그에게 말했고 나의 책 중에서 중국어로 번역된 책 한 권을 선물하겠다고 약속했다. 이제 좀 상황이 풀리는 것 같았다.

나는 랭 박사에게 지난 1년 동안에 겪은 일과 그로인해 의료계에 환멸을 느끼게 된 정황을 정직하고 솔직하게 설명하고 싶었다. 나는 차근차근 그리고 신중하게 약간 미안한 태도로 말했다. 나는 그에게 기꺼이 내 '건강의 동반자'가 되어주겠냐고 물었고 내 병에 대해서 결정을 내리는 과정에 나도 적극적으로 참여하고 싶다고 말했다. 나는 그의 직업적 경험을 존중하지만 그가 권하는 모든 사항을 조사하고 대체요법이나 보완요법을 선택할 경우에 그것에 대해 조사할 수 있는 권리를 행사하고 싶다고 말했다. 그리고 나는 그리스도인이고 죽는 것을 두려워하지 않는다는 것과 무시무시한 "C" 질환과 맞서서 같은 편이 되어 싸울 때 내 상태에 대해서 숨김없이 말해달라고 간절하게 부탁했다. 잊어버리고 말하지 못한 것이 있는지 확인한 후에 나는 그를 바라보면서 오직 진실만을 말하겠다는 맹세의 의미로 나와 악수를 하겠냐고 물었다.

나는 랭 박사가 마음속으로 "내가 어떻게 이런 환자에게 걸렸을까?"

라고 생각했다고 분명히 말할 수 있다. 하지만 기특하게도 그는 손을 내밀고 말했다. "좋아요, 알았어요. 솔직하게 말할게요. 그것이 가장 중요한 것이죠, 약속해요."

마치 태양이 구름을 뚫고 비추듯이 안도감이 내 몸에 퍼졌다. 그래서 나는 암 덩어리를 제거하기 위해서 랭 박사가 선택한 의과 의사를 만나는데 동의했다. 그는 또한 복원 수술이 필요할 경우에 대비해서 수술실에 성형외과 의사를 대기시켜 놓겠다고 설명했다.

잠시 동안 떨림이 가라앉았다. 하지만 앞으로 며칠, 몇 주가 지나면 다른 여진이 많이 일어날 것이라는 것을 알고 있었다.

전문가의 의견

의사와 정면으로 대면하는 것만큼 심장을 뛰게 만드는 일은 없을 것이다. 약속했듯이 나는 랭 박사가 예약한 성형외과 의사와 만나는 약속을 지켰다. 성형외과 의사를 기다리면서 나는 안면성형수술, 복부성형수술, 가슴성형수술의 '수술 전, 수술 후' 사진을 열심히 보고 있다가 어느 순간 기분이 점점 불편해지고 있었다. 진찰 후에 나는 암과 관련된 성형수술이 몇 퍼센트 정도되냐고 의사에게 물었다.

"음, 이젤 부인. 여기는 남부 캘리포니아예요." 그가 허둘없이 대답했다. "대부분의 성형수술이 꼭 받아야 되는 수술은 아니에요. 아마 10퍼센트가 암환자일거예요. 그건 그렇고 가슴은 어떤 크기로 하시겠어요?"

"잠깐만요" 나는 쏘아 붙였다. "돌리 파튼(Dolly Parton, 가슴 성형을 두 번이나 한 미국의 가수겸 배우)처럼 보이는 데는 관심 없어요! 가능한 작게 절개했으면 좋겠어요. 유방종양 절제수술말이에요"

하지만 양쪽 유방 모두를 제거해야 한다는 것이 그의 '전문가적인' 의견이었다. 이것은 암이 재발되거나 다른쪽 유방으로 퍼지지 않게 하기 위함이었다.

"그것이 위험을 제거하는 유일한 방법이에요."

그가 솔직히 말했다 "수요일 오후 3시 어떠세요?"

"유일한 방법이라구요?" 나는 반복했다.

"네." 그가 대답했다.

그 시점에서 나는 다른 의사의 진찰을 받을 수 있는 권리를 행사하기로 결정했다. 그래서 나는 그에게 감사하다는 말을 하고 다시 오겠다고 약속했다. 그리고 곧장 랭 박사의 사무실로 돌진했다. '진료 예약을 안했어도 알게 뭐야?' 그의 시간을 잠시 뺏기 위해서라면 필요한 만큼 기다릴 작정이었다. 마침내 나는 그를 똑바로 쳐다보고 우리가 한 엄숙한 약속을 상기시킬 수 있었다. "진실을 말해주세요, 제발. 위험을 없애기 위한 유일한 방법이 제 가슴을 모두 절재하는 건가요?"

그는 침을 꿀꺽 삼킨 후에 머뭇거리며 말했다. "아니오, 이젤 부인. 부인의 경우에 암이 재발되면 폐나 흉벽으로 퍼질 거예요. 가슴이 있든지 없든지 그건 중요한 문제가 아니에요. 많은 여성분들이 암을 너무 두려워해서 근치 수술(암이 발생한 위장의 일부 또는 전부를 제거하는 것뿐만 아니라 암세포가 전이되었을 것으로 예측되는 위장 주변의 림프절들을 함께 제거하여 암의 뿌리를 뽑으려는 수술)을 선택하죠.

안심하기 위해서 보통 그런 선택을 하는 거예요. 어떤 경우에는 꼭 필요하기도 하지만 다 그런 것은 아니에요."

내가 결정을 내리려고 생각할 때 너무 조용해서 귀가 멍해질 정도였다.

"제 결정은 수술실에서 성형수술을 받지 않겠다는 거예요. 저는 가능한 한 최소한의 침습적 시술(바늘과 주사기를 사용하여 혈액 시료를 채취하는 경우처럼 인간의 신체 내부로 침입시키는 방법을 써서 생물학 시료를 채취함)을 원해요. 이해하시겠어요?"

"알았어요." 그가 한숨을 쉬었다. "차트에 기록하죠. 그리고 다음 주로 수술 일정을 잡을게요."

그가 문 밖으로 나가려고 할 때 내가 불쑥 말했다. "솔직하게 말해줘서 고마워요. 선생님."

차를 몰고 집으로 오면서 나의 결정에 마음이 편안해졌다. 나는 주도권을 장악했고 적절한 질문을 했으며 숙제를 끝낸 기분이었다. 모든 전문적인 의견을 고려한 후에 나에게 적절한 것을 선택한 것이다.

죽어가는 남편과 많은 시간을 보냈던 병원에 내가 입원하게 됐을 때가 추수감사절 주간이었다. 간호사들이 나를 보고 인사했고 나는 그들의 아이들과 직장문제에 대해서 물었다. 우리는 이미 잘 아는 사이었다. 그들이 내 수술 준비를 하고 있을 때 나는 이상하게 평안했다. 그리고 신중하고 조심성 있는 외과 의사인 링컨 스나이더Lincoln Snyder 박사에게 감사했다. 그는 덩어리와 림프절을 제거했고 암이 림프계로 퍼지지 않았다고 말해주었다. '하나님을 찬양하라' 나는 생각했다. 앞으로 남은 것은 회복뿐이었다(더 많은 정보는 암 색인Cancer Appendix을 참고하라).

수술 후 며칠 동안 아침에 일어나면 예기치 못한 슬픔이 나를 뒤흔들었다. 일주일 내내 꿰맨 자리를 건조하고 청결하게 유지하면서 보호해야 했다. 한 손으로 하기가 너무 힘들었다. 나는 샤워하기 위해서 상처에 거즈를 덮고 비닐로 감싸려고 애쓰다가 주저앉아 울고 말았다.

좌절감과 외로움을 느끼면서 나는 주변을 의식하지 않고 '펑펑' 울었다. 내가 가장 필요로 할 때 할은 어디에 있을까? 나는 친구에게 하룻밤 병원에 머무르면서 돌봐달라고 부탁할 수 없었다. 위로해주는 남편의 팔이 필요했다. 그리고 무기력한 사람이 된 내 자신에게 화가 났다. 당신이 나처럼 남에게 의존하지 않는 사람이라면 도움이나 지지를 청하기는 매우 어려울 것이다.

그렇게 하면 자신이 매우 연약한 기분이 든다. 그리고 나는 그런 기분을 조금도 느끼고 싶지 않았다. 하지만 나는 잘 해내지 못하고 있었다.

호호호 … 부후후!

설상가상으로 크리스마스 시즌이 되었다. 일 년 중 내가 가장 좋아하는 시간이다. 호호호 웃고 즐거워하며 크리스마스 장식도 하고 말이다. 기쁨의 계절이다. 그런데 왜 나는 우울한 기분이 들었을까?

크리스마스 트리 장신구를 보는 것은 상처 입은 마음에 소금을 뿌려서 비비는 느낌이었다. 할과 함께 장신구 하나하나를 샀던 기억이 떠오르자 과거를 그리워하는 마음이 가득 차 올랐다. 그 장신구들은 의미 있는 것이었다. 쓸모없는 할의 산타 옷이 옷장에 축 늘어져 있었다. 그리고 크리스마스 시즌인데도 우편함에는 파티 초대장 한 장도 들어 있지 않았다(할이 살아 있었을 때는 두 군데를 가기 위해서 스케줄을 조정해야 했었다). 올해에는 친구들이 파티에서 나와 함께 무엇을 해야 할지 확실히 알지 못했을 것이다. 쓸모없는 사람을 누가 원하겠는가? 그래서 나는 다시 또 다른 상실감을 겪어야 했다. 내가 너무나 좋아했던 명절이 결코 다시는 예전과 같이 않을 것이라는 상실감을…….

전투를 시작하라

나에게 있어서 크리스마스 시즌의 가장 중요한 일은 캐롤을 부르거나 쇼핑을 하거나 빵을 굽는 일이 아니었다. 그것은 '지도 제작', 다시 말해서 암세포의 정확한 위치를 찾아내서 방사선으로 충격을 주기 위해서 가슴 위에다 그리는 예비 과정이었다.

나는 항암화학요법을 받지 않기로 선택했다. 왜냐하면 항암화학요법은 보통 좋은 세포와 나쁜 세포 모두 손상될 우려가 있기 때문이었다. 방사선 치료는 항암화학요법 보다 덜 해로웠고 세포도 쉽게 회복된다. 나는 7주 조금 넘는 기간 동안에 일주일에 5일을 치료받아서 모두 36번의 방사선 치료를 받아야 했다. 나는 이 치료에 지원하고 싶지 않았다.

하나님은 그분의 명령에 대한 나의 무의식적인 외침을 분명히 들으셨다. 내가 가장 좋아하는 복음성가 그룹인 "더 마틴스"The Martins의 노래를 들었을 때 다음의 가사가 나에게 강하게 다가왔다.

　　싸움 없는 승리는 없네
　　밤이 오지 않고는 해가 뜨지 않네
　　돈을 내지 않고는 물건을 살 수 없네
　　십자가 없는 면류관은 없네.

마치 하나님이 나에게 피할 수 없는 일을 준비하라고 직접 말씀하시는 것 같았다. 나는 치료가 내가 져야 할 십자가가 될 것임을 알고 있었다. 내가 그 십자가를 꼭 견디어야 하나? 내가 왜 이 세상에서 계속 살기 위해서 필사적으로 싸워야 하는가? 이것에 대해서 기도했을 때 주님께서 나에게 질문하시는 느낌이 들었다.
"리, 살고 싶으냐?"
나는 힘없이 대답했다. "주님, 산다고 뭐가 달라질까요?"
"그것은 너에게 달려있다, 아가야."
왕이신 하나님과 그런 대화를 하는 동안에 문득 깨달아지는 것이 있었다. 나는 즉시 전화를 걸어 방사능 치료 스케줄을 잡았다. 매일 나는 성실하게 치료받으러 갔고 많은 강연과 다른 많은 일들을 취소했다. 나는 모범적인 환자가 되었다. 그래서 13번의 치료가 부작용을 줄이기 보다는 나중에 내가 경험한 부작용을 더욱 많이 유발시키는 이유를 이해할 수 없었다. 나의 백혈구 수치는 감소했고 방사선 치료 때문에 화상을 입어서 물집마저 생겼다. 치료사들이 주말에 모터사이클을 탔던 일에 대해 잡담하는 소리를 들으면서 알몸으로 누워있을 때 나는 굴욕감으로 인해 극도로 지쳐있었다.

때때로 나는 내가 경험하고 있는 것이 예수님이 십자가를 지실 때 참으셨던 굴욕감이나 고통에 비하면 미미하다는 것을 깨닫곤 했다. 그렇게 깨달았다고 해서 고통이 사라지지는 않았지만 어떤 의미에서 그분과 더욱 친밀한 관계가 되었다. 그리고 그분이 받은 최종 결과가 부활이었다는 것을 기억했을 때 나는 강해졌고 큰 위로를 받았다. 그것은 내 결심을 고수하는데 도움이 되었다.

매번 치료사들이 납으로 만든 방호벽 뒤로 갈 때 검사가 시작되었다. 기계가 나 주위에서 로봇처럼 끽끽거리고 '삐' 소리를 내면서 움직이기 시작했다. 나는 내 병든 몸에 가져다줄 수 있는 좋은 것은 어떤 것이든 마음을 활짝 열고 받아들이고 치료의 나쁜 효과는 비난하곤 했다.

여전히 잇몸 질환과 갑상선 질환이라는 부작용이 있었다. 침샘이 손상되어서 침 삼키기가 힘들었다. "이것은 설명서에서 못 봤어요." 나는 방사선 암전문의에게 불평했다. 그는 이런 불쾌한 합병증이 단지 2년만 지속될 것이라는 진단에 대해서 내가 불만을 품는 이유를 이해하지 못했다.

치료는 지루하게 계속되다가 크리스마스 시즌에 겨우 끝났다. 그리고 크리스마스 시즌은 결코 즐겁지 않았다.

나는 쇼핑이나 장식할 힘이 남아 있지 않았지만 개인적인 물건을 사는 일에 집중했다. 나와 할은 토마스 킨케이드Thomas Kinkade가 그린

"믿음의 다리"The Bridge of Faith라는 제목의 그림을 좋아했다. 비싼 그 그림을 사기 위해서 할과 최소한 세 번 정도 철저하게 의논했었다. 하지만 돈을 써야 할 때가 있다면 바로 지금이었다. 내가 그 그림을 난로 위에 걸었을 때 예수님을 믿는 내 믿음이 그림 속의 다리와 같다고 느껴졌다. 내가 약하고 지칠 때마다 나는 한줄기 빛이 그 그림을 비추는 어두운 집에 와서 앉아 있곤 했다. 그러면 영혼이 평안해졌다.

크리스마스가 다가오고 있었을 때 나는 모든 것들을 가능한 한 평소대로 유지하려고 노력했다. 명절에 가족들이 우리 집에 모이는 것은 치료 효과가 있는 향유와 같았다. 다시 한 번 하나님은 약속하신 것처럼 모든 것을 합력해서 선을 이루게 하셨다.

새해, 그리고 새로운 희망

한해가 거의 끝나갈 무렵 하나님은 내 영혼을 북돋고 미래에 대한 새로운 희망을 주는데 도움이 되는 아름다운 선물을 하나 주셨다. 할의 친구 짐 스완슨Jim Swanson 목사가 나의 가장 친구들과 함께 찾아왔고 정식으로 나를 목사로 안수했다.

나는 가장 유능한 목사는 섬기는 법을 배운 사람이라는 것이 생각났다. 그것을 마음에 두고 나는 암 후원회에 가입하기로 결심했다.

첫 번째 모임에 갔을 때 주위에 있는 동료 용사들을 바라보았다. 그들은 스카프를 두르거나 가발을 쓰고 있었고 심지어 어떤 사람들은 암 치료의 트레이드마크인 대머리를 과시하고 있었다. 모임 장소에서 고통받고 있는 용사들을 봤을 때 나는 당황스러웠고 공포감마저 엄습했다. 퍼지고 있는 암에 대해서, 그리고 해마다 계속되는 암과의 싸움에 대한 그들의 이야기를 들었을 때 갑자기 마음속에 공포가 스며들었다. 생존만이 그들의 삶의 단 하나의 주안점이었다.

어떤 사람이 점보제트기 4대에 맞먹는 미국인들이 매일 암으로 죽는다는 놀라운 통계자로를 말했다. 갑자기 나도 삶과 죽음의 투쟁 속에 휘말려 있다는 사실이 떠올랐다. 나는 암에 걸리는 것이 감정적이고 정신적인 성장을 하는데 촉매제가 될 수 있다는 것과 나의 우선순위를 평가하는 동기가 될 수 있다는 것도 깨달았다. 후원회에서 우리는 "암 환자의 경우에 암 조직이 문제가 아니다. 세포나 치료가 문제가 아니라 생존과 인생의 질이 문제다"라는 사실에 대해서 얘기했다. 나는 나의 도덕과 내 때가 끝났는지에 대해 곰곰이 생각했다. 나는 이 땅에서 내가 할 일을 다 마쳤다는 느낌이 들지 않았다. 그리고 할도 마찬가지라고 생각했다.

희생자인가 승리자인가?

나는 후원회에 잘 나갈 것과 암과 계속해서 싸우기로 결심했다. 그럼으로 차츰 내 시각이 '희생된' 것에서 '승리하는' 쪽으로 바뀌었다. 내 친구 수 뷰캐넌Sue Buchanan이 그녀의 책 「나는 살았고 의사는 죽었다」I'm Alive and the Doctor's Dead에서 그것을 다음과 같이 요약했다.

암에 걸리고 1년 동안 치료를 받는 것은 특권이 아니었을지도 모른다.

그리고 나는 다른 누군가에게 그런 일이 일어나지 않기를 바란다.

하지만 나는 하던 일을 멈추고 "왜 나에겐 일어났죠?"라고 물었다.

거의 모든 것, 가족, 친구, 재회, 그리고 내 기독교 신앙과 같은 것들을 보는 내 시각이 바뀌었다.

수의 개인적인 의견은 중국인들이 선천적으로 알고 있는 것을 분명하게 나타낸다. 데이비드 스피겔David Spiegel 박사는 암을 가리키는 중국어를 다음과 같이 분석한다. "암은 중국어로 그 말의 참된 의미로 볼 때 '위기'crisis라는 뜻이다. 그것은 두 가지 특성으로 구성되는데 한 가지는 위험danger을 의미하고 다른 하나는 기회opportunity를 의미한다."

암에 걸리면 갑자기 위험이라는 것이 생활의 일부분이 된다. 또한 암은 용기, 결단력, 심지어 유머감각으로 그 위험에 맞설 수 있는 기회이기도 하다. 그리고 그것에 의해서 최종 결과가 무엇이든지 간에 승리자가 될 수 있다

유머 작가 어마 밤벡Erma Bombeck은 1992년에 유방암 진단을 받았다. 그리고 얼마되지 않아 그녀는 성인 남성 신장 질환에 걸렸다는 것을 알게 되었다. 그녀는 1996년에 신장이식수술의 합병증으로 죽을 때까지 4년 동안 병을 이기기 위해서 싸워야 했다.

어마는 암에 대해서 다음과 같이 말했다. "나는 '우리는 네가 암에 걸리도록 너의 삶을 일시적으로 중단시킨다' 라는 소리를 듣고 있었다." 맞다, 그녀의 삶은 잠시 중단되었고 정말로 "C"라는 말에 의해서

붕괴됐고 비극적으로 갑자기 끝났다. 하지만 그녀는 그녀의 목숨이 다할 때까지 사람들의 삶속에 웃음을 가져다주기 위해서 그녀의 타고난 재능인 유머감각을 계속 사용했기 때문에 승리한 사람이다. 한때 그녀는 심지어 이런 충고도 했다. "안 좋은 일이 생기길 때 브래지어 속에 그것을 쑤셔 넣으세요."

즐거운 약

가끔식 할리우드에서는 정말로 숨겨진 보물같은 영화를 만들 때가 있다. 그런 영화를 생각할 때 나는 "패치 아담스"Patch Adams라는 영화가 떠오른다. 그 영화는 한 의학도에 관한 실화를 바탕으로 만들어졌다. 그는 그가 목격했던 대부분의 의사들과는 다르게 환자에 대한 진정한 사랑을 지닌 사람이었다. 패치는 유머와 온정 그리고 정상적인 의학적 프로토콜을 일탈하는 것이 병원에 갇혀 있는 환자들의 치료과정을 향상시킬 수 있다고 믿었다.

영화에서 패치는 빨간색 광대코를 달고 환자들을 웃게 만드는 엉뚱하고 익살스러운 몸짓으로 그들에게 용기를 주는 장면이 종종 눈에 띄었다. 추측할 수 있듯이 의료계의 냉정하고 보수적인 의사들이 패치 아담스가 주는 '즐거운 약' 때문에 격분했다. 그래서 그들은 그를 면직시키기 위해서 청문회를 열었다. 청문회에서 패치는 다음과 같은 자기 성찰을 하게 만드는 연설을 했다.

의사는 다른 누군가를 돕는 사람이 아닌가요? 언제부터 의사라는 용어가 그런 고상한 위엄을 갖게 됐나요? 언제부터 의사가 병든 사람들을 찾아가서 치료해주는 믿음직스럽고 학식 있는 친구 이상의 존재가 됐나요? 그리고 환자가 죽으면 죽는 것이 뭐가 잘못됐나요? 왜 의사들이 어느 정도의 인정과 친절함과 하나님이 금하실지도 모르는 유머감각으로 죽음을 치료하면 안 되죠? 죽음은 의료행위의 적이 아니에요. 그 무관심의 병과 싸웁시다. 저는 의대에 다녔고 환자들과의 직업적인 거리에 관한 강의를 들은 적이 있어요. 의사의 임무는 단지 죽음을 예방하는 것만이 되어서는 안 되고 삶을 개선시키는 것이 되어야 해요. 그것이 질병을 치료하면 실패할지도 모르지만 인간을 치료하면 승리하게 된 이유예요. 결과가 어떻게 나오든지 말이죠.

나에게 그 말은 '하나님의 생각' 처럼 들렸다. 심지어 성경에도 가장 좋은 약으로 웃음에 대해서 기록하고 있다. 나는 패치 아담스가 이 생각을 위대한 의사이신 예수님 바로 그분의 생각을 교묘히 이용한 것이 아닐까 하는 느낌이 들었다. 어리석어 보일지도 모르지만 그 영화는 나에게 전환점이 되었다. 왜냐하면 그것이 자극이 되어 내 초점이 "어떻게 내가 이 시련을 극복할 수 있을까?"에서 다른쪽으로 바뀌었기 때문이다.

패치 아담스의 본보기에 고무되어 나는 친구들을 모았다. 거기에는 마술사, 카우보이, 페이스페인팅 해주는 사람, 그리고 에즈라Ezra라고 하는 인형을 갖고 있는 복화술사가 있었다. 이것은 하나님이 내리신 계획이라고 확신했다.

다음날 아침 우리 흥행단은 큰 어린이 병원으로 갔다. 우리는 암 병동 몇 곳을 방문했다. 단계별로 치료받고 있는 창백하고 아픈 아이들을 방문했다. 대부분의 아이들이 휠체어에 앉아 있거나 링거 주사를 맞고 있었고 2살부터 15살까지 나이별로 입원해 있었다.

이 병원은 암에 걸린 아이들을 위한 골수이식수술 분야에서 선구적인 치료 행위로 유명하다.

나는 집에서 퀼트 같은 헝겊으로 만든 광대 옷을 입고 아픈 어린 아이들을 따라서 움직였다. 물론 빨간코를 달고 말이다. 간호사가 나를 병실마다 데리고 가서 너무 아파서 침대에서 일어날 수 없는 소년 소녀들에게 소개했다. 심금을 울린다는 말이란 바로 이런 것을 말하는 것이다! 여기 내가 있었다. 암이라는 마귀와 싸우고 있는 강한 성인 여자가 있었다. 그리고 여기에 또한 마귀의 손아귀에 잡힌 어린아이들도 있었다.

좀 더 큰 아이들을 방문했을 때 그들에게 나도 그들과 한 배를 탄 사람이라고 말해주었다. "아줌마도 암에 걸렸어요?" 한 십대 아이가 물었다. 동지애란 멋진 것이다!

이날은 방사선이나 항암화학요법을 받은 것처럼 내가 치료받은 날이었다. 어린이들이 마술사의 마술을 보고 카우보이 레지스Regis의 밧줄 묘기를 재미있어 하며 데비Debbie에게 얼굴에 별이나 무지개를 그려달라고 하고 게일Gai의 복화술에 즐거워할 때 들리는 웃음 소리가 얼마나 듣기 좋았는지 모른다. 나는 막대기 위에 웃는 얼굴을 붙인 장난감을 선물로 나눠주었다. 물론, 빨간코와 함께 말이다.

너무 기뻤다. 그리고 처음으로 오랫동안 정말로 내 발을 다시 딛고

설 수 있는 반석을 발견한 느낌이 들었다. 내가 하나님의 기초에 의지하는 한 그 무서운 "C"로 시작하는 말이나 삶의 어떤 여진이 나를 패배시킬 수 없었다. 결국 치유는 시간이 걸리는 과정이었다. 또한 그것은 병을 담당하고 그 병을 이기고 승리자가 되기 위해서는 신중한 선택을 해야 한다. 패치 아담스가 말했듯이 어떤 결과가 나오든지 말이다.

정리

잠시 시간을 내서 9장에서 살펴본 도움이 되는 몇 가지 원칙을 확인해 보자. 이 원칙을 당신의 머릿속 데이터 뱅크에 '위험신호' red flags로 저장하라. 그러면 당신은 앞으로 그것이 필요할 때 불러낼 수 있을 것이다.

위험신호 #1 : 고난에 대한 어떤 할당량은 없다. 여진은 평생 동안 일어날지도 모른다.

위험신호 #2 : 희생자가 되기보다는 승리자가 되라. 건강의 위기를 겪을 때 또는 다른 종류의 위기를 겪을 때 적극적인 자세로 임하라. 질문도 하고 당신이 평안한 결정을 내리는데 도움이 되는 전문적인 의견을 구하려고 노력하라.

위험신호 #3 : 져야 할 십자가에 직면할 때 당신에게 선택권이 있다. 십자가를 지지 않기로 결정하기 전에 예수님이 당신을 위해서 십자가를 지셨다는 것을 기억하라. 하나님이 지금 그분을 위해서 십자가를 지라고 당신에게 부탁하고 있는가?

위험신호 #4 : 살면서 거하는 모든 위험한 곳은 기회의 장소가 된다. 위험이 주는 공포로 눈이 멀어서 기회를 보지 못하는 일이 없도록 하라.

위험신호 #5 : 시련을 '탈출하는 방법'은 종종 다른 사람을 도울 때 발견할 수 있다. 다른 사람의 짐을 가볍게 해주는 방법을 찾아보라. 그러면 당신 자신의 짐이 가벼워지는 것을 발견할 것이다.

질문하기 … 그리고 실행하기

☐ **1단계 : 질문하기**

우리가 하나님에게 질문하지 않거나 화가 났다고 또는 실망했다고 시인하지 않고 말없이 견디는 것이 하나님에게 복종하는 것인가? 그분에게 정직하지 않고도 그분과 진정한 친밀감을 나눌 수 있을까?

☐ **2단계 : 실행하기**

당신이 싸우고 있는 전투가 건강이든지 물질이든지 마음의 고통이든지 간에, 어떤 종류이든지 당신을 불안한 상태로 놔둘 수 있다. 그것에 굴복하지 말라. 아래의 글을 카드로 만들어서 냉장고나 화장실 거울에 붙여놓고 싸우라. '암' 이라는 말을 당신이 싸우고 있는 것으로 바꾸면 된다.

   (암)이 할 수 없는 것
   (암)은 매우 제한적이다.
   그것은 사랑을 손상시킬 수 없고
   그것은 희망을 흩어버릴 수 없고
   그것은 믿음을 부식시킬 수 없고
   그것은 평화를 파괴할 수 없고
   그것은 우정을 죽일 수 없고
   그것은 추억을 억누를 수 없고
   그것은 용기를 잠재울 수 없고
   그것은 정신을 침범할 수 없고
   그것은 영원한 삶을 훔칠 수 없고
   그것은 영혼을 정복할 수 없다.

10
롤러코스터 같은 인생

내 영혼아 네가 어찌하여 낙심하며 어찌하여 내 속에서 불안해 하는가
너는 하나님께 소망을 두라 그가 나타나 도우심으로 말미암아 내가 여전히 찬송하리로다(시편 42:5).

위로.
아래로.

위로.
아래로.
내 삶은 격렬하게 연속적으로 오르락내리락했다. 위로 올라가려고 발버둥치면 어느 순간에 아래로 곤두박질치고 있는 나 자신을 종종 발견했다. 그리고 그 이유가 무엇인지 몰랐다.

때때로 울적한 날에는 그 이유가 호르몬 차단 항암화학요법을 받고 있기 때문이라는 것을 깔견했다. 내가 느끼는 혼란스러움은 치료로 인한 합병증 때문일 수도 있었다. 항암화학요법을 너무 많이 해서 그런가? 남편을 잃은 슬픔 대문인가? 누가 알겠는가?

분명한 이유가 있었던 내가 겪은 가장 우울한 날 가운데 하루가 있었다. 암전문의가 X-레이 사진에서 난소에 낭종이 발견되었다고 말했을 때 나는 우울해졌다. 그는 그것이 암세포인지 확신할 수 없었는데도 수술 날짜까지 잡았다. 그는 또한 산부인과 암전문의와의 진료 예약도 잡아주었다. 확실히 그는 내 난소에서 어떤 일이 벌어지고 있든지 간에 시간 낭비할 일이 아니라고 믿었다.

이것은 하루를 시작하기에 확실히 좋은 방법은 아니었다. 나는 이미 미장원 예약 시간에 늦은 상태였다. 그 이후에 나는 방사선 치료를 받았는데 그 치료를 받고 나면 온몸의 힘이 다 빠져버렸다. 그리고 나는 또 새로운 의사와 약속이 있었다.

후원자 찾기

어쨌든 몹시 바쁜 날을 보내는 동안에 나는 암센터에서 한 시간 정도 시간을 내서 후원회 모임에 갔다. 여기에서 나는 동료 군사들에 둘러싸인 채 작전실에 있었다.

나는 그들에게 할에 대해서 말하지 않았다. 그랬다면 분명히 그들을 낙담시켰을 것이다. 대신 유방암 수술에 관해서 말했다. 내 옆에 앉아 있던 여자가 내 손을 토닥거렸다. "그랬군요, 저도 처음에 유방암이었어요." 그녀는 공감한다는 듯이 말했다.

그때 바로 방을 나왔어야 했는데 계속 앉아 있었다. 그리고 내가 방사선 치료를 받고 있다고 말함으로써 그 실수를 더욱 악화시키고 말았다.

"하지만, 하지만… 의사 선생님이 먼저 항암화학요법을 권하지 않으셨어요?"

"권했죠." 나는 대답했다. "하지만 항암화학요법을 거절했어요."

그렇게 말한 것이 잘못이었다. 방안은 쥐 죽은 듯 조용했고 내 주위에 있는 사람들의 얼굴 표정이 심상치 않았다. 대부분의 여자들이 분명히 항암화학요법으로 끔찍스러울 정도로 고통받고 있었고 그것을 끝마치기 위해서 몸부림 치고 있었기 때문이다. 내가 항암화학요법을 피하고 있음을 누가 생각이나 했을까?

그대로 가만히 있어야 했다. 그런데 나는 계속해서 그들에게 난소에 있는 낭종을 검사하고 있지만 그것은 큰 문제가 아니라는 것과 며칠 지나면 괜찮아질 것을 확신한다고 말했다.

침묵이 깊어지더니 빗발치듯 질문이 쏟아졌다. 낭종이 몇 개인데요? 어디에 있죠? 몇 센티래요? 등과 같은 질문이 이어졌다. 이 여자들은 아마도 그들 대부분이 겪었던 암의 재발을 다루어야 할지도 모를 현실을 내가 직시하도록 애쓰고 있었다.

테이블 반대쪽에 앉아 있던 공격적인 한 여성은 분명히 나를 몽상가라고 생각했을 것이다. "유방암이 난소나 자궁으로 전이되는 것이 얼마나 흔한 일인지 알고 있어요? 치유될 확률은 거의 없어요."

심장 뛰는 소리가 들렸고 나는 재빨리 시계를 흘끗 보고 산부인과 암전문의와 진료약속 때문에 가야한다고 말했다. 머리가 빙빙 돌았다.

다행이도, 나는 젭 브라운Jeb Brown 박사가 금방 좋아졌다. 그는 젊고 명망있는 의사였다. 그리고 그는 패치 아담스라는 영화를 본 적이 있고 그 영화 속에서 의료계에 관한 많은 부분이 정확하게 묘사되어 있다고 말했다. 그것은 그를 더할 나위 없이 좋은 사람으로 보이게 했다. 나는 곧바로 그에게 그가 권위에 대한 환상을 갖고 있지 않고 내가 만났던 다른 의사들과는 다르게 스스로를 신처럼 생각하지 않는다고 말할 수 있었다.

그는 - 또 다른 - 골반 검사(악!)와 내 진료 기록을 본 후에 내가 예상했던 질문을 했다. 나는 그가 세 번의 소절개를 해서 낭종을 꺼내면 며칠 후에는 일정에 맞춰서 다시 강연할 수 있을 것이라고 생각한다고 말했다.

브라운 박사는 미소 짓고 머리를 저었다. 그리고 낭종이 악성일지도 모르기 때문에 작은 복강경 구멍에서 낭종을 억지로 긁어내는 위험한 수술을 감히 할 수 없다고 설명했다. 그가 그렇게 한다면 낭종이 파열될 수 있고 암세포가 퍼질 수 있기 때문이다. 그는 내 나이 또래에 나 같은 병력을 가진 여성은 앞으로 암에 걸릴 가능성이 있는 여성기관은 없애도 된다는 말을 재치 있게 설명했다.

그의 목적은 그가 나에게 완전한 자궁적출수술, 다시 말해서 대절개와 6주에서 8주 동안의 회복기간으로 끝마치는 '옛날 방식'을 선택해야 한다는 것이었다.

그것은 좋은 소식이었다. 다음은 나쁜 소식을 들을 차례였다. 낭종이 암세포라면 절개부위가 더욱 커질 것이고 훨씬 더 많은 부위를 검사하고 절개하고 긁어낼 것이다. 거기에는 내장에서 '의심스러운 것처럼 보이는 부분'을 꺼내는 것도 포함되어 있었다. 나는 기절할 것 같았다.

하지만 그것이 끝이 아니었다. 그 수술은 원래 외래환자 수술로써 예정되어 있었는데 합병증이 발생할 경우에 병원의 주 수술실로 이동해야 한다는 것이었다.

이상하게도 나에게 있어서 이 모든 것 가운데 가장 나쁜 부분은 강연 스케줄이 엉망이 됐다는 것이다. 강연 일정이 꽉 차 있었다. 더 많은 모임을 취소해야 하고 그것도 신속하게 해야 했다. 티켓은 이미 다 팔렸고 광고비도 지불했다. 더욱이 사람들을 실망시키는 것이 싫었다. 하지만 달리 내가 무엇을 할 수 있겠는가? 물론 이것은 강연 계약금으로 받은 돈을 – 이미 다 썼지만 – 다시 돌려주고 수입 없이 몇 주 더 살아갈 방법을 찾아야 한다는 것도 의미했다.

댐이 무너지다

병원 주차장에서 차에 탔을 때 내 속에서 무엇인가가 움직이기 시작했다. 집에 오는 내내 마음속의 온갖 감정들이 해일처럼 덮쳐왔다. 마음속 깊은 곳에서 할을 필요로 했다. 지난 몇 달 동안에 겪은 일들이 마치 나를 무너뜨리려고 다시 일어나는 것 같았다. 나는 흥분된 마음과 솟구쳐 오르는 눈물 때문에 길이 거의 보이지 않았다.

나는 차 안의 무선 전화기를 움켜잡고 영적인 911전화를 걸었다. 다행히도 기도 동역자인 제니스Janice가 집에 있었다.

내가 '엉엉' 울고 있었기 때문에 처음에 그녀는 내 목소리를 알아듣지 못했다. 나는 울먹이면서 도움이 필요하다고 말했고 그녀는 집으로 오겠다고 말했다. 그녀는 다른 친구 팻Pat과 함께 나와 동시에 집에 도착했다.

> 나는 감정적인 해일에 휩쓸려서 가보지 않은 땅의 해변에 도달한 느낌이었다.

두 사람은 내가 밴에서 내리는 것을 도와주었고 나는 흐느끼며 내가 난소암에 걸렸을지도 모르고 자궁을 완전히 적출하는 수술 날짜를 잡았고, 암이 아닐지 누가 알겠냐고도 말했다. 나는 이전에는 결코 이런 압도적인 슬픔과 실망감을 느껴본 적이 없었다. 그것은 엄청난 일이었다.

그들은 간신히 나를 집으로 데리고 들어왔다. 나는 응접실 바닥에 무너지듯 쓰러져 흐느끼면서 주님께 절규했다.

"하나님! 지금 당장 할이 필요해요! 그 사람 없이 다음에 올 일을 견딜 수 없어요! 이럴 때 왜 제가 혼자여야 하죠? 또 다른 암을 감당할 수 없어요! 너무 빨라요!"

그리고 나서 하나님께 질문하기 시작했다.

"언제 끝나나요? 제가 아직도 시험받는 중인가요? 제가 실패하고 있나요? 뭐가 잘못된 거죠?"

나는 마치 하나님에게 버림받은 느낌이었다. 미친 사람처럼 절규하는 내 모습에 사랑하는 친구들이 겁을 먹고 반쯤 정신이 나가있었다. 그들은 내 양쪽에 있었다. 마치 내가 절벽 끝에서 떨어지지 못하게 막고 있는 것처럼 나를 꽉 붙들고 말이다. 그리고 그들은 기도하고 있었다. 그것은 끔찍한 광경이었지만 내가 유리한 위치에 있다는 것을 알았다면 나는 아마 마음껏 낄낄대며 웃었을 것이다. 내 한쪽 옆에서는 사랑하는 성공회 신자인 친구가 하나님께 '자비'를 베풀어달라고 외치고 있었고 다른 옆에서는 심리학자인 친구가 이렇게 말하고 있었다.

"네, 하나님. 우리가 당신께 매우 화가 났다는 것을 인정해요. 인정합니다."

화가 났다고? 나는 분노를 초월해 있었고 죽기 일보 직전이었다. 나는 주먹으로 커피 탁자를 '쾅쾅' 두드리면서 하나님에게 폭언을 퍼부었다.

"엘리야의 하나님은 어디 계신가요?"

"감당할 수 있는 슬픔만 주시겠다고 약속하시는 하나님은 어디 계시죠?"

"내가 그동안 믿었던 기적을 일으키시는 분은 어디 계시나요?"

"당신께서는 과부의 재판관이라고 말씀하셨어요. 이제 제 차례예요!"

나는 말하고 또 말했다. 내가 섬겼던 하나님으로부터 받았다고 느낀 의심과 비통함과 배신감을 모두 분출했다. 그분이 그렇게 하길 원하신다면 나를 도와주실 수 있다고 알고 있었던 오직 한 분이신 하나님에게 말이다.

나도 모르게 손을 들어 할에게 팔을 뻗었지만 할이 죽었다는 것이 기억났다. 나는 팔을 내렸다. "아니, 난 그를 가질 수 없어요! 그는 나를 도울 수 없어요. 당신께서 그를 데리고 가셨잖아요!"

이런 상태로 거의 2시간을 보내자 어느 정도 분노가 사라졌다. 그리고 말투가 바뀌었다. "리" 나는 크게 말했다. "이제 진정해. 하나님이 할을 이 행성에서 데리고 가셨어. 그리고 그는 지금 닿을 수 없는 곳에 있어. 예수님이 다른 세계와 연결할 수 있는 유일한 연결 고리야. 하나님, 당신의 뜻을 받아들이겠어요. 성령이시여, 저를 이 구덩이에서 구해주세요! 당신은 좋으신 하나님이십니다!" 마침내 진실이 나타나고 있었다.

갑자기 내가 성경말씀을 인용하고 있다는 것을 알아차렸다.

"당신은 나의 피난처시요 힘이시니."

"나를 향한 당신의 계획은 선을 위해서지 악을 위해서가 아니라고 말씀하셨어요."

"당신은 '아무도 내 손에서 그들을 데려갈 수 없다'고 말씀하셨어요. 그러므로 저는 여전히 당신의 손에 있어요."

"당신은 '짐 진 자들아 다 내게로 오라'라고 말씀하셨어요. 자, 제가 여기 있어요."

"당신은 저를 떠나지도 버리지도 않으실 거라고 말씀하셨어요."

나는 오래 전에 잊어버렸다고 생각했던 성경말씀을 계속해서 인용했다. 이런 위기의 때에, 하나님의 말씀이 내 속에서 보글보글 솟아오르고 있었다. 그리고 성경말씀을 인용하면 할수록 흥분은 가라앉았.

다음에 일어난 일은 이상하게 들릴지도 모르지만 절대적으로 사실이고 결코 그것을 잊지 못할 것이다. 내 몸이 부들부들 떨리고 따끔따끔 아프기 시작했다. 실제로 몸이 부들부들 떨렸다는 뜻이다!

나는 친구들에게 소리쳤다. "날 만져봐 느껴져? 하나님의 영이야!" 그들은 겉보기에는 아무렇지도 않다고 말했다. 하지만 내 몸속은 마치 그들이 나를 전기 스위치 쪽으로 끌고 가서 콘센트에 꽂은 것 같았다. 한참을 그러고 있을 때 친구들이 나를 돕기 위해서 무엇을 해야 할지 상의하는 소리가 들렸다.

"아니야! 그냥! 나둬! 그분이야!" 나는 명령하듯 말했다.

결국 10분 정도 후에 떨림이 가라앉았다.

나는 방금 출산한 여자처럼 괴로워하면서 바닥에 쓰러졌다. 향기로운 성령이 나에게 임했고 나를 바늘구멍 같은 좁은 틈으로 통과하도록 끌어당기셨다. 내가 경험했던 것은 무엇이었을까? 육체적인 치유함이었을까? 아니면 단지 내 믿음을 회복시키고 다시 세우는 것이었을까? 그것이 무엇이었든지 간에 너무 환상적이었다.

친구들이 차를 끓여 와서 그런 광경을 한 번도 본 적이 없었다고 말했다. 친구들이 집으로 돌아갔을 때 나는 침대에 쓰러져서 몇 달만에 푹 잘 수 있었다.

하나님에게 실망하는 것은 찢겨진 영혼이 다시 맞춰지는 과정이다.

🍃 천국 갈 준비하기

상쾌하게 잠에서 깼을 때 하나님이 나를 집으로 데려가실 준비를 하셨다는 생각이 들었다. 그동안 나는 할이 치유되기를 원했고 열심히 기도했다. 그러나 할은 죽었다.

그런데 왜 내가 주님께서 나를 고쳐주시기로 작정하셨다고 생각해야 되는가? 나는 싸움으로 지쳐 있었고 어쨌든 내 속에는 싸울 힘이 거의 남아 있지 않았다. 나는 어떤 어린 소년의 기도가 기억났다.

> 이제 잠자리에 들려고 해요
> 그리고 내일 시험을 잘 봤으면 좋겠어요
> 하지만 내일 일어나기 전에 죽는다면
> 그것은 내가 봐야 할 무익한 시험이겠죠.

나는 무엇을 하고 있는지 아무에게도 말하지 않고 미친 듯이 차고를 청소하기 시작했다. 내가 죽은 후에 가족들에게 엉망진창인 차고를 청소하게 하고 싶지 않았다. 나는 고등학교와 대학교 때 쓰던 오래된 추억의 물건들을 버렸다. 몇 년 동안 들여다보지 않았던 서류철을 비웠다. 차고 청소를 마친 후에는 옷장 정리를 했다. 나는 천국 갈 준비를 하고 싶었다.

패치, 수술받으러 가다

수술받는 날 아침이 됐을 때 친구들과 예배당에서 만나 함께 기도했다. 얼마나 평안했는지! 나는 완벽하게 평안했다. 비록 아무도 모르게 최악의 사태도 생각하고 있었고 그에 응할 준비가 됐지만 말이다. 나는 보관해 두었던 빨간코를 병원 직원들에게 나누어주면서 즐거운 분위기를 만들었다. 그들은 내가 준 빨간코를 좋아했다. 나는 또한 예술가 친구인 데비에게 담당 외과 의사들에게 전할 말이 있는데 도와달라고 부탁했다. 내 배 우에 지도를 그리고 재미있는 교훈의 말을 쓸 때 얼마나 재미있었는지 고른다. 그리고 의사들이 그것을 보고 얼마나 놀랬는지 모른다.

내가 침대에 누워서 덜거덕거리며 수술실로 향했을 때 팔 밑에 빨간코 몇 개를 준비해두었다. 수술실 복도에서 1시간 넘게 기다렸다.

"왜 이렇게 오래 걸려요?" 내가 물었다 "점점 추워져요."

"응급 상황이라서요." 간호사가 대답했다.

"어떤 응급 상황인데요?" 내가 물었다.

간호사가 몸을 기울려 귀에 속삭였다. "이식수술이에요"

나는 그녀의 말을 이해하지 못했다.

바로 그때 문이 벌컥 열리더니 십대 소년이 누워 있는 침대 두 개가 지나쳐 갔다. 그때 나는 '수확기술'이 무엇을 의미하는지 알 수 있었다. 소년 중 한 명은 살아 있는 것 같았고 다른 소년은 죽어 있는 듯 했다. 그의 장기가 다른 소년에게 이식된 것이었다.

"오, 주여." 나는 기도했다. "제 보잘것없는 문제에 대해서 올바른 견해를 갖게 해주세요."

수술을 기다리는 동안에 나는 마취과 의사에게 말했다. 물론, 그는 빨간코를 달고 있었다 나는 외과 의사에게 할 말이 있다고 부탁했고 그가 수술복을 입고 왔을 때 나는 그에게 빨간코를 건네주면서 말했다. "선생님, 이 수술을 어떻게 하실 건지 알고 있어요. 하지만 얼마나 많은 사람들이 당신이 지혜롭게 수술할 수 있도록 기도하고 있는지 상상도 못하실 거예요. 제발 다른 계획도 받아들여 주세요. 선생님이 말씀하신 '대절개' 보다 심각하지 않은 방법 말이에요. 그것을 받아들여 주세요?"

그는 내 손을 토닥였다. "리, 우리는 이미 어떻게 해야 할지 알고 있어요."

나중에 나는 나를 마취한 후에 브라운 박사가 빨간코를 단 다음 내 코에도 빨간코를 달아줬다는 것을 알게 되었다. 그리고 그들이 내 배 위에 그려진 예술작품을 봤을 때 수술실에는 평소와 달리 유쾌한 분위기가 흘렀다고 한다.

나는 또한 외과 의사가 막 '대절개'를 하려고 했을 때 내가 부탁한 말이 떠올랐고 복강경 수술 장비를 가져오라고 한 다음 "한 번 시도해 보죠"라고 말했다고 한다. 의사가 내부를 들여다보았을 때 낭종에 어떤 암세포도 없었다. 그는 몸을 쇠약하게 만드는 절개를 하지 않고 간단히 자궁적출수술을 할 수 있었다. 나는 그가 수술할 동안 직원들에게 "이 여성분이 중요한 일을 했어요. 이것은 건강을 빨리 회복하는데 도움이 될 거예요"라고 말했다는 얘기를 전해주었다.

회복실에서 의식이 완전히 돌아오지 않았을 때 나는 친구들과 가족들의 억제되고 흥분된 목소리를 들었다.

"암이 아니에요!"

다음 날 새벽 4시 30분에 나는 용기를 끌어 모아 '큰 수술자국을' 확인하기위해 시트를 들췄다. 수술자국이 없음을 확인했을 때 눈물이

왈칵 쏟아졌다. 나는 기뻐서 울었고 그런 다음 갑자기 울음을 그쳤다.

"그렇다면 이것은 네가 천국에 가지 않을 거라는 뜻인가?" 나는 물었다. 혼란스러움에 휩싸인 채로 나는 중얼거렸다. "그럼 괜히 청소했잖아?" 나는 또한 하나님과의 관계가 아직 끊어지지 않았다는 것과 남은 여생이 지금까지 살아온 세월보다 더 길다는 것을 확실히 보여주기 위해서 할 수 있는 모든 일을 해야 한다고 생각했다.

내가 겪은 일을 생각했을 때 나는 중병에 걸려있거나 다른 개인적인 비극에 처해 있는 누구에게나 해당되는 중요한 진리 세 가지를 발견했다.

- 기분 좋게 사는 것과 화를 내는 것
- 긍정적인 독백을 사용하는 것
- 자신에게 진실을 말하는 것

이제 설명해 보겠다.

기분 좋게 사는 것과 화를 내는 것

하나님에게 솔직하게 말하는 것이 중요하다. 심지어 당신이 하나님에게 화가 났을 때도 말이다. 나도 응접실 바닥에서 그렇게 했었다. 너무 괴롭고 화가 나서 마음속에 담아둘 수 없는 것을 분출했다.

그런 일이 일어날 때 주님은 "네가 그렇게 화가 났었는지 몰랐다" 또는 "너 때문에 마음이 아프구나. 좀 더 신중해라"라고 말씀하지 않으실 것이다. 사실, 하나님은 당신이 마음속에 담아둔 것을 분출시키고 당신에게 일어나고 있는 것에 대한 부정적인 모든 생각들을 비워버리기를 기다리고 계실지도 모른다. 하나님은 당신이 속은 기분이 든다는 것을 아시고 당신의 파괴적인 감정을 해결하기를 바라신다.

당신의 감정을 발산시키지 않았다면 바로 지금 그렇게 하길 바란다. 베개를 두드리거나 가슴이 터질 정도로 있는 힘껏 소리를 질러야한다면 그렇게 하라! 말릴 사람은 없다! 당신이 분노를 억제한다면 그것은 다른 방법으로 스며 나오거나 몸이 상할 수 있다.

메이저리그의 투수 데이브 드라베키Dave Dravecky는 분노가 어떤 식으로 그에게 영향을 미쳤는지에 기억하고 있다. 텔레비전 생방송 중에 모든 사람들이 그가 마지막 볼을 던지는 것을 보았다. 그때 그는 암으로 인한 두 번째 발작으로 어깨에 이상이 생겼다. 그는 말한다. "저는 그 상황을 잘 대처하지 못했어요. 화가 나서 비참했고 기분이 별로 좋지 않았죠. 화가 나서 닥치는 대로 주위에 일어나고 있었던 일과 전혀 관계없는 행동을 해버렸어요."

살면서 나쁜 일들이 일어날 때 똑같은 종류의 분노를 초래할 수 있다. 기형아를 임신했다는 것을 알았을 때, 파경, 부모님의 이혼, 에이즈 진단을 받은 친구 등이 나쁜 일일 것이다. 마음 속 깊은 곳에서 화를 유발시킬 수 있는 이와 유사한 상황은 많이 있다. 그리고 그런 분노는 반드시 발산되어야 한다.

자신에게 좋은 말을 하라

42편 5절을 비롯해 시편의 많은 부분에서 다윗은 하나님의 선하심을 상기하면서 많은 시간을 보낸다. 다윗이 힘든 시기를 겪고 있었을 때 - 그는 수많은 힘든 시기를 겪었다 - 그는 하나님이 그를 사랑하시고 그를 잘 알고 계신다는 것을 상기해야 했다. 나와 당신도 똑같이 해야 한다.

나는 내 자신에게 말하는 습관을 개발했다. 다행히도 다른 사람들이 나를 지켜볼 수 있는 공공장소에서는 하지 않는다. 감정적으로 육체적으로 좌절할 때마다 나는 그 자리에서 하던 일을 멈추고 내 자신과 대화한다.

- 오, 내 영혼아 왜 그렇게 실망하는 거니?
- 너는 하나님과 연결되어 있어.
- 하나님이 너의 유익을 위해서 이 일을 해결해주실 거라는 걸 알잖아.
- 하나님이 너에게 그동안 성실하지 않으셨니?

나의 일을 회상할 때 내가 겪은 많은 경험이 시편 77편에서 갖가지 감정에 휩싸인 다윗의 경험과 똑같았다는 것을 알고 깜짝 놀랐다.

처음에 다윗은 화를 내고 혼란스러워했다.

하나님께 부르짖으리니 내 음성으로 내 하나님께 부르짖으면 내게 귀를 기울이시리로다
주께서 영원히 버리실까, 다시는 은혜를 베풀지 아니하실까, 그의 인자하심은 영원히 끝났는가, 그의 약속은 폐하였는가, 하나님이 그가 베푸실 은혜를 잊으셨는가(시편 77:1, 7~8).

그리고 갑자기 다윗은 하나님에 대한 진실을 기억하기 시작한다.

곧 여호와의 일들을 기억하여 주께서 옛적에 행하신 기이한 일을 기억하리이다 또 주의 모든 일을 작은 소리로 읊조리며 주의 행사를 낮은 소리로 되뇌이리이다 하나님이여 주의 도는 극히 거룩하시오니 하나님과 같이 위대하신 신이 누구오니이까(11~13).

하나님이 나를 위해서 하셨던 일을 상기할 때, 하나님이 다른 사람들을 위해서 하셨던 일에 대해서 그들이 하는 말을 들을 때 용기가 생겼다. 당신이 무슨 일을 겪고 있는지 나는 모르지만 하나님은 살아계시고 그분은 당신을 사랑하시고 당신이 그분에게 간절히 매달리면 그분은 당신이 난관을 극복할 수 있도록 확실히 도와주실 것이다.

배우 조지 번스George Burns가 "오, 하나님!"Oh, God이라는 영화에서 하나님 역을 했을 때 나는 많이 웃었다. 많은 대사가(성경말씀에 비추어 볼 때) 잘못됐지만 또한 생각해야 할 것도 많이 있었다. 심지어 하나님이 법정에 나타났을 때 사람들은 여전히 그분을 믿으려고 하지 않

았다. 하나님은 말했다. "너희는 나를 믿지 않느냐? 그 할리우드 영화에 나오는 악가는 어떠하냐? 그 소녀의 몸속에 사는 악마를 믿지 않는 사람은 없었다. 그녀가 할 수 있는 일은 오직 양탄자 위에 오줌을 싸고 완두콩 스프를 토하는 것뿐이었는데도 말이다. 모두 믿었다. 그런데 악마는 믿을 수 있는데 하나님은 믿지 않느냐?"

자신에게 진실 말하기
당신이 진실이라고 아는 것을 큰소리로 말하는 것 또한 중요하다.

하나님에 대한 진실
- 하나님은 사랑이시다.
- 그분은 당신을 잊지 않으셨다.
- 그분은 당신이 이 모든 것을 극복하시길 원하신다.
- 그분은 당신의 삶에 고통을 일으키시지 않았다.

현재 당신의 상황에 대한 진실
- 당신이 겪고 있는 일은 하나님에게 전혀 놀라운 일이 아니다.
- 하나님은 궁극적으로 당신의 유익을 위해서 당신이 이런 경험을 겪게 하실 것이다.
- 이것도 지나갈 것이다.

당신에 대한 진실

- 하나님은 여전히 당신을 사랑하신다.
- 당신은 하나님의 도우심으로 회복될 것이다.
- 당신이 비록 지금 당장은 길을 잃은 느낌이 들지라도 하나님이 당신에게 돌아오는 길을 보여주실 것이다.
- 당신이 어떤 골짜기를 가든지 선한 목자와 함께 걸어갈 수 있다.

당신 자신에게 진실을 말할 때 당신은 믿음을 세우고 있는 것이고 하나님의 은혜를 받아들일 수 있는 마음을 준비하고 있는 것이다. 당신은 선지자 엘리사가 광야에서 하나님의 백성들에게 하라고 명한 것을 하고 있는 것이다. 즉, 하나님이 주시는 물을 받을 수 있도록 믿음으로 도랑을 파라는 것이다(열왕기하 3장 참조).

당신은 하나님만 바라보고 은혜의 단비를 받을 준비하라. 비록 지평선에 비구름이 뜰 것 같은 작은 기미조차 보이지 않을지라도 말이다.

- 하나님은 비를 내리게 하시는 분이심을 기억하라.
- 당신이 지금은 마치 사막에서 오도가도 못하는 사람처럼 느껴질지라도 믿음으로 도랑을 파고 초자연적인 하나님이 그분의 존재를 당신에게 알리실 때까지 인내하라.
- 하나님의 사랑이 당신의 도랑을 채울 것이다. 그분은 당신을 마르지 않게 하실 것이다.

조지 매티슨George Matheson의 오래된 찬송가를 소개한다.

고통당할 때 기쁨이 나를 찾아오네
당신께 내 마음을 닫을 수 없네
비 온 후에 무지개를 발견하네
그리고 약속이 헛된 것이 아님을 느끼네
눈물을 흘리며 슬퍼하지 않겠네.

어떤 확신도 없는

결국 영원토록 계속될 것 같았던 시간이 지난 후 방사선 치료가 끝났다. 나는 마지막 치료 때 방사선 암전문의가 몹시 보고 싶었다. 그가 내 등을 토닥이면서 괜찮아질 것이라고 말해주기를 원했다. 하지만 그는 그렇게 하지 않았다.

대신 그는 안경 너머로 빤히 쳐다보면서 말했다. "이젤 부인, 죄송하지만 바라시는 확신을 드릴 수 없을 것 같군요. 지난 7주 동안 일주일에 5일씩 당신을 치료하라고 지시했지만 당신은 다른 계획이 있었어요. 며칠 동안 휴가를 내서 덴버와 댈러스 여기저기로 강연을 다녔어요. 제 지시를 따르지 않았기 때문에 어떤 확신도 드릴 수 없어요."

그는 내 상태에 어떤 책임도 없다는 듯이 손을 씻는 빌라도 같았다.

그 규칙 바른 암전문의는 꼭 낙심한 사람처럼 보였다. 그는 내가 항암화학요법을 거부한 것과 그가 분명히 찬성하지 않은 비타민과 허브 제품을 사용한 것에 대해서 나를 꾸짖었다. "당신이 제 권고를 거절했다고 진료기록부에다 쓸 거예요." 그가 말했다.

정말 멋진 밤이었다. 주치의에게 치료뿐만 아니라 당신이 잘하고 있다고 격려와 위로를 받으려고 갔는데 이게 무슨 일이란 말인가?

나는 눈물을 글썽이며 차 안에 앉아서 더 높은 신이신 내 속에 있는 성령님으로부터 위로와 지원을 받고 싶었다. 내 담당 의사들이 환자의 건강을 책임 지지 않으려는 이유로 내가 의료 과오 소송을 할지도 모른다고 걱정했는지 궁금했다. 기도를 하자 다시 평안해졌다. 나는 앞으로 몇 달 있으면 보는 것이 아닌 믿음으로 계속 살아야 한다는 것을 깨달았다.

암의 재발 위협은 항상 머릿속에서 떠나질 않을 것이다. 하지만 주님이 나와 함께 계셨다. 그만한 복된 확신이 어디 있겠는가.

질문하기 … 그리고 실행하기

☐ **1단계 : 질문하기**

"이는 우리가 믿음으로 행하고 보는 것으로 하지 아니함이로라"(고린도후서 5:7)라는 말씀이 무엇을 의미한다고 생각하는가? 이 말씀이 때때로 불공평해 보이는가? 이 성경말씀이 어떻게 당신의 현재 상황에 적용되는가?

☐ **2단계 : 실행하기**

당신이 사랑하는 누군가가 당신에게 몹시 화가 났다면 그 사람이 화가 났다고 말할 때까지 화해할 방도를 간구할 수 없을 것이다. 하나님은 전지하시고 우리의 생각과 감정을 우리보다도 더 잘 아실지라도 그분은 우리의 사생활을 존중하신다. 오늘 어떤 이유로 하나님에게 화가 났는가? 그렇다면 그분은 그 불화를 화해시키기 위해서 방도를 간구하기 전에 당신이 하나님에게 말하기를 기다릴지도 모른다. 앉아서 그분에게 편지 한 통을 쓰는 것이 어떤가? 당신의 마음을 담아서 솔직하게 그분 앞에 펼치라. 봉투에 편지를 넣어서 봉하고 그것을 성경책에 끼워두라. 그런 다음 그분에게 그것을 '읽어' 드리고 당신의 치료할 수 없는 절망적인 상처에 응답해달라고 진지하게 기도하라. 당신은 이제 조용히 귀를 기울일 시간이다. 화해는 시간이 걸리지만 궁극적으로 이것을 통해서 하나님과 당신의 관계는 깊어질 수 있다.

성경공부

열왕기하 3, 시편 42:5, 77:1, 7~8, 11~13

11
믿음은 시간이 걸린다

하나님이 모든 것들을 치유하실 수 있음을 안다. 상한 심령과 다친 날개를…
오직 그분만이 시간에 갈기갈기 찢긴 마음을 고치실 수 있다.
계절이 차례로 바뀔 때 배워야 할 교훈이 있다.
다시 날 수 있는 법을 배우기 전에
다친 날개는 고치는데 시간이 걸린다는 것을…

실망?

맞다. 나는 그 말을 익히 잘 알고 있다. 아마 당신도 마찬가지일 것이다.

당신이 고통스러운 환멸의 시간을 생각할 때 당신은(나처럼) 하나님이 당신을 위해서 당신이 원하는 것을 해주실 거라는 것에 모든 걸 걸고 있었을 것이다. 아마도 병이 낫거나, 방탕한 자녀가 돌아오거나, 결혼생활이 다시 회복되거나, 당신을 배반한 친구(아마도 교회 친구조차도)가 다시 돌아오기를 소망하고 있었을 것이다.

하지만 병은 더 심해졌고 환자는 죽었다. 방탕한 자식은 여전히 돌아오지 않았고 결혼생활에는 개선된 점이 하나도 없다. 당신을 배반한 친구는 자신이 한 일에 대해서 어떤 영향이나 죄책감을 전혀 느끼지 않는다.

그렇다면 할이 죽은 후에 내 기분이 어땠는지 그리고 의사가 내 회복에 대해서 나에게 어떤 확신도 주지 않았을 때 어떤 기분이 들었는지 추측할 수 있을 것이다.

나는 절망적이었고 살고 죽는 것을 완전히 하나님에게 맡긴 상태였다. 대부분의 시간을 맡이다. 그것으로 충분했다.

하지만 때때로 나는 더 많을 것을 원했다. 내 믐이 좋아질 것이라는 확신을 가지고 싶었다. 내 담당 의사들이 주지 않았던 확신 말이다.

설상가상으로, 나를 알고 있는 적어도 내가 하는 사역을 알고 있는 사람들이 내 슬픔과 시련을 고찰해야 할 주제로 삼았다는 생각이 들었다. 나는 어떤 사람들이 안쓰러운 마음보다는 호기심을 가지고 나를 지켜보고 있음을 느꼈그 하나님이 나를 위해서 해결해줄지 확인하기 위해서 기다리고 있는 것처럼 느꼈다.

아마도 당신은 그런 느낌을 알 것이다. 그렇다면 당신은 훌륭한 친구들 속에 있는 것이다. 주님이 십자가에 매달려 있으실 때 사람들이 그분을 어떻게 조롱했는지 기억하라. "저가 남은 구원하였으되 자기는 구원할 수 없도다"(마태복음 27:42). 그리고 "저가 엘리야를 부른다. 엘리야가 와서 저를 구원하나 보자"라고 말했다.

당신도 지평선에 어떤 기적이 나타날 기미도 없는 상태에서 살고 있는 기분이 들지도 모른다.

그렇다면 당신은 살아남을 수 있고 살아남을 것임을 알기 바란다. 하나님은 정말로 당신을 돌보시고 바람에 영원히 뒹굴도록 놔두시지 않을 것이다. 예수님이 "내가 너희를 고아와 같이 버려두지 아니하고"(요한복음 14:18)라고 말씀하셨듯이 말이다.

하지만 나는 하나님이 그분의 능력을 기적적으로 나타내심으로써 처리하기보다는 사랑으로 처리하는 것을 더욱 자주 발견했다. 결국 당신을 향한 그분의 사랑보다 더욱 기적적인 일은 아무것도 없고 모든 역경을 극복하고 당신이 그렇게 오랫동안 얻으려고 애썼던 부활을 가져다주는 것도 사랑이다!

내가 슬픔과 두려움을 다룰 때, 다시 말해서 첫 번째는 내 소중한 남편을 잃은 상실감을 통해서, 두 번째는 암과의 싸움을 통해서 온 슬픔과 두려움을 다룰 때 영적으로 온전해지고 건강해지기 위해서 가고 있는 속도가 결코 빠르지 않다는 것을 발견했다.

나는 슬픔을 천 개의 초가 켜져 있는 과정으로 설명하는 것을 들은 적이 있다. 슬픔을 겪는 것은 한 번에 몇 개의 촛불을 불어서 끄는 것과 같다. 아마도 당신은 백 개 정도의 촛불을 꺼본 적이 있을지도 모른다. 심지어 6백이나 7백 개의 촛불을 껐을지도 모른다. 하지만 그때 갑자기 난데없이 불꽃이 번쩍이면서 다시 초에 불이 붙었고 촛불을 끄기 전의 상태로 돌아간다.

머리로는 내 몸이 성령의 전이라는 것을 알고 있지만 그 성전이 이미 폭파된 느낌이 들었다. 내가 소중히 여겼던 수많은 것들이 손상되어서 영적, 감정적, 육체적인 수리가 필요했다. 나는 하나님을 오해한 기분이 들었기 때문에 내 앞에 어떤 것이 있을지 두려웠다. 나는 하나님께 내 삶에서 회복 과정을 시작해달라고 매일 기도했다.

나는 슬픔에서 믿음으로 돌아가는 여행에는 시간이 걸린다는 것을 깨달았다. 시간이 얼마나 걸릴까? 필요한 만큼 걸릴 것이다. 야속하게 들리겠지만 그것 또한 사실이다. 아무도 당신의 삶에 일어난 비극을 극복하는데 얼마나 시간이 오래 걸릴지 확실히 말할 수 없다. 사람마다 다르기 때문이다. 하지만 믿음으로 살면서 어떤 피해를 겪어 보지 않고 고통스러운 상실감에서 금방 회복될 수 있는 사람은 아무도 없다. 적어도 이것이 내가 고통과 슬픔의 시간을 준 적이 있는 수십 명의 사람들과 얘기함으로써 도달한 결론이다.

당신에게 비극이 덮치기 전에 알았던 안락한 세상으로 다시 돌아가는 길을 발견하려고 애쓰고 있다면 그 길을 가면서 도움이 될 몇 가지를 소개한다.

1. 모든 사람에게는 져야 할 십자가가 있다.
2. 슬픔과 비애를 숨기는 것은 그것을 처리하는 것이 아니다.
3. 하나님에게 화를 내는 것은 괜찮지만 분노를 극복하고 그분을 용서해야 한다.
4. 하나님과 씨름하는 것은 괜찮다.
5. 동병상련이라는 말은 사실이다. 그러므로 당신이 어려울 때 당신을 걱정해주는 사람들과 함께하라.
6. 죄의식을 일으키는 일에 참여할 필요는 없다.

7. 당신은 희생자가 될 필요가 없다.

하나씩 살펴보자.

모든 사람에게는 져야 할 십자가가 있다

당신이 어느 정도 나이가 들었다면 옛날 찬송가의 가사를 기억할 것이다.

> 내 주의 지신 십자가
> 우리는 안질까
> 뉘게나 있는 십자가
> 내게도 있도다.

안타깝게도 최근에 이 노래를 부르는 사람을 본 적이 없다. 우리 그리스도인들이 이 가사를 이해한다면 인생의 어려움을 더욱 잘 처리할 것이다. 그것은 예수께서 그분의 제자가 되기를 원하는 사람들에게 "날마다 제 십자가를 지고"(누가복음 9:23)라고 말씀하신 것을 기억하는데 도움이 될 것이다. 그분은 또한 우리에게 "세상에서는 너희가 환난을 당하나"(요한복음 16:33)라고 말씀하셨다.

당신이 끔찍한 일을 겪고 있을 때, 예를 들면 불치병이나 사랑하는 사람의 죽음이나 암처럼 생명을 위협하는 질병과 같은 일을 겪을 때 당신은 쉽게 혼자라는 느낌이 들 것이다. 웃고 즐겁게 지내는 사람들을 보면서 당신은 하루를 살아가기도 힘든데 그들은 왜 그렇게 즐겁게 지내고 있는지 궁금할 것이다.

하지만 당신은 아는가? 모든 사람들은 져야 할 십자가가 있다는 것을. 모든 사람은 '영혼의 어두운 밤'을 겪어야 한다.

당신이 겪고 있는 것이 무엇이든지 간에 그것이 당신의 십자가라고 생각하면 이겨내는 데 도움이 될 것이다. 우리 주님이 갈보리 산까지 무거운 십자가를 지고 가신 것처럼 말이다.

그리스도께서 언덕 정상에 도착했을 때 그분을 기다리는 기적은 없었다. 하지만 그분은 그 끔찍한 고난을 겪으셨기 때문에 고통받는 것이 어떤 것인지를 잘 아시고 우리의 고통을 깊이 느끼신다.

메시아가 십자가에 달리시기 전 며칠 동안 우리가 괴로울 때 마음속에 솟아나는 것과 똑같은 혼란스럽고 두려운 생각을 경험하셨을 것이다. 겟세마네 동산에서 예수님이 아버지께 "이 잔을 내게서 옮겨달라고" 부탁하셨을 때 그분의 기분이 어땠을 지 상상해본다. 헤롯 왕이 그분을 조롱하고 기적을 행해보라고 명령했을 때 그분의 마음이 어떤 생각들도 교차됐을지 궁금하다. 심지어 예수님이 십자가에 달리셨을 때 사람들은 춤을 추면서 고통스러워하는 그분을 조롱하는 것을 보셨을 때 아버지의 사랑을 의심하지는 않았는지도 궁금하다.

디트리히 본회퍼Dietrich Bonhoeffer는 제2차 세계대전 동안 아돌프 히틀러의 나치 정권을 전복시키려는 음모를 꾸몄다는 이유로 유죄 선고를 받고 사형되었다. 그가 감옥에 갇혀 있었을 때 매일매일이 그의 마지막 날일 수도 있다고 생각하면서 수첩에 다음과 같이 썼다. "하나님은 오직 고통받는 자들만을 도우실 수 있다."

그의 말이 맞다! 밤새도록 엎치락뒤치락하며 참을 수 없을 정도로 살아가기 힘들어서 잠을 잘 수 없는 기분이 어떤 것인지 잘 아시는 하나님만이 우리를 위로하시고 힘들지 않는 곳으로 안전하게 인도하는 방법을 아신다.

내가 상실감과 슬픔으로 괴로워할 때 하나님이 내 옆에서 함께 걷고 있음을 깨달았을 때 이것은 나에게 놀라운 것이었다. 그분은 내가 내 자신만의 십자가를 지는 경험을 통해서 내가 성장하고 성숙하게 되기를 원하시기 때문에 어떤 '요술 주문'을 말하거나 모든 것을 나를 위해서 더욱 좋게 만들려고 하지 않았다. 동시에 그분은 내가 그 십자가를 지도록 돕기 위해서, 나와 공감하기 위해서, 나와 함께 울기 위해서, 그리고 그분이 나를 사랑하시고 아무리 어둠 속에 있을지라도 진실로 행복하게 끝날 것이라고 속삭여주기 위해서 내 옆에 계셨다.

슬픔을 숨기는 것은 효과가 없다

내가 슬픔의 과정을 견디며 나아가고 있었을 때 배운 또 하나의 중요한 것은 슬픔을 숨기는 것은 그것을 처리하는 것이 아니라는 것이다.

나는 슬픔을 숨기려고 했지만 효과가 없었다. 내가 하고 있는 일이 커다란 스프링이 들어있는 깡통 속에 고무로 만든 장난감 뱀을 다시 깡통 속에 넣는 것과 비슷하다는 것을 깨달았다. 조금 후에 깡통 뚜껑이 펑하고 열릴 것이다. 그러면 뱀이 튀어나오고 다시 원점으로 돌아간다.

당신이 슬픔을 감추려고 애쓴다면 그것은 근심, 분노, 심지어 육체적인 병을 비롯해서 반드시 다른 식으로 분명히 나타난다. 슬픔을 처리하는 유일한 유익한 방법은 그것과 정면으로 맞서는 것이다. 즉, 당신의 감정을 직시하는 것이다. 다시 말해서 당신이 슬픔을 느끼는 것은 완벽하게 정상이라는 것과 상황이 다시 안정된 느낌이 들 때까지 몇 달이 소요될 수 있음을 기억하는 것이다.

나는 강연이 없는 날에는 침대에서 일어나라고 내 자신에게 말해야 했다. 나는 침대에서 일어나려고 했지만 다시 이불 속으로 기어들어가서 할이 자던 쪽으로 팔을 뻗곤 했다.

나는 어쩔 수 없이 수용의 길을 선택했다. 할이 죽었다는 것을 받아들여야 했고 계속 살아야한다는 것과 하나님께서 나에게 원하시는 일이 있다는 것을 수용해야 했다.

그것은 '낯선 길'이 아니다. 왜냐하면 수용이라는 말은 어떤 힘든 현실을 직시하고 내가 정말로 직면하고 싶지 않은 어떤 문제를 처리하는 것을 의미하기 때문이다. 나는 아침에 나를 깨우는 특별한 성경말씀 하나에 의지했다. 그것은 신명기 30장 19~20절 말씀이다. "내가 생명과 사망과 복과 저주를 네 앞에 두었은즉 … 생명을 택하고 … 네 하나님 여호와를 사랑하고 그 말씀을 청종하며 또 그를 의지하라 그는 네 생명이시요."

때때로 아침에 침대에서 일어나 바닥에 발딛을 힘을 모으기 전에 나에게 "건강해지고 싶으냐?"라고 희미하게 물으시는 주님의 음성을 들을 수 있었다. 그때 "네, 주님. 정말로 건강해지고 싶어요"라고 인정하는 것은 중요했다.

그러면 그분이 나에게 신성한 명령을 내려주실 수 있었기 때문이다. 나는 희망을 잃고 다시 온전해질 수 있는 방법이 전혀 없다고 생각해서 질문에 대답하지 않는 사람들 속에 포함되고 싶지 않았다.

배우 윌리엄 샤트너William Shatner가 수영장에서 사고로 아내를 잃은 후에 CBS 뉴스에서 인터뷰를 했는데 다음과 같은 통찰력 있는 말을 했다. "슬픔은 다리가 잘려 나가는 느낌이에요. 어떻게 일어났는지 또는 그것이 어디로 갔는지 몰라요. 그리고 슬픔이 여전히 거기에 있는 것 같은 착각이 들죠."

브로드웨이의 히트작 "왕과 나"The King and I를 영화화한 것을 보면 안나는 죽은 남편을 잊지 못하는 슬픈 미망인으로 묘사되었다. 인간은 죽으면 다시 태어난다고 믿는 불교신자인 왕은 안나에게 그리스도인으로서 오직 한 번 밖에 살 수 없다고 생각하냐고 도전적인 질문을 한다. 그녀가 그의 질문에 힘없이 "네"라고 대답하자 왕이 이렇게 말한다. "그럼 그렇게 믿고 살아가는 것이 나을 것 같소." 이 말은 나에게 슬프고 마음에 사무치는 조언이었다.

슬픔이 완전히 소진되지 않는 한 슬퍼하는 것은 당연한 것이고 옳은 것이었다. 데살로니가전서 4장 13절은 우리가 소망 없는 사람들처럼 슬퍼하지 말아야한다는 것을 상기시킨다. 인생은 디즈니 영화처럼 펼쳐지지 않을지도 모르지만 하나님을 사랑하는 사람들에게는 해피엔딩이 있다. 그리스도인의 인생사는 눈물과 참을 수 없는 슬픔으로 끝나지 않고 오직 진정한 단족과 진정한 기쁨으로 끝난다.

하나님에게 화가 난 기분이 드는 것은 괜찮다

정말로 하나님에게 화가 났는데 왜 화나지 않은 척 하는가? 어쨌든 그분은 당신이 화난 것을 아신다. 그리고 나는 그분이 그것을 참으실 수 있다는 것을 발견했다. 비록 당신이 하나님에게 화가 났을지라도 그것을 잘 극복하고 그분을 용서해야 한다.

당신이 슬픔의 시간을 보내고 있다면 하나님에 대한 분노와 의심을 정직하게 처리하는 것이 매우 중요하다. 아무튼 괴로울 때나 의심이 들 때 당신은 혼자가 아니다. 성경에 "하나님의 마음에 합한 사람"이라고 설명되어 있는 다윗 왕조차도 의심할 때가 있었다.

그는 다음과 같이 썼다. "나는 거의 넘어질 뻔하였고 나의 걸음이 미끄러질 뻔하였으니 이는 내가 악인의 형통함을 보고 오만한 자를 질투하였음이로다"(시편 73:2~3).

내가 분노와 슬픔을 처리할 때 얼마나 자주 이 말씀을 인정했는지 모른다. 나는 다시는 오고 싶지 않은 곳으로 서서히 돌아가고 있었고 나를 멈출 수 있는 확고한 발판을 찾을 수 없을 것 같았다. 이 말씀에서 다윗은 때때로 우리를 괴롭히는 문제를 토로하고 있다. 선한 하나님이라면 분명히 그분의 자녀들에게 잘해주실 것이다. 그런데 왜 그분의 자녀들은 그렇게 자주 고통받고 있는 것처럼 보이고 하나님을 믿지 않는 사람들은 상처입지 않고 인생이라는 삶을 유유자적하게 항해하고 있는 것처럼 보일까?

그런 의심은, 특히 누군가가 슬픔의 한가운데 있을 때 강해지는데, 이것은 지극히 정상적이고 당연하다. 의심스러운 질문을 정직하게 할 때 예수님도 불쾌함을 보이지 않으신다.

"의심하는 사람" Doubting Thomas으로 영원히 알려질 그 사람(불쌍한 사람이다)은 "내가 그의 손의 못자국을 보며 내 손가락을 그 못자국에 넣으며 내 손을 그 옆구리에 넣어 보지 않고는"(요한복음 20:25) 예수님이 죽은 자 가운데서 부활하셨다는 것을 믿지 않겠다고 말했을 때 예수님은 그를 꾸짖지 않으셨다. 오히려 주님은 도마에게 자기를 나타내시고 다음과 같은 말씀으로 그를 권면하셨다. "보지 못하고 믿는 자들은 복되도다 하시니라"(29절). 우리도 마찬가지다! 우리는 지금 설득력 있는 어떤 것도 보지 않으려고 하지만 어쨌든 믿어보자.

예수님의 사촌 세례 요한이 예수님에게 세례를 줬을 때 그는 예수님을 "세상 죄를 지고 가는 하나님의 어린 양이로다"(요한복음 1:29)라고 공개적으로 선언했다. 하지만 나중에 헤롯 왕이 요한을 감옥에 집어넣었을 때 요한은 의심하기 시작했고 실제로 예수님에게 "당신이오니이까? 우리가 다른 이를 기다리오리까?"라는 질문을 하기 위해서 제자들을 예수님에게 보냈다. 의심하는 전갈을 받은 예수님은 그들에게 돌아가서 요한에게 그들이 본 모든 기적, 즉 병든 자가 낫고 죽은 자가 살아나는 것 등을 전하라고 온유하게 말씀하셨다. 이 모든 기적을 통해서 예수님이 진실로 메시아, 즉 "하나님의 어린양"이라는 사실이 소리 없이 증명되었다.

주위를 살펴보면 이처럼 하나님이 삶 속에서 행하신 놀라운 일들에 관해서 증거할 준비가 된 사람들이 매우 많다는 것을 알 수 있다. 그들은 병 고침을 받았고 중독에서 구원받았다. 그들의 참을 수 없는 슬픔이 말할 수 없는 기쁨으로 변했다. 맞다. 하나님은 세상에서 일하시고 그 증거는 도처에 있다.

> 지금은 믿음을 갖기 어려운 시대이다.
> 우리에게 진정한 믿음이 있다면 이 시대를 변화시킬 수 있을 것이다.

"하나님은 왜 나쁜 사람들은 편하게 살게 하고 그분의 자녀들은 고통을 겪게 하시는가?"라는 질문에 대한 또 다른 대답이 있다. 하나님은 장난꾸러기도 괴롭히는 분도 아니시다. 그분은 부재지주(不在地主)도 아니시다. 그분은 악한 자들이 그들의 사고방식을 바꾸고 그분에게 돌아오기를 참을성 있게 기다리신다. 하지만 언젠가 그분의 참을성도 다하는 날이 올 것이다. 그분의 자녀들은 하나님이 "내 사랑하는 자녀여, 와서 너희를 위하여 예비된 안식에 거하라"고 하시는 말씀을 들을 것이고 악한 자들은 그분이 "나를 떠나라, 나는 전혀 너희를 모른다"(마태복음 25:31~46)라고 하시는 말씀을 들을 것이다.

또한 하나님께서는 모든 것에 목적을 갖고 계심을 명심하는 것이 중요하다고 생각한다.

예수님께서 사랑하는 친구 나사로가 죽을 병에 걸렸다는 소식을 들으셨을 때 그에게 가기 전에 이틀을 기다리셨다. 하나님의 목적은 예수님이 나사로를 죽은 자 가운데서 살리시는 것이었다. 하지만 그 사이에 나사로의 가족들은 극도의 고통스러운 상실감을 겪어야 했다. 그러면 나사로는 나중에 다시 죽을 필요가 없었을까? 물론 그는 죽었다. 그리고 나는 마리아와 마르다가 도움을 청하기 위해서 그들의 소중한 친구 예수님을 한 번 더 방문했는지 궁금하다. 당신은 모르는가?

"안녕하세요, 베드로. 장모님은 어떠세요? 그렇군요. 음, 잘 됐네요. 어, 무슨 일이 있었는지 맞춰봐요. 나사로가 또 죽었어요. 맞아요. 아주 죽었어요. 네, 심장 때문인 것 같아요. 음, 어쨌든, 예수님께 바로 지금 오시라고 해주시겠어요? 어쨌든, 이번에는 죽은 지 얼마 안 되서 다시 살리기가 더욱 훨씬 쉬울 거예요."

그런데 예수님의 아버지 요셉은 어떠한가? 성경에는 확실하게 나와 있지 않지만 분명히 그는 예수님이 어렸을 때 죽었다. 그렇다면 예수님은 왜 요셉이 죽는 것을 막지 않았을까? 그리스도는 요셉의 죽음으로(생명보험이나 사회보장도 없던 시대에) 마리아가 의지할 데 없는 과부가 될 것임을 알고 있었다. 다시 말하지만 하나님은 목적이 있으셨다. 그리고 우리는 그 지식을 믿는 방법을 배워야 한다.

어느 날 우리는 그런 하나님의 목적을 완전히 분명하게 이해하게 될 것이고 그렇게 될 때 우리는 모두 한 줄로 서서 우리가 궁금해 하는 질문의 대답을 들을 것이다.

하지만 그날이 올 때까지 하나님은 우리 인간들에게 이유를 감추실 때가 있을 것이고 우리가 하나님에게 화내고 그분을 용서해야 할 때가 있을 것이다. 그것은 그분을 위해서가 아니라 우리 자신을 위해서이다. 어쨌든, 하나님은 실수나 어떤 잘못도 하지 않으신다. 그래서 그분은 어떤 사람의 용서도 필요 없으시다. 하지만 그분과 우리 사이에 분노가 생겨서 그분에게 가까이 가야 할 때 장애물이 된다면 그분을 용서해야 한다.

우리가 하나님을 용서해야 한다면 지금하라. 무릎을 꿇고 당신의 삶 속에 일어난 일들에 대해서 이해할 수는 없지만 어쨌든 그분을 용서하고 계속 그분을 믿기로 결심했다고 고백하라.

나는 사랑하는 남편 칼이 하나님을 용서한 주말을 기억한다. 우리는 결혼수련회 중이었고 칼은 그동안 자신도 모르게 그의 전처 두 명의 죽음을 하나님의 책임으로 돌리고 있었다는 생각이 갑자기 떠올랐다.

결혼수련회 동안에 칼은 오랜 세월 마음 속 깊은 곳에서 두 아내를 잃은 것에 대해 하나님을 비난하고 있었다. 하나님은 능력이 있으시고 그들은 기도했고 믿었으며 하나님이 그 능력을 사용하실 수 있도록 그들이 알고 있는 모든 것을 다했지만 결국 두 사람은 죽었다. 칼이 결혼수련회 동안에 이것에 대해서 절규했을 때 그는 하나님은 정말로 비난받아서는 안 된다는 보다 논리적인 결론에 도달했다.

칼은 그날 밤 하나님을 용서했고 그의 사고방식은 정말로 변하기 시작했다.

🪶 하나님과 씨름하는 것은 괜찮다

나는 내가 매우 큰 고통을 겪었다고 착각하지 않는다. 영원한 만물의 계획 속에서 나는 단지 어떤 힘든 시기를 겪었고 황무한 땅을 기경했을 뿐이었다. 이와 관련해 내가 잘 설명할 수 있는 성경 인물 중에 야곱이 있다. 그가 하나님과 씨름한 방식 때문이다(창세기 32장 참조). 맞다, 나는 고통에 관해서 한 번 이상 마음이 상했지만 야곱은 하나님과 씨름하다가 환도뼈를 다쳤다. 나도 지금은 예전과 다르게 살고 있다. 예전처럼 잘난 체하지 않는다. 아마도 나는 의심 때문에 겸손해졌을 것이다.

나에게는 절뚝거리는 증상이 있다. 당신이 하나님과 씨름하고 있다면 야곱이 취했던 태도, 즉 "당신이 내게 축복하지 아니하면 가게 하지 아니하겠나이다"와 똑같은 태도를 취할 것을 간절히 권하는 바이다. 나는 당신이 하나님에 대한 것들을 이해하고 소중한 생명을 사수할 것을 간절히 권한다. 하나님은 그분을 열심히 찾는 사람들에게 상 주시는 분임을 기억하라.

내가 받은 상은 평안, 내적인 힘, 지식, 그리고 사랑 많으신 하나님의 인격에 대해서 더욱 많이 알게 된 것이다. 당신이 받을 상이 기다리고 있다. 포기하지 말라. 사수하라! 마음속으로 알고 있는 것들이 사실이라는 것을 발견하기 위해서 단단히 결심하라. 아무도 어떤 미래의 고통도 당신에게서 빼앗아 갈 수 없는 생명의 면류관이 당신의 트로피이다.

나는 절뚝거리며 걷지 않는 사람은 믿을 만한 사람이 못된다고 생각한다. 그들이 일찍이 인생의 문제에 대해서 하나님과 정말로 씨름해본 적이 있는지 궁금하다. 그들은 부인할까? 아니면 어떤 대답도 없었다고 생각했기 때문에 그냥 포기했을까? 그렇다면 매우 슬픈 일이다.

하나님은 야곱이 하나님과 씨름을 했기 때문에 야곱에게 불끈 화를 내신 것이 결코 아니다. 그분은 감동받으셨다. 심지어 그분은 야곱의 이름을(훨씬 더 좋은 의미를 지닌) 이스라엘로 바꿔주셨고 하나님께서 그를 그 자리에서 축복해 주셨다고 성경에 나와 있다.

야곱의 형 에서가 동생이 변한 것을 봤을 때 어떻게 반응했을지 상상할 수 있는가? 이 교활한 동생 야곱은 에서를 속여서 장자권을 빼앗았다. 이전의 그는 잘난 체하고 자신만만하고 "방해하지마"와 같은 유형의 사람이었다. 그런 그가 영원한 패배의 트로피인 다리를 절며 집으로 걸어 갔다. 분명히 에서는 이 열 받게 하는 동생이 뭔가 달라졌다는 것을 알아차렸을 것이다. 그는 야곱에게서 새로운 겸손함, 다시 말해서 새로운 다정함을 발견했다. 우리도 이같이 되어야 한다.

> 소망의 하나님이 모든 기쁨과 평강을 믿음 안에서 너희에게 충만하게 하사 성령의 능력으로 소망이 넘치게 하시기를 원하노라(로마서 15:13).

슬픔은 집안 일이다

로마서 12장 15절에 '우는 자들로 함께 울라"라고 되어 있다. 갈라디아서 6장 2절에서는 "너희가 짐을 서로 지라 그리하여 그리스도의 법을 성취하라"라고 우리에게 명령한다.

내가 할을 잃었을 때 가족들 중에 나만 슬픔의 고정을 겪고 있는 사람이 아니라는 것을 깨달았다. 할의 사랑하는 어머니는 아들을 잃은 상실감으로 매우 고통스러워 했고 그의 딸들은 아버지를 잃어서 슬퍼하고 있었다. 할의 장손(미이슨)도 슬퍼하고 있었다. 그의 동생과 다른 친척들 그리고 할을 친구로 알고 지낸 수십 명의 사람들도 슬퍼하고 있었다.

슬픔을 치료하는 집단 상담 모임에서 나는 고통의 주기에 대한 새로운 통찰력을 얻었다. 다양한 연령대의 사람들과 각계각층의 사람들이 그 모임에 있었고 그들은 자신들을 소진시키고 있는 슬픔을 처리할 수 있는 방법을 찾고 있었다. 테이블 중앙에는 휴지 상자가 일렬로 놓여 있었다. 그리고 우리는 그 휴지를 필요로 했다.

휠체어를 탄 나이 지극한 여성은 파킨슨병에 걸린 남편을 14년 동안 간호했는데 남편이 죽었을 때를 설명했다. 현재 그녀는 관절염을 치료하면서 집안의 벽을 바라보며 남은 인생에 무슨 일이 있을지 궁금해 한다.

최근에 암으로 어머니를 잃은 두 형제가 구석에 앉아 있었다. 그들은 비통한 임종 때까지 어머니를 같이 간호했다. 그 두 사람 모두 "어머니가 왜 돌아가셨을까?" 그리고 "어머니가 살 수 있도록 할 수 있었던 다른 방법은 어떤 것이 있었을까?"라고 묻고 있었다.

한 젊은 아내는 크리스마스 며칠 전에 사업차 여행을 간 남편이 심장마비로 즉사했다는 전화를 받았다. "나는 아직 그와 끝나지 않았어요!" 그녀가 외쳤다. "심지어 나는 거기에 없었어요. 그가 얼마나 고통스러워했을지 상상할 수도 없어요! 그에게 잘 가라는 인사도 하지 못했어요."

또 다른 여성은 심각한 부위로 전이되고 있는 세 가지 암과 싸우는 남편을 간호했다. 그녀는 남편이 살 가능성이 있다는 의사들의 말을 믿었다. 지금 그녀는 그들의 말을 믿은 것은 어리석었다고 생각한다.

그리고 2년 전 아내를 자동차 사고로 잃은 남자가 있었다. 그는 데이트를 하고 싶지만 자녀들이 그것을 싫어한다. 그는 어떻게 해야 할까?

이런 사람들은 고통받는 자들의 비밀조직에 속한 사람들 가운데 일부이다. 우리는 단지 서로 의지하고 함께 울고 서로의 고통을 통해 힘을 얻으면서 비틀거리며 살았다(미망인 색인 참조).

그날 차를 몰고 집으로 돌아가면서 나는 어쩔 수 없이 이렇게 물을 수밖에 없었다. "사랑하는 사람을 잃게 된다면 자동차 사고나 심장마비처럼 빨리 죽는 것이 더 좋을까, 아니면 작별 인사를 할 수 있도록 얼마 동안 아프다가 죽는 것이 더 나을까?" 나는 어떤 식으로 잃든지 간에 사랑하는 사람을 잃는 것은 결코 공평하지 않다는 결론을 내렸다. 분명히 그 방에 있는 모든 사람들은 서로 반대가 더 낫다고 대답했을 것이다.

또한 상실감으로 고통스러워하는 동안에 슬픔을 나누기 위해서 할 수 있는 일에 대해서 많이 생각했다. 그리고 슬퍼하고 있는 누군가를 돕고 싶다면 가장 좋은 방법은 다음과 같은 것들이다.

그 사람을 피하지 말라. 기꺼이 거기에 가라. 그리고 그들이 얘기할 때 들어주어라. 할 수 있으면 그를 도와주어라. 집을 방문해라. 설거지를 해줘라. 부엌을 청소해줘라. 그리고 반드시 그 사람에게 평소 때처럼 행동하라. 당신이 평소에 말이 많았다면 말을 많이 해라. 하지만 말이 없었다면 가만히 있는 것이 좋다. 평소대로 하는 것이 중요하다.

무엇보다도 "당신은 할 수 있는 모든 것을 했어요. 정말 잘 했어요"라고 그들에게 확신을 주어라. 대부분의 사람들은 "뭐라고 말해야 할지 모르겠어"라고 생각하면서 사별한 사람들을 피하는 경향이 있다. 하지만 슬퍼하고 있는 사람에게 당신이 여전히 친구라는 것을 알릴 필요가 있다. 나는 누군가가 전화를 해서 할에 관한 즐거운 추억을 얘기할 때 기쁘다. 할의 이름조차 언급하지 않을 때는 상처를 받는다. 마치 그가 존재하지 않았다는 듯이 말이다.

죄의식을 일으키는 일에 참여하지 말라

유가족들이 종종 죄의식을 느낀다는 것은 슬픈 일이지만 사실이다. 배우자를 잃은 사람들은 "내가 그렇게 사랑한 사람이 죽었는데 나는 왜 여전히 살아있어야 하지"라고 생각할지도 모른다. 사랑하는 사람이 자살을 하면 남겨진 사람들은 고통과 고뇌를 처리하는데 어려움을 겪는다. "내가 다르게 할 수 있었던 일은 무엇이었을까?" "왜 그런 일이 일어나고 있었는지 몰랐을까?" "어떻게 그가(그녀가) 나에게 이렇게 할 수 있을까?" 이것들은 단지 끔찍한 상실의 고통을 겪어본 사람들을 괴롭히는 몇 가지 질문에 지나지 않는다.

하지만 당신은 사랑하는 사람의 죽음에 책임이 없다. 자살이든 사고든 질병이든 다른 어떤 원인이든지 죽은 사람의 가족들과 친한 친구들은 모두 보통 그들의 행동을 돌이켜보면 시간을 보내고 이런저런 이유 때문에 죄의식이 떠나갈 때도 종종 있다.

분명한 사실은 죄의식은 슬픔의 그림자를 드리운다는 것이다. 천둥과 번개가 폭풍우 치는 하늘을 어둡게 하듯이 말이다. 하지만 당신은 죄가 없다! 그러므로 당신 자신을 용서하고 앞으로 계속 나아가라.

어떤 사람들은 하나님이 그들에게 벌을 내리시고 있기 때문에 비극적인 사건이 일어났다고 느낌으로써 죄의식과 타협한다. 하지만 「고통이라는 선물」The Gift of Pain에서 폴 브랜드Paul Brand와 필립 얀시Philip Yancey는 다음과 같이 말했다.

> 하나님께서 벌주기 위해서 인간의 고통을 사용하신다면 그분은 분명히 불쾌감을 전달하기 위해서 모호한 방법을 택하신 것이다. 벌에 대한 가장 기본적인 사실은 오직 사람이 왜 벌을 받는지 이유를 알 때 효과가 있다는 것이다.

동양의 종교에는 운명론적 세계관이 있다. 그것은 "모든 것은 그 나름대로의 목조이 있기 때문에 이 땅에 있다"는 것이다. 하나님이 태국 사람들에게 저해를 내리시기로 결정하셨다면 우리는 방해해서는 안 된다. 카르마(Karma 업보, 숙명)를 믿는 사람들은 각 사람이 우주의 흐름 속에 있고 끊임없는 인생의 사다리를 오르락내리락한다고 믿는다. 착하게 산 사람은 다음 생에서 더욱 잘 살 것이고 그렇지 않은 사람은 다음 생에서 더욱 어렵게 살 것이다. 하지만 마더 테레사Mother Teresa 같은 그리스도인은 우리에게 보이는 필요에 응해야 하고 고통받는 사람들에게 하나님의 치유하심이 임하게 해야 한다그 말한다.

돈 스티븐스Don Stevens는 「하나님의 구제명령」Mandate for Mercy에서 다음과 같이 말한다.

예수전도단 일원들이 태국의 흐몽Hmong족(불교신자들)에게 사역하러 갔다. 그 단체가 도착하기 직전에 흐몽족의 신생아 세 명이 파상풍으로 죽었다. 그들은 아기들의 죽음을 숙명적, 즉 죽을 운명으로 받아들였다. 아무도 질문하지 않았다. 예수전도단의 간호사가 도착했을 때 그녀는 그 아기들의 죽음이 산파가 탯줄을 끊을 때 사용한 녹슨 칼 때문이라는 것을 발견했다. 그녀는 그들에게 칼을 소독하라고 가르쳤고 많은 생명을 구할 수 있었다.

하나님께 감사하라. 우리의 행위에 따라 마땅히 받아야하는 고통을 우리는 받지 않는다. 비록 받을 것이라고 생각하지만 말이다. 그리스도께서 십자가에 달려 돌아가셨을 때 우리의 죄값을 치르셨다. 기억하라. 그분은 의로운 자와 불의한 자에게 똑같이 비를 내린다고 말씀하셨다.

당신이 희생자가 될 필요는 없다

내가 다시 "나는 불쌍해"라는 구덩이로 떨어지는 것이 얼마나 쉬운지 모른다. 원인은 어떤 것이든지 다 해당된다.

가령 길에서 할의 차와 똑같은 차가 내 옆을 지나갈 때, 우리가 좋아했던 노래가 들리거나, 엘리베이터를 탔는데 그의 오드콜로뉴 냄새가 났을 때 말이다.

내가 "희생자 클럽"에서 회원 자격을 갱신하고 싶은 유혹을 느낄 때마다 로라 슐레진저Laura Schlesinger 박사의 충고를 기억했다. "고통은 극복해야 하지 매리네이드(식초, 포도주, 향신료를 넣은 액체로 여기에 고기나 생선을 담금)로 사용하지 말아야 한다."

당신 또한 더 높은 땅에 도달하기를 원할 것이다. 다시 말해서 당신이 있는 곳에 계속 '박혀' 있기로 선택하지 않을 것이다. 아마도 당신은 희생자가 되고 싶지 않을 것이고 오직 고치에서 나오려고 애쓰는 나비처럼 되고 싶을 것이다.

고통은 극복해야 하지 매리네이드로 사용하지 말아야 한다.

나비의 날개를 강하게 만들고 날 수 있게 해주는 것이 바로 고치에서 나오려는 몸부림이라는 것을 기억하라.

나와 당신은 "나는 희생자야. 그러므로 내가 할 수 있는 일은 아무것도 없어"라고 말하는 순교자 식의 태도를 버려야 한다. 하나님이 도와주신다면 우리가 극복하기 위해 할 수 있는 일이 많다! 오래된 퀘이커교도들의 찬송가 가사처럼 말이다.

하나님은 주시기도 하시고 취하시기도 하시지만
그분의 자녀들을 결코 버리지 않으신다
그분의 사랑스러운 목적은
오직 자녀들을 순전하고 거룩하게 보전하는 것이다.

질문하기 … 그리고 실행하기

☐ **1단계 : 질문하기**

하나님께서 이 끔찍한 잔을 옮겨달라는 독생자의 간청에 안 된다고 대답하셨을 때 아들이 두려워한다는 것을 신경 쓰지 않았기 때문이었을까? 하나님께서 예수님에게 "안 돼"라고 말씀하셨다는 것을 알고나서 간청하는 당신의 탄원에 하나님께서 부정적으로 응답하시는 것에 대한 당신의 관점이 어떻게 변화되었는가?

☐ **2단계 : 실행하기**

희망을 가지고 슬퍼하는 것이 가능할까? 당신이 나에게 묻는다면 그것은 모순 중에서도 가장 큰 모순이라고 대답할 것이다. 하지만 나는 나에게 도움이 되는 시청각 자료를 발견했다. 내가 깨진 삶의 조각들을 다시 조립하려고 노력하는 때 내가 해야 할 일들이 있다는 것을 알았지만 내 삶에 일어나야 했던 대부분의 일들은 "오직 하나님만이 그것을 할 수 있다"라는 범주 속에 들어 있었다. 그래서 나는 신발 상자 하나를 준비해서 뚜껑에 세로로 구멍을 낸 다음 아래와 같이 굵은 글씨로 썼다.

예수님이 하셔야 할 일
(S. F. J. T. D. - Something For Jesus To Do)

나는 나 혼자 힘으로 처리할 수 없는 것들과 기도 제목을 작성해서 상자 속에 넣었다. 그런 다음 뒤로 물러나서 예수님으로 하여금 그것들을 해결하시게 했다. 이렇게 한 후에 모든 걱정과 근심을 하나님께 맡겼다는 것을 상기시키기 위해서 상자 옆면에 이렇게 썼다.

이 상자 속에 있는 요청들은 내 시간이 아니라 하나님의 시간에 청원될 것이다.
인내하라. 일단 걱정거리를 쓰고 상자에 넣으면 그것에 신경 쓰지 않을 것이다.
해결책을 찾으려고 노력하지 않을 것이다.
나는 주님의 때에 해결책을 알려달라고 그 문제를 주님께 맡길 것이다.

이것은 약간 유치할지도 모른다. 하지만 이 방법은 나에게 확실히 도움이 됐고 아마 당신에게도 도움이 될 것이다. 당신의 걱정을 하나님에게 맡기면 힘든 시기를 보다 쉽게 헤쳐나가는데 도움이 될 것이다. 그리고 어느 순간 그 신발 상자는 주님이 처리해 주셨으면 바라는 요청으로 가득 찰 것이다. 과거시제로 쓰라. 왜냐하면 당신은 그분이 그것들을 이미 처리해 주셨음을 알게 될 것이기 때문이다. 그분이 나를 위해서 해주셨던 것처럼 말이다.

성경공부

신명기 30:19~20, 시편 73:2~3, 누가복음 9:23, 요한복음 1:29, 14:18, 16:33, 20:25, 29, 로마서 12:15, 15:13, 갈라디아서 6:2, 데살로니가전서 4:13

12
비가 오기만 하면 억수같이 퍼붓는다

물은 생명 유지에 필요한 것이다. 하지만 물에 빠져 죽기도 한다.
어떤 유전적 특질 때문에 우리는 말라리아에 저항력이 있다.
하지만 똑같은 유전자 때문에 우리는 다른 질병에 걸리기 쉽다.
인간의 고통의 위험성은 세상에 살면서 피할 수 없는 것이다.
(존 샌더스John Sanders)

홍수.

나는 그것을 매우 잘 안다. 아마 나처럼 당신도 오래된 격언이 사실임을 알 것이다. "비가 오기만 하면 억수같이 퍼붓는다."

다시 말해서 그동안 홍수 피해를 너무 많이 당해서 지금은 고통으로 산산조각 난 마음을 복구하는 중이라는 뜻이다.

당신은 좋은 시절이 다 지나간 것은 아닌가 궁금할 것이다. 싸움이 없고 평화와 평안이 가득한 시절말이다. 다시 말하지만 삶이 결코 끝나지 않는 '유유히 흘러가는 시냇물' 같은 과정이라면 장담하건데 우리는 매우 빨리 삶에 싫증이 날 것이다. 예를 들면, 내가 사는 캘리포니아의 날씨는 일 년 내내 화창하다.

종종 나는 계절이 변했으면 하고 갈망한다. 아름다운 가을 빛깔을 보면 멋지지 않겠는가? 그리고 화이트 크리스마스를 지내면 얼마나 멋지고 로맨틱하겠는가?

하지만 이것을 아는가? 화이트 크리스마스로부터 탈출해야 하는 사람들은 그것을 로맨틱하다고 생각하지 않는다는 것을……. 인간의 본성은 어디에 살든지 거의 비슷한 것 같다. 우리는 어떤 이유 때문에 결코 우리가 가진 것에 만족하지 못하고 울타리 다른쪽에 있는 풀이 더 푸르다고 생각한다.

그것은 영적으로도 해당되는 말이다. 우리는 대단한 경험을 하길 원한다. 축하할 승리를 원한다. 골짜기도, 사막도, 척박한 곳도, 추운 곳도 사양한다. 오직 보풀같이 포근함만을 원한다.

하지만 우리가 예수님을 믿기로 결정했을 때 하나님은 우리가 꿈꾸는 계획을 이루어주시거나 우리의 여생동안 우리를 안전하고 포근하게 살 수 있게 해주신다고 약속하지 않으셨다. 누구든지 이것을 가르치거나 믿는 사람은 믿음을 파괴시킬 무대 장치를 준비한 것이다.

그리스도인들은 왜 고통받는가?

내 인생의 소동이 가라앉은 후에 나는 하나님의 헌신적인 사람들이 어느 순간 고통받고 있는 자기 자신을 발견할 수 있다는 것에 대해서 오랫동안 열심히 생각했다. 다음과 같은 것을 비롯해서 많은 이유가 있다.

- 실수를 하거나 잘못된 선택 때문에
- 흡연, 과음, 약물 복용, 충분한 휴식을 취하지 않거나 운동을 하지 않음으로써 몸을 학대하기 때문에
- 하나님과 우리의 관계를 끊어버리거나 손상시키기 때문에
- 하나님이 진실로 어떤 분인지에 대해서 더 많이 배워야 할 필요가 있기 때문에
- 하나님의 나라를 위해서, 그리스도를 닮은 사람이 되기 위해서, 열매를 맺기 위해서 불필요한 가지를 잘라내고 있는 중이기 때문에
- 긍휼과 경건한 인격을 배우고 예수님을 닮아야 하기 때문에
- "믿음으로 행하고 보는 것으로 하지 아니하는 것"(고린도후서 5:7)이 무엇인지 배워야 하기 때문에

하지만 당신이 내가 아는 대부분의 사람들과 같다면 아마도 당신은 "이 모든 것이 다 좋지만 나에게 일어난 일에 대한 이유는 되지 않아. 그것은 분명히 불공평해!"라고 생각할지도 모른다. 나는 그것을 설명할 수 있다.

하지만 성경에는 우리가 그리스도 예수의 군사로 나와 함께 고난을 받아야 한다고 나와 있다. 우리를 향한 하나님의 뜻은 항상 쉬운 길, 편한 방법만 있는 것은 아니다.

사탄은 하나님을 위해서 일하지 않는다. 그는 그 자신을 위해서 일한다.

고난에 저항하는 것은 인간의 본성일 것이다. 우리는 우리의 안전지대를 침해하는 악마를 징계할 때 미봉책과 안이한 해결책을 찾는다. 하지만 그렇게 하는 것은 세상의 방식을 따라하는 것이다. 세상은 괴로워하는 사람들에게 고통과 슬픔을 감추는 방법으로 "술을 좀 마시거나" "코카인을 좀 코토 들이마셔보거나" "신경안정제"를 처방받아서 복용하라고 충고한다. 하지만 안이한 해결책을 선택하는 것은 고통에 대한 해결책이 아니다. 그것은 더욱 큰 고통을 낳을 뿐이다.

원치 않는 임신을 했는가? 낙태만이 해결책은 아니다. 그것은 당신의 삶에 문제를 더욱 가중시키는 결과를 초래할 것이다.

힘든 결혼생활이라는 덫에 빠져있는가? 오직 이혼만이 해결책처럼 보일지도 모른다. 하지만 이혼으로 인한 많은 복잡한 일들이 발생할 것이다.

이 세상이 주는 해결책은 처음에는 쉬워 보이지만 끝에는 매우 힘들다. 하나님의 해결책은 처음에 힘들지만 끝에는 평온하다.

나는 고통 속에서 하나님이 그분의 계획을 실행하고 계실지도 모른다는 생각에 스스로 만족해야 했다. 하나님이 우리를 괴롭히기 위해서 사탄을 들어 쓰신다는 생각은 지워버려라. 기억하라, 사탄은 하나님을 위해서 일하지 않는다. 그는 그 자신을 위해서 일한다.

때때로 우리는 사탄이 하나님과 대등한 지위에 있는 존재라고 생각하는 실수를 저지른다. 하지만 사탄은 그렇지 않다. 사탄은 전능하지 않다. 그는 어디에나 존재하지도 않는다.

그는 반신(反神) Anti-god)이 아니다. 하나님이 사탄을 파괴하시기로 작정하시면 한순간에 하나님 발 밑에서 파괴될 수 있는 창조물이다. 나는 사탄에 대해서 쓴 C. S. 루이스의 글을 좋아한다. "현대 문명이 악마의 존재를 믿지 않는 것은 어리석은 일이다. 악마가 현대 문명을 설명하는 유일한 방법인데 말이다."

공상과학 소설 팬으로서 나는 우주에 관한 루이스의 3부작 소설을 좋아한다. 그 소설에서 루이스는 우주 전체를 통틀어서 다른 생물들이 "어두운 행성"the Dark Planet이라고 묘사하는 지구에 대해서 말한다. 나는 루이스가 매우 중요한 것을 알고 있었는지 궁금하다.

태양계에서 내려진 모든 선택 중에서 하나님은 타락한 천사 루시퍼를 지구로 추방하기로 결정하셨다. 예수님은 "사탄이 하늘로서 번개같이 떨어지는 것을 봤다"라고 확언하셨다. 그리고 사탄은 이 새로운 영역을 다스리기 위해서 천사의 1/3을 데리고 갔다.

그것은 인생의 불공평함과 부당함에 대해서 잘 설명한다. 사탄의 권세의 실체와 인간의 타락한 본성을 결부시켜 생각해보라. 그러면 가장 받아서는 안 될 사람들에게 어떤 끔찍한 일이 일어난다는 시나리오가 이미 짜여졌다. "참 아름다워라"This Is My Father's World처럼 곡조가 아름다운 찬송가에서 보풀같은 포근한 느낌을 얻는다. 하지만 그것이 전부는 아니다. 이 세상이 하나님의 훌륭한 창조물이라는 것은 사실이다. 하지만 이 '어두운 행성'에서 일어나는 모든 일들이 모두 하나님의 뜻은 아니다. 사실, 예수님은 하나님의 뜻이 하늘에서 이룬 것 같이 땅에서도 이루어지게 해달라고 기도해야 한다고 우리에게 말씀하신다.

몇 번이고 성경에서는 이 세상이 하나님께서 목적하신대로 창조하신 우리 아버지의 세상이 아니라고 강조한다. 하나님이 목적하신 세상은 죄가 들어와서 모든 것을 엉망진창으로 만들기 전의 세상이다. 그 세상은 아름다운 렘브란트 그림에서 볼 수 있는 격렬하고 화려한 화풍과 같은 세상이었다.

- 요한복음 17장 15절에서 예수님은 제자들에게 "내가 비옵는 것은 그들을 세상에서 데려가시기를 위함이 아니요 다만 악에 빠지지 않게 보전하시기를 위함이니이다"라고 말씀하신다.
- 요한복음 14장 30절에서 예수님께서 배반당하고 십자가에 못 박힐 날이 가까이 왔을 때 "이후에는 내가 너희와 말을 많이 하지 아니하리니 이 세상의 임금이 오겠음이라"고 말씀하셨다.
- 요한일서 5장 19절에서 사도 요한은 "또 아는 것은 우리는 하나님께 속하고 온 세상은 악한 자 안에 처한 것이며"라고 말하면서 이런 생각을 그대로 나타냈다.
- 고린도후서 4장 4절에서 사도 바울은 다음과 같이 썼다. "그 중에 이 세상의 신이 믿지 아니하는 자들의 마음을 혼미하게 하여 그리스도의 영광의 복음의 광채가 비치지 못하게 함이니 그리스도는 하나님의 형상이니라." 킹제임스 성경에서는 '세상' age 대신 '세상' world이라고 나와 있다.

이 말씀들과 다른 많은 말씀에서 우리가 사는 행성에 미치는 사탄의 영향에 대해서 나온다. 하지만 우리는 독립의 날이 올 것임을 확신하기 때문에 안심할 수 있다.

고난과 악은 동의어가 아니다

인생의 모든 불공평함, 다시 말해서 상상할 수 있는 모든 부당함이 하나님의 아들에게 떨어지기 시작했을 때, 그분은 결코 "불공평해요!"라고 외치지 않으셨다.

그분은 아버지의 방식대로 다가오는 모든 상황에 아버지를 계산에 넣으시는 버릇이 있었다. 맞다, 그분은 "만일 할만하시거든 이 잔을 내게서 지나가게 하옵소서"라고 소리지를 만큼 인간적인 성향을 지니셨다. 하지만 "나의 원대로 마옵시고 아버지의 원대로 하옵소서"라고 덧붙이셨다(마태복음 26:39).

고난과 악이 같다고 생각한다면 우리는 잘못 알고 있는 것이다. 그 두 가지는 똑같지 않다. 똑같다면 팔복의 가르침은 아무 의미가 없다. 애통하는 것이 사악한 것이라면 예수님이 어떻게 애통하는 자는 "복이 있다"라고 말씀하실 수 있겠는가? 핍박은 하나님의 백성들이 결코 겪어서는 안 될 것이라면 어떻게 그분이 핍박받는 자들에게 축복이라고 분명히 말할 수 있겠는가? 알다시피, 하나님은 상황을 처음부터 끝까지 다 아시기 때문에 그것을 다른 관점에서 보고 계셨다. 하나님은 고난은 시간이 지나면 그것의 완벽한 열매를 맺는다는 것과 하나님을 위해서 인내를 가지고 견디는 사람들은 어느 날 말로 다 할 수 없는 기쁨으로 보상받을 것이라는 것을 아셨다.

싱어 송 라이터인 제이미 오웬스 콜린스Jamie Qwens Collins는 그녀의 노래 "영혼의 계절"Seasons of the Soul에서 그것을 다음과 같이 표현했다.

> 장마철은 결국 끝날 것이다
> 고통의 계절은 확실히 지나갈 것이다
> 사랑이 그 목적을 드러낼 때
> 이유는 언젠가 분명해질 것이다
> 그날이 영혼의 계절이다

우리가 좋아하는 모든 것을 가졌고 일찍이 아무도 어떤 문제도 없었던 영원한 봄 같은 행성에서 우리를 살게 하신다면 하나님은 우리를 로봇처럼 통제하셔야 할 것이다. 오직 그때만이 어떤 질병도, 이혼도, 술 취한 운전자도, 성폭행도, 범죄도, 가난도 없을 것이다.

우리가 이런 유토피아를 원한다면 하나님은 자유의지를 회수해야 할 것이다.

법원은 공평하게 판결할 것이고 인간관계는 단순하고 정직해질 것이며 삶은 순조롭게 진행될 것이다.

유일한 문제는 아무도 하나님을 마음대로 사랑하지 않을 것이라는 것이다. 우리는 모두 "스텝포드 와이프"The Stepford Wives나 "로보캅" Robocops처럼 프로그램화 될 것이다. 우리는 자동적으로 순종할 것이고 그것은 창조주에게 매우 만족스러운 것이 아닐 것이다.

타락한 사람

고통과 고난이 우리 인간이 겪는 경험의 일부가 된다는 사실을 받아들였다면 나는 덜 상처를 입었을 것이다. 하지만 무엇인가가 잘못될 때 즉시 하늘을 향해 눈을 굴리면서 "이봐요, 하나님 정말 고마워요. 제가 원했던 것이 바로 이거예요!"라고 비꼬듯이 말하는 것이 나의 본성이다. 하지만 어떻게 그리고 언제 하나님이 이 행성에서 잘못된 모든 일의 속죄양이 되셨을까?

나는 몇 번의 지진을 겪어본 적이 있기 때문에 이런 개념을 잘 이해한다. 우리 집 베란다와 토대에 갈라진 금이 몇 개 있다. 내가 수리비 견적서 때문에 주택보험에 전화했을 때 그들은 "죄송합니다. 우리는 '천재지변' acts of God에는 책임을 지지 않습니다"라고 말했다.

나는 엘리야를 생각했다. 그에게는 여전히 하나님의 작은 음성이 들렸지만 자연재해 속에서는 그 어디에서도 그분을 발견할 수 없었다.

> 여호와의 앞에 크고 강한 바람이 산을 가르고 바위를 부수나 바람 가운데에 여호와께서 계시지 아니하며 바람 후에 지진이 있으나 지진 가운데도 여호와께서 계시지 아니하며(열왕기상 19:11~12).

그러므로 엘리야의 말은 사실이 아니다. 하나님은 캘리포니아에 사는 이상한 사람들에게 화가 나서 천국에 앉아서 '리히터 6.5의 지진을 그들에게 보내야겠다. 얼마나 좋아하는지 보자"라고 말씀하시지 않는다.

자연재해는 아버지 하나님의 행위가 아니다. 자연의 행위이다.

성경에는 우리에게 하나님은 지진이나 허리케인을 이 세상에 보내시는 분이 아니라고 되어 있다. 그분은 우리가 큰 슬픔을 당했을 때 우리와 함께 울어주시는 분이다.

누가복음 13장을 보면 예수님은 망대가 무너져 치어 죽은 열여덟 사람에 대해서 말씀하신다. 그분은 말씀하신다. "열여덟 사람이 예루살렘에 거한 다른 모든 사람보다 죄가 더 있는 줄 아느냐 너희에게 이르노니 아니라"(4~5절).

그분은 이렇게 말씀하셨다. "백성들아, 정신 차려라. 이런 일들은 일어나기 마련이고 그것은 하나님의 잘못이 아니다. 때때로 가장 착한 사람들이 끔찍한 일의 한가운데에 처할 때가 있다. 때때로 가장 나쁜 사람들이 무사히 탈출하는 때가 있다."

나와 당신은 천국의 체스게임의 졸이 아니다. 12장 첫부분을 인용한 존 샌더스는 다음과 같이 쓴다.

하나님이 공기의 흐름과 수증기가 필요한 비를 내리도록 세상을 창조하셨는데 이런 요소들이 때때로 허리케인을 형성하는 것을 하나님께서 막을 수 없다고 믿는다면 이것은 하나님은 사람들이 그것으로부터 고통스러워하다가 그분의 사랑에서 떠날 수도 있다는 위험을 무릅쓰신 것임을 뜻한다.

예정은 어떠한가?

나는 십대 때 강간을 당한 결과로 임신을 해서 아름다운 딸을 낳았다고 말했다(이 이야기는 「미싱 피스」에 나와 있다).

얼마 전에 나는 세상적인 라디오 프로그램에서 인터뷰를 했다. 내 딸이(강간의 아름다운 결과인) 옆에 앉아 있었다.

이야기를 마쳤을 때 진행자가 말했다. "오, 너무 감동적인 간증이에요. 그렇다면 하나님께서 당신이 딸을 낳도록 당신을 강간하기 위해서 남자를 보내셨다는 말씀인가요?"

나는 힘들게 말했다. "아니에요! 왜냐하면 저는 하나님이 악한 일을 일으키신다고 믿지 않기 때문이에요. 오직 그분은 악을 선으로 바꾸실 수 있는 유일한 분이심을 믿어요."

"좋은 대답이네요." 진행자가 빈정대듯이 말했다. 그는 수세기 동안 그리스도인들을 괴롭혀온 흥미로운 질문을 하고 있었다. 인과관계는 매우 까다로운 사항이다. 누가 무엇을 일으켰는가? 하나님이 얼마만큼 일어날 일을 예정하시고 그분이 얼마만큼 허락하시는가? 하는 것 말이다. 예수님이 십자가에 못 박히신 사건은 실제로 그것이 일어나기 수천 년 전에 하나님에 의해 계획된 것이라는 사실을 인정하지 않는 사람은 없다.

가룟 유다가 그리스도를 관헌들에게 넘겨줌으로써 그 계획에서 중요한 역할을 할 것이라는 것도 예정되어 있었다. 베드로는 오순절날에 설교하면서 그것을 다음과 같이 설명했다. "그가 하나님께서 정하신 뜻과 미리 아신 대로 내준 바 되었거늘 너희가 법 없는 자들의 손을 빌려 못 박아 죽였으나"(사도행전 2:23).

그렇다면 유다는 하나님의 계획의 무력한 졸이었나? 아니다. 그는 '사악한 사람'이었고 하나님은 인류를 구원하시는데 도움이 되기 위해서 유다의 사악함을 사용하셨다.

하나님은 그분이 간절히 바라시거나 소망하실 것 같지 않은 모든 종류의 일이 일어나도록 허락하시는 것처럼 보인다. 그리고 그런 상황이 그분에게 넘어가면 좋은 상황으로 바꿀 수 있다. 하지만 하나님은 또 다른 지진이 캘리포니아를 강타했을 때 찬성하시면서 고개를 끄덕이지 않으신다. 그분은 마약 밀매업자들이 중학교 주변을 어슬렁거리는 것을 보고 웃지 않으신다. 그분은 아돌프 히틀러의 반유대적인anti-Semitic 분노를 부추기지 않으셨다.

성경에서는 말한다. "제비는 사람이 뽑으나 모든 일을 작정하기는 여호와께 있느니라"(잠언 16:33). 하지만 이 말씀은 하나님이 경마 경기나 파워볼Power Ball 로또 복권 당첨에서 우승자를 고르시는 분이라는 것을 의미하지는 않는다.

또한 잠언 21장 1절에는 "왕의 마음이 여호와의 손에 있음이 마치 봇물과 같아서 그가 임의로 인도하시느니라"라고 되어 있다. 하지만 이 말씀도 한 나라의 지도자가 내리는 모든 결정은 하나님의 지시라는 것을 의미하지는 않는다. 만일 그렇다면 이 세상에서 자신이 통치하는 백성들의 유익보다 자기 자신의 탐욕에 근거해서 결정을 내리는 잔인한 독재자는 한 명도 없을 것이다. 불행하게도 세상이 그런 무자비한 독재자로 가득 차 있다는 것을 우리는 알고 있다.

비난할 사람을 필사적으로 찾는 것은 당연한 것 같다. 심지어 제자들도 이런 개념을 이해하지 못했다. 맹인이 예수님께 다가왔을 때, 제자들은 예수님께 물었다. "랍비여 이 사람이 맹인으로 난 것이 누구의 죄로 인함이니이까 자기니이까 그 부모니이까"(요한복음 9:2). 예수님의 심장이 분명히 내려앉았을 것이다. 그들은 아직도 이것을 이해하지 못했다. 그분은 대답하셨다. "이 사람이나 그 부모의 죄로 인한 것이 아니라 그에게서 하나님이 하시는 일을 나타내고자 하심이라"(3절).

그리고 예수님은 그의 보지 못함을 고쳐주셨다. 우리와 매우 비슷한 그 눈 먼 사람은 그런 처지가 될 만한 일을 아무것도 하지 않았다. 어느 누구의 잘못도 아니었다. 어쨌든 우리는 마땅히 우리가 받아야할 것을 받지 않았다(하나님께 감사하라).

지혜로운 시편 기자는 다음과 같은 말씀을 상기시킨다 "우리의 죄를 따라 우리를 처벌하시는 아니하시며 우리의 죄악을 따라 우리에게 그대로 갚지는 아니하셨으니"(시편 103:10). 하나님은 당신을 이런 고통 속으로 밀어 넣고 계신가? 아니다! 뭔가 나쁜 일이 당신에게 일어났다는 사실은 당신이 당신의 죄값을 치르고 있다는 것을 의미하지 않는다. 하지만 하나님은 엄청난 능력을 나타내시기 위해서 눈 먼 사람의 장애를 사용하시기도 한다. 바로 지금 당신이 예수님에게 나오기를 기다리고 계실지도 모른다. 어떤 판단도 어떤 질문도 하지 않으신다. 그분은 우리가 너무 오랫동안 슬퍼하지 않기를 바라시고 오직 그 슬픔을 그분의 손에 내어놓기를 바라신다. 응답받지 못한 당신의 기도를 하나님께 넘기라. 하나님께서 당신의 궁극적인 유익을 위해서 모든 일을 하시길 원하실 때 상처 입은 상태로 있지 말라.

어떤 사람들을 괴롭히는 또 다른 말씀은 예레미야애가 3장 37절 말씀이다. "주의 명령이 아니면 누가 능히 말하여 이루게 하랴."

이것은 모든 화가 난 어머니들이 아들에게 "넌 외출금지야"라고 말할 때 주님이 이렇게 하라고 명령하신 것이 아니라는 뜻이다. 또한 그것은 데이트를 요청하는 어떤 긴장한 싱글이(또는 데이트를 받아들이거나 거절하는 긴장한 사람이) 주님이 그렇게 하라고 명령하신 일을 실행하고 있다는 것을 의미하지도 않는다. 전능자는 그런 것들을 예정하지 않는다. 이 땅에 하나님의 로봇 군대는 없다. 하지만 성경이 옳다면 그분의 지식이나 하나님께서 허락하신 뜻permissive will을 벗어난 일은 이 행성에서 그 어떤 것도 일어나지 않는다는 결론도 내릴 수 있다.

하나님은 보통 사람을 쓰신다

내가 여전히 남편을 잃은 상실감으로 슬퍼하며 나 또한 암에 걸렸다는 충격으로 휘청거리면서 가장 암울한 날들을 보내고 있었을 때 광명의 천사가 방문하는 경험을 하지 못했다.

성경말씀에서 은혜를 받으려고 노력했지만 그 시간은 일간 신문에 나오는 주식시세표처럼 메마른 날이었다. 하지만 그때마다 전화벨이 울리거나 친구가 찾아오곤 했다. 그들은 예수님의 손과 발이었다. 그들은 그분의 사랑과 위로를 나에게 가져다주었고 그것에 의해서 "병들었을 때에 돌아보았고 옥에 갇혔을 때에 와서 보았느니라"와 "너희가 여기 내 형제 중에 지극히 작은 자 하나에게 한 것이 곧 내게 한 것이니라"(마태복음 25:36, 40)라고 말씀하신 그리스도의 말씀을 실천했다.

이런 보통 사람들이 하나님의 사랑의 특별한 본보기가 되었고 "친구는 사랑이 끊이지 아니하고"라는 성경말씀의 증거가 되었다.

광야에서의 유혹

내가 황량한 곳에 있었을 때, 다시 말해서 완전히 버림받은 느낌이 들었을 때 나는 얼마나 많은 친구들이 정말로 나를 염려하는지 발견했다.

어떤 친구들이 사라졌을 때 오직 하나님만으로도 충분하다는 것을 깨달았다. 항상 얻는 것이 있었고 배울 것이 있었다. 그리고 사막에서 가장 메마른 곳은 하나님께서 그분의 능력과 당신의 인생에 대한 예비하심을 당신에게 보여주기 위해서 계획하신 곳일지도 모른다. 하나님의 생명수를 찾기 위해서 더 깊이 파야 할 때가 가장 고통스러울 때이다. 다시 말해서 믿음을 버리고 싶은 유혹이 드는 때이다.

예수님은 40일 주야를 광야에서 시험받으셨다. 그 시간 동안에 사탄은 예수님에게 천하만국을 보이며 말했다. "이 모든 권위와 그 영광을 내가 네게 주리라 이것은 내게 넘겨 준 것이므로 나의 원하는 자에게 주노라 그러므로 네가 만일 내게 절하면 다 네 것이 되리라"(누가복음 4:6~7). 나는 예수님이 이 세상의 왕국들이 자기 소유라는 사탄의 주장에 반박하지 않으신 것이 흥미로웠다.)

예수님이 앞으로 당할 고통에 대해서 조금이라도 아셨다면 – 그런데 그분은 분명히 아셨다 – 그분은 왜 사탄의 제안을 거절하셨을까? 다시 말하지만 예수님은 안이한 해결책을 거절하셨다. 그분은 아버지의 구원의 계획을 성취하는데 전념했다. 비록 그로인해 그분 자신이 굴욕과 고통당할 것임을 알고 계셨지만 말이다.

욥과 함께 하룻밤 보내기

내가 광야에 있었을 때 욥과 함께 여러 날 밤을 지새웠다. 성경학자들은 욥기가 성경에서 가장 오래된 책이고 이해하기 가장 힘든 책 가운데 하나라고 말한다. 내가 욥에 대해서 생각하고 있었을 때 친구 하나가 "슬픔에 찬 조언자가 너에게 도움이 될까?"라고 물었다. 나는 말했다. "나는 조언자가 필요 없어. 나는 모든 것을 정리할 수 있는 신학자가 필요해!"

비록 하나님이 욥의 시련을 허락하셨지만
그분은 실제로 그 시련을 조장하지는 않으셨다

처음 욥기를 읽기 시작했을 때 정말로 괴로웠다. 내 말은 여기에 의로운 사람, 다시 말해서 "온전하고 정직하여 하나님을 경외하며 악에서 떠난 자"(욥기 1:8)가 있었다. 그럼에도 불구하고 그는 이 땅에서 완전히 지옥과 같은 경험을 했다. 첫눈에 욥은 하나님과 사탄 사이에 벌어지는 체스게임의 졸과 같은 신세였다. 하지만 욥기에서 제기된 문제는 고통과 관계가 있는 만큼 자유 의지와도 관계가 있다. 욥이 하나님을 의지하기로 결정할 것인가 그분을 저버리기로 결정할 것인가? 라는 자유의지 말이다.

욥기 초반부에서 하나님은 사탄에게 요즘 무엇을 하고 지냈냐고 물으셨고 사탄은 "땅을 두루 돌아 여기저기 다녀왔나이다"라고 대답했다(욥기 1:7). 여기에서 사탄이 약간의 자신의 영역에 대해서 자랑하는 마음이 느껴진다. 그렇지 않은가? 또한 "너희 대적 마귀가 우는 사자 같이 두루 다니며 삼킬 자를 찾나니"(베드로전서 5:8)라는 성경의 경고의 말씀도 떠오른다.

하나님이 사탄의 주의를 욥에게 환기시켰을 때 사탄은 그 사람의 성실함을 간단히 무시했다. 사탄은 본질적으로 이렇게 말한다. "욥이 그렇게 착한 것도 당연하죠. 주께서 욥에게 주신 그 모든 것들을 보세요." 사탄은 말한다. "주께서 그와 그 집과 그 모든 소유물을 울타리로 두르심 때문이 아니니이까"(욥기 1:10).

그리고 그것은 사실이었다. 하나님은 그분의 백성들에게 하시는 것처럼 욥 주위에 보호 울타리를 치셨다. 우리는 그분이 울타리를 견고하게 유지해주실 것임을 믿어야 한다. 내 삶에 대한 하나님의 계획 속에서 그 울타리는 도전적인 문제들이 나를 공격할 수 있을 만큼 낮았지만 죽음의 천사가 내 목숨을 빼앗아 갈 만큼 낮지는 않았다(그 죽음의 천사가 텔레비전 드라마 "천사의 손길"Touched By An Angel에 나오는 잘생긴 죽음의 천사처럼 생겼다면 나는 아마 유혹 받았을지도 모른다).

아무튼 하나님은 욥의 성실함이 그의 부요함과는 아무 상관이 없다는 것을 잘 알고 계셨기 때문에 사탄이 욥에게 즈먹을 한두 방 날릴 수 있도록 욥 주위의 '울타리'를 더 낮게 내릴 것을 허락하신다.

자, 그 다음 몇 주에 걸쳐서 욥의 삶은 혼란 그 자체로 변했다. 당신은 가난뱅이에서 부자가 된 이야기를 들어봤을 것이다. 욥은 부자에서 가난뱅이가 되었다.

하지만 욥에게 이 모든 시련을 누가 주었는가? 시련이 욥의 인생에 대한 하나님의 계획에 포함된 것이라고 입증됐다는 사실을 피할 수는 없다. 그리고 우리가 이미 언급한 성경말씀에서 나타난 것 이외에 하나님은 어떤 설명도 하지 않으신다.

사탄은 그의 요구조건을 작성했지만 하나님은 사탄이 욥을 공격할 수 있기 전에 권한을 주셔야 했다. 심지어 욥조차도 이것이 사실이라는 것을 인식했고 아마도 그것이 욥이 온전한 정신으로 이 모든 상황을 극복하는게 도움이 됐을지도 모른다. 결국 욥은 하나님의 말씀과 그의 증거의 힘으로 사탄을 이겼다. 비록 하나님이 욥의 시련을 허락하셨지만 그분은 실제로 그 시련을 조장하지 않았다는 것을 명심해야 한다.

알다시피 욥기는 하나님이 찬성하지 않는 많은 것들을 허락하실 수도 있다는 것을 우리에게 보여준다. 욥은 "이 모든 일에 욥이 범죄하지 아니하고 하나님을 향하여 원망하지 아니하니라"(욥기 1:22)에 기록된 대로 분명히 이것을 깨달았다. 하나님은 제2차 세계대전 중에 죽음의 수용소로 향하는 기차에 수백만 명의 죄 없는 유대민족을 태우지 않으셨다.

또한 그분은 홀로 우리 개개인에게 불리한 작전을 계획하지 않으신다. 그분은 암을 허용하시고 사람들이 병원에서 부당하게 대우받는 것을 참고 보신다. 하지만 잘못된 일을 하는 것은 사람들이지 하나님이 아니다.

어떤 사람은 묻는다. "하지만 하나님께서 간섭하실 힘이 있다면 왜 간섭하지 않으시나요?" 아마도 그분은 죄가 진실로 어떤 것인지 드러날 수 있도록 죄를 그냥 놔두시는 것 같다. 사람들이 그리스도를 통해서 하나님과 관계 맺지 않을 때 그들은 자신에게나 그들이 만나는 모든 사람에게 악한 위협이 될 수 있다. 결국 파괴의 무기를 대량생산한 것은, 공기와 물을 오염시킨 것은, 그리고 법 체계에서 탐욕, 고통, 부정을 영속시키는 것은 하나님이 아니라 사람들이다.

C. S. 루이스는 그의 고전 「고통의 문제」The Problem of Pain에서 다음과 같이 쓴다.

> "영혼들이 악해지면 그들은 분명히 서로에게 상처 입힐 가능성을 사용할 것이다. 그리고 아마도 이것은 인류의 4/5가 고통받는 이유일 것이다."

하나님은 고통을 야기시키지 않으신다. 스스로를 적절하게 돌보지 않고 고통을 알코올이나 마약에 감추는 절망적인 곤궁에 처한 사람들을 볼 때 더 이상 고통받지 않기 위해서 마음을 무감각하게 함으로써 고통을 야기시키는 사람들은 바로 우리다.

내 친구가 처음에 로스앤젤레스의 집 없는 사람들을 봤을 때 "주여, 이들에 대해서 무엇인가를 하시는 게 어떠세요?"라는 기도를 했다고 한다.

그녀는 마음속으로 그분의 대답을 들었다. "나는 무엇인가를 했다. 그리고 너에게 그것을 보여줬다."

하나님은 어디에 간섭하시는가?

근친상간의 희생자였던 내 친구는 나에게 이렇게 물었다. "내 하나님은 어디 계시지? 그것에 대답할 수 있어?"

내 마음이 그녀에 대한 측은함으로 가득 찼기 때문에 나는 서둘러 말했다. "하나님은 사람들이 독생자를 십자가에 못 박을 때 바로 그곳에 계셨다고 생각해."

우리에게 나쁜 일이 일어날 때 하나님은 무엇을 하고 계실까? 그분이 우리와 함께 울고 계신다고 믿는다. 동시에 상처를 좋은 것과 통합시킬 계획을 구상하고 계신다고 믿는다. 다시 말해서 항상 우리가 하나님이 목적하신 모든 것이 되도록 그분이 우리 마음속에 심어 놓으신 잠재성을 실현시키는데 도움이 될 어떤 것으로 통합할 계획을 구상하고 계신다고 믿는다.

그분이 그렇게 하기로 결정하신다면 하나님은 이 땅에 오셔서 CNN 방송과 인터뷰를 하시고 그분이 때때로 우리가 고통받는 것에 무관심하신 것 같은 이유에 대해서 설명하실 수 있을 것이다. 하지만 그분은 그렇게 하지 않기로 결정하셨다. 대신 하나님은 자신의 아들을 보내셔서 그분 스스로 고통과 고난을 겪게 하심으로써 우리가 필요로 하는 유일한 대답을 해주셨다. 예수님이 이 행성에서 사신 이후로 우리가 겪은 고통을 이해하지 못하신다는 이유로 하나님을 비난할 수 있는 사람은 아무도 없었다.

나 또한 하나님이 정말로 우리가 알지 못하는 여러 면에서 간섭하신다고 믿는다. 나는 여전히 그분이 매우 은밀하고도 신중하게 다스리신다고 믿는다. 사탄에게 어떤 것이든지 할 수 있는 자유가 있다면 이 땅에서 사는 삶이 어떨지 생각해보라. 이 행성은 살만한 곳이 못될 것이다. 사람들은 인간을 제물로 바치는 난교파티에 들어갈 수 있는 티켓을 살 것이다. 살인, 강간, 그리고 아동학대와 같은 범죄가 일어나도 사회에서 묵인될 것이다. 계속 말해야 하는가? 하나님께 감사하라. 사탄은 이 세상의 행사를 정하지 않는다. 오직 사탄은 창조주에 의해서 제지받는다.

📎 **이와 같은 친구가 있다면 누가 적이 필요하겠는가?**

욥기를 읽었을 때 정말로 나를 흥분시킨 것 가운데 하나는 욥의 친구들의 오만함이다. 당신은 욥의 친구와 같은 사람 때문에 죽을 수도 있다. 그리고 이런 말을 해서 유감이지만 그런 친구들의 자손들은 오늘날 교회에서 잘 지낸다. 그들은 내 삶에 고통을 유발시킨 어떤 일을 분명히 내가 저질렀고 그것이 무엇인지 알 수 있도록 반성해야 한다고 나에게 말했다! 이렇듯, 고통받고 있는 사람들에게 그런 고통을 받을 만한 어떤 일을 분명히 했을 거라고 말하는 바리새인들이 여전히 많다.

아래에 그런 '욥의 위로자들'이 나에게 한 말을 몇 가지만 소개하고자 한다.

- 아마도 하나님이 너에게 무엇인가를 깨닫게 하시는 거야.
- 하나님이 네가 이렇게 강하다고 생각하시니까 너는 특권을 받았다고 생각해야 해.
- 그냥 네가 받은 축복에 집중해. 너는 아직 살아 있잖아.
- 믿음이 성장할 얼마나 멋진 기회야! 하나님은 감당할 시험 밖에는 주시지 않는다고 약속하셨어. 그러니까 이것은 분명히 약속의 테두리 안에 있어.
- 불평하거나 네 자신이 불쌍하다고 느끼지마. 그렇지 않으면 너는 축복을 잃을지도 몰라.

이런 종류의 충고는 내가 V.R.G.라고 부르는 것에 지나지 않는다. V.R.G.는 언어로 표현된 종교적 거짓말verbalized religious garbage의 약자이다. 누군가가 그런 비판적인 태도로 당신에게 맞선다면 나는 당신이 발에 먼지를 떨고 그에게서 떠나기를 권한다. 위대한 야구 투수 가운데 한 명인 데이브 드레베키는 암으로 팔을 잃었는데 우리가 고통 당하고 있을 때 사람들이 무심코 우리에게 줄 수 있는 죄책감에 대해서 다음과 같이 썼다.

거짓 죄책감은 상처받고 있는 사람들이 고통을 견디는데 꼭 필요한 평화, 희망, 그리고 용기를 발견하지 못하게 막는 짐 덩어리다.

마침내 하나님이 욥에게 나타나셨을 때 그분은 여전히 욥이 고난당해야 했던 이유를 설명해주지 않으셨다. 사실, 하나님은 대답하시는 대신 질문만 하셨다. 맥스 루카도Max Lucado 목사는 다음과 같이 말한다.

하나님은 가르치실 목적으로 질문하시지 않는다. 그분은 충격을 주실 목적으로 질문하신다. 그분은 계몽하기 위해서 질문하지 않는다. 깨닫게 하기 위해서 질문하신다. 그분은 마음을 혼란스럽게 할 목적으로 질문하지 않는다. 무릎 꿇게 하기 위해서 질문하신다.

솔직히 나는 욥이 선하고 의로운 사람이었지만 여전히 자신이 겪은 일에 혼란스러워하고 괴로워했다는 사실에 용기가 났다. 욥은 너무나 우울해서 심지어 자신이 태어난 날을 저주했고 태어났을 때 죽었으면 하고 바랄 정도였다. 비록 그랬을지라도 하나님은 결코 욥이 의심하고 두려워하고 낙담했다고 꾸짖지 않으셨다. 욥기는 우리를 깜짝 놀라게 할 전능자에게 할 수 있는 말이 아무것도 없다는 메시지를 강하게 전달하고 있다. 11장에서 말했듯이 하나님에게 솔직하게 말하는 것이 중요하다. 비록 그것이 분노와 실망을 그분에게 표현해야 한다는 것을 의미할지라도 말이다.

경험은 우리를 비통하게도 하고 더욱 좋게도 할 수 있는 힘이 있다.

나와 당신이 분명한 이유도 없이 고통받고 있을 때 매우 좋은 친구 사이라는 것은 나에게 위로가 된다. 욥은 부당하게 고통받은 최초의 선한 사람도 아니고 최후의 선한 사람도 아니다. 욥은 우리가 어떤 힘을 가지고 있는지를 보여주고 있다. 즉, 우리가 겪고 있을지도 모르는 고통에도 불구하고 하나님을 섬기기로 결정하는 힘 말이다. 욥의 이야기는 또한 우리가 시련을 겪는 동안에 기꺼이 우리에게 그분의 강력한 존재를 알리시는 하나님이 있다는 것을 보여준다. 맞다. 우리는 그 모든 것을 – 좋은 것, 나쁜 것, 추한 것, 햇빛과 비를 – 받아들여야 한다. 욥은 "우리가 하나님께 복을 받았은즉 화도 받지 아니하겠느뇨"(욥기 2:10)라고 말하면서 그것을 요약하고 있다.

끝날 때까지 끝난 것이 아니다

당신은 왜 고통받고 있는가? 나는 당신에게 말해줄 수 없다. 하지만 하나님의 때가 되면 모든 것을 말할 수 있다고 보증할 수 있다. 그분은 지금 모든 고통받는 것의 목적을 보여주실지도 모른다. 당신은 기다려야 할지도 모른다. 우리는 '머지않아' 알게 될 것이다 라고 옛날 찬송가에도 나와 있다.

하지만 우리가 진리의 왕과 정면으로 마주 볼 때까지 이야기의 나머지 부분을 알고 계시는 그분을 신뢰해야 한다.

바로 지금 예수님은 당신이 그분에게 오기를 기다리신다. 그분은 당신이 너무 오랫동안 슬퍼하지 않기를 바라시고 오히려 그 슬픔을 그분의 손에 맡기길 원하신다.

그러므로 당신이 그렇게 하지 않았다면 응답받지 못한 모든 문제를 그분에게 지금 넘겨라. 당신이 "하나님을 사랑하는 자 곧 그의 뜻대로 부르심을 입은 자들에게는 모든 것이 합력하여 선을 이루느니라"(로마서 8:28)는 것을 알 수 있을 때 계속 상처받는 상태에 있지 말라. 지금 예수님께 나와서 "모든 지각에 뛰어난 하나님의 평강"(빌립보서 4:7)을 경험하기 시작하라.

질문하기 ... 그리고 실행하기

☐ **1단계 : 질문하기**

씨앗을 심었는데 2주 동안 싹이 나지 않는다면 그 씨는 쉬고 있는 것일까? 하나님께 고통을 해결해달라고 부르짖는데도 고통이 계속된다면 그분이 쉬고 있기 때문인가?

☐ **2단계 : 실행하기**

당신은 고통받고 있거나 탐구하고 있거나 응답을 받지 못하고 있는가? 성경말씀을 공부하면 도움이 될지도 모른다. 시간을 내서 성경책과 좋은 용어 색인집을 들고 조용한 곳으로 가서 '고통' suffering이라는 단어에 대한 말씀을 모두 찾아보라. 배운 것의 목록을 작성해도 좋다. 참고할 성경말씀을 모두 읽은 후에 성경공부를 통해서 주님께서 배우기를 원하시는 것은 무엇이든지 들을 수 있는 귀를 열어달라고 기도하라. 읽은 말씀에 대해서 생각하고 메모한 것을 검토하면서 당신에게 와 닿는 개인적인 말씀이 있는지 확인하라.

성경공부

열왕기상 19:11~12, 욥기 1:7~8, 10, 22, 시편 103:10, 잠언 16:33, 21:1, 예레미야애가 3:37, 마태복음 25:36, 40, 26:39, 누가복음 4:6~7, 13:4, 요한복음 9:2~3, 14:30, 17:15, 사도행전 2:23, 로마서 8:28, 고린도후서 4:4, 빌립보서 4:7, 베드로전서 5:8, 요한복음 1 5:19

13
생명나무의 열매

저는 시냇가에 심은 나무가 시절을 좇아 과실을 맺으며
(시편 1:3)

지식.

교육과 계몽, 나는 이것은 인생의 고통에 대해서 나를 괴롭히는 질문에 대답하기 위해서 필요한 모든 것이라고 확신했다. 내가 단지 더 많이 연구하고 감춰진 비밀을 폭로할 수 있다면 나는 더욱 현명해지고 더욱 평화로울 것이다. 하지만 분명히 하나님은 우리가 공부하는 학문에 프리미엄을 붙여주시지 않는다.

전지전능한 하나님은 대학 학위가 없다는 것을 알고 있는가? 다음에 나오는 것이 몇 가지 이유가 될 것이다.

- 그분에게는 유일한 주요한 출판물이 있으시다.

- 이 출판물은 히브리어로 되어 있고 어떤 참고문헌도 없다.
- 어떤 사람들은 심지어 그분이 그 출판물을 썼는지 의심하기도 한다.
- 그분이 세상을 창조했다는 것은 사실일지도 모르지만 그때 이후로 그분은 무엇을 하셨을까?
- 그분은 수업을 하러 거의 오지 않으신다. 단지 학생들에게 "성경을 읽으라"고 말씀하셨다.
- 그분이 수업하는 모습은 좀처럼 볼 수 없고 수업을 하면 보통 산꼭대기에서 하셨다.
- 그분은 아들을 보내셔서 수업하게 하셨다.

내가 지식을 탐구했을 때 에덴동산의 나무 두 그루와 우연히 만났다. 선악을 알게 하는 나무와 생명나무였다. 하나님은 아담에게 선악을 알게 하는 나무의 실과를 먹지 말라고 엄하게 명령하셨다. 이 나무의 열매는 아담과 하와가 먹으면 안 되는 유일한 나무였다.

알다시피, 아담과 하와는 죽지 않고 영원히 살도록 창조되었다. 우리의 몸과 영혼은 생명을 위해서 창조되었다(아마도 이것 때문에 우리는 죽음의 영역을 이해하기가 힘들지도 모른다. 우리에게는 죽음을 이해할 수 있는 장치가 장착되어 있지 않다). 하지만 선악을 알게 하는 나무의 신비는 흥미를 끌었다. 지식이라는 개념은 과거에도 현재에도 사람의 마음을 끈다. 우리는 상상할 수 있는 모든 문제에 대한 대답을 원한다. 우리는 죽음과 고통의 신비에 대한 대답을 원한다.

하나님이 우리의 머리보다는 우리의 마음을 만족시켜주는 일에 더 관심이 있다면 어떨까? 아마도 그분은 우리가 공책을 들고 지식의 탐구자로서 오기보다는 양팔 벌린 아이들처럼 그분에게 오는 것을 더 좋아하실 것이다. 잠언 3장 5절에서 "네 명철을 의지하지 말라"고 경고한다. 그럼에도 불구하고 우리는 계속 대답을 아는 것에, 이해하는 것에, 파악하는 것에 의존한다.

헛짚다

나는 계속 탐구여행을 하고 있었다. 내 세상이 무너진 이유를 머리로 납득할 수 있다면 평안해질 것이라는 생각을 집요하게 고수했다. 그래서 나는 나이 지긋하고 현명한 신학교수와 만날 약속을 잡았다. 고통에 관한 책을 쓰고 있는데 그의 조언이 필요하다고 설명했다. 나는 문제를 가득 적은 공책을 준비해갔다.

그는 교정 안경테 너머로 나를 자세히 본 후에 내가 들고 온 공책을 들고 페이지를 훌훌 넘겼다.

"이런 질문들에 대한 대답을 알려고 왜 그렇게 열심이죠?" 그가 물었다.

하나님의 목적을 탐구하지 말고 평화의 왕의 존재를 열심히 탐구하라.

그것은 쉬웠다. "고통받는 사람들에게 해답을 알려주고 싶어서요."

그는 잘 알겠다는 듯이 미소 지었다. "당신의 책을 읽은 독자들에게 하나님의 목적을 탐구하지 말고 하나님의 존재를 열심히 탐구하도록 권하세요. 그러면 이 모든 것들은 자연히 알게 될 거예요."

그는 어떻게 그렇게 했을까? 나는 놀라며 생각했다. 그는 단지 문장 몇 개로 그 모든 질문에 대답했다.

우리는 우리가 탐구할 것을 선택할 수 있다. 금지된 지식을 탐구할 것인가 하나님으로부터 오는 생명을 탐구할 것인가를 선택할 수 있다. 결국 나는 대답할 수 없는 질문에 대한 해답을 얻기 위해 나의 만족할 줄 모르는 욕구를 버렸다. 나는 그런 대답을 약속하는 나무 주위에서 춤추지 않기로 결정했다. 오히려 생명나무의 열매를 먹고 하나님의 생명과 본성을 내 마음속에서 연마하기로 했다.

질문하는 것을 포기하면서 나는 확실한 하나님의 존재를 경험하고 있다. 내 삶에서(그리고 내 친구들의 삶에서) 겪은 고통과 상실감의 극적을 알려고 애쓰는 것을 포기한 이후로 지금까지 나는 지식을 초월한 평화를 발견하고 있다.

교활한 뱀은 하와를 유혹해서 잘못된 나무의 열매를 먹게 했다(그리고 여성들이여, 주목하라. 하와는 하나님으로부터가 아니라 아담으로부터 그 나무의 실과를 먹지 말라는 지시를 받았다. 과연 그녀의 배우자가 의사전달을 확실하게 하지 않고 중얼거리기만 했을까?).

금단의 열매는 유혹적으로 들리기 시작했다. 게다가 그것은 "보암직도 하고 지혜롭게 할만큼"(창세기 3:6) 했다. 얼마나 중요한 말인가! 이 열매를 먹으면 지혜로워진다니. 사탄은 "너희 눈이 밝아 하나님과 같이 될 것이다"(4절)라고 말하면서 하와를 꾀었다.

그분의 존재의 힘이 모든 대답을 알 수 있는 힘보다 더욱 효과적이다.

우리는 그렇게 생각할지도 모르지만 그것은 확실히 우리가 원하지 않는 것이다. 우리 자신의 지도자가 되는 것이 우리의 목표인가? 그렇게 된다면 우리는 바지 뒷주머니 속에 모든 해답을 넣고 있기 때문에 매우 자부심이 강하고 독립적인 사람이 되서 주님에게 의존할 필요가 없을 것이다.

내 친구이자 동료 강연자인 페기 벤슨Peggy Benson은 그녀의 남편 밥Bob이 14년 동안 암과 싸울 때 옆에서 도왔다. 밥이 임종할 때 페기는 주님이 이런 고통을 "왜" 주셨는지 그에게 말씀해주신 적이 있는지 물었다. 밥이 대답했다. "있어, 그분이 나에게 이렇게 말씀하셨어. '밥, 왜 계속 나에게 그런 질문을 하느냐? 내가 대답을 알게 될 곳으로 너를 데려갈 때 그 질문은 더 이상 중요하지 않을 것이다.'"

성령님은 위로자시다. 그분은 우리의 모든 질문에 답변해 주시기 위해서가 아니라 우리를 둘러싸고 하나님의 존재로 가득 채워서 그런 대답이 중요하지 않게 만들기 위해서 우리에게 오기를 원하신다. 그분은 심지어 삶이 불공평할 때조차도 그분과 함께 걸어가기로 선택할 수 있는 힘을 주실 만큼 신경 쓰신다.

천국의 의사소통

남편이 죽은 후 몇 달 동안 나는 그와 대화하고 싶은 강렬한 욕구가 있었다. 할과 5분만 있을 수 있다면 기꺼이 어떤 일이든 하려고 했다.

하지만 성경에는 죽은 자와의 연결를 금하고 있다(맞다, 예수님은 부활하신 후에 며칠 동안 이 땅에 계셨다. 하지만 그분은 자신의 육체를, 즉 못 자국과 그 밖의 모든 것을 그대로 유지하고 계셨다. 그분은 혼이 아니셨다).

나는 어떤 사람들이 사랑하는 사람이 죽은 다음 날에 그가 계속 있는 것 같은 존재감을 느낀다는 말을 들은 적이 있다. 나는 내 남편이 죽었을 때 한 번도 그런 것을 느껴본 적이 없었다. 천국과 이 땅 사이에 "큰 구렁텅이"(누가복음 16:26)가 있고 그것을 건넌 사람은 없다는 것을 알고 있었기 때문이다. 하지만 할의 사진을 볼 때마다 우리가 좋아했던 노래를 들을 때마다 할에게 안녕이라고 말하고 싶은 마음은 굴뚝같았다. 나는 단지 더 많은 슬픔에 잠기고 있다는 것을 깨달았고 그가 듣거나 대답할 것이라고는 생각하지 않는다.

그러나 어느 날 할과 너무나 얘기하고 싶다고 그에게 편지하고 싶었을 때 히브리서 1장 14절 말씀(KJV)이 기억났다. 천사들은 부리는 영으로, 즉 구원 얻을 후사들을 섬기라고 보내신 사역자로 묘사된다.

*나는 내가 선택하지 않은 삶을 살기로 선택하고
내가 계획하지 않은 삶을 계획한다.*

나는 생각했다. 하나님의 천사들이 사자라면 아마도 나는 그들 중 한 천사에게 할에게 메시지를 전달해달라고 부탁할 수 있을 것이다. 어떤 독자들은 내가 별난 사람이라고 생각할 수도 있지만 사별한 사람만이 나의 필사적인 심정을 이해할 수 있을 것이다).

그래서 어느 화요일에 기도했다. "주님, 괜찮으시다면 한 천사에게 이번 한 번만 메시지를 할에게 전해주도록 요청하고 싶어요. 할에게 세 가지만 전하고 싶어요. 내가 그를 사랑한다는 것과 하나님이 나를 도우신다는 것과 내가 여전히 그의 장애인 전용 주차증을 사용하고 있다는 것을요."

할에게는 임시 장애인 전용 주차증이 발행되고 있었다. 우리는 그것을 백미러에 걸어놓곤 했다. 누군가가(고백하지만, 바로 나다) 그것을 조금 변경했고 유효기간을 연장하기 위해서 구멍을 새로 뚫었다.

단지 나는 치료가 다 끝날 때까지 그것을 사용하고 싶었다. 나는 이것이 불법이라는 것도 알고 있었다. 하지만 그것은 너무 편리했고 장애인들에게 사과하는 마음과 함께 그 카드를 사용할 만한 합법적인 이유가 있다고 스스로에게 말했다.

자, 다시 내 이야기로 돌아가자. 나는 그것이 할에게 보내는 완벽한 편지라고 생각했다. 그는 분명 그것이 괴짜 이젤이 보낸 것임을 분명히 알 것이고 "화이팅! 역시 내 아내야"라고 말하면서 웃을 것이다.

다음 날 수요일 아침에 마지막 방사선 치료를 마치고 암센터로부터 축하한다는 증명서를 받았을 때 우쭐한 느낌이 들었다. 나는 마트에 가서 장애인 전용 주차장에 차를 주차했다. 마트에서 나왔을 때 경찰차 두 대가 내 밴을 막고 있었고 네 명의 경찰이 나를 기다리고 있었다. 나는 침을 꿀꺽 삼켰다.

"부인 차인가요?"

"네, 그런데요."

"면허증과 차량등록증, 그리고 장애인 전용 주차증을 보여주세요."

그들은 경찰차로 가서 컴퓨터로 확인했다. 나는 진땀을 빼고 있었다.

젊은 경찰이 돌아왔다.

"이 카드는 만료되었고 해롤드 이젤 씨 앞으로 등록되어 있네요. 오늘 남편분을 태우고 오셨나요?"

나는 눈물을 흘리지 않으려고 애썼다. "오, 나도 그랬으면 좋겠어요. 하지만 아니에요. 그는 암으로 죽었어요."

경찰이 말하기 전에 잠시 정적이 흘렀다. "누가 이 장애인 전용 주차증을 함부로 변경했는지 아세요? 이것이 중죄라는 것을 알고 계세요?"

나는 자백했다. "제가 고쳤어요. 기간을 연장하고 싶었어요. 할아 죽은 후 나도 암에 걸렸다는 것을 알게 됐어요. 그리고 오늘 아침에 마지막 치료를 마쳤어요. 오늘은 저에게 행복한 날이에요." 나는 그에게 축하의 증명서를 보여주었다.

그는 잠시 나를 빤히 쳐다보고는 다른 경찰들에게 걸어갔다. 그들이 대화할 때 주차장에서 수갑이 채워지고 감옥으로 연행되는 내 모습이 그려졌다. 이것은 내 간증에 추가하고 싶은 것이 아니었다.

경찰이 돌아와서 증명서들을 나에게 주었다. "이젤 부인" 그가 말했다. "부인을 연행해서 카드를 함부로 변경한 죄로 벌금을 부과할 수 있고, 장애인 주차구역에 불법 주차한 죄로 벌금을 부과할 수도 있습니다. 하지만 그동안 겪으신 일에 비추어서 간단한 주차위반 딱지만 떼고 보내드리겠어요. 그리고 장애인 전용 주차증은 제가 보관하겠습니다."

나는 딱지를 받았고 그의 친절함에 감사한다고 말했다. 경찰차가 떠나고 주차장의 빈자리로 차를 천천히 몰았다. 핸들에 올려놓은 손이 떨렸다. 이것은 무엇을 의미할까? 나는 몇 개월 동안 주차증을 사용했지만 천사에게 메시지를 할에게 전해달라고 부탁한지 18시간 만에 그것이 사라졌다. 어떤 연관이 있는 것일까?

분명히 말하지만 나는 이런 일이 일어날 거라는 어떤 중요한 계시를 받지 않았다. 하나님이 내 메시지가 천국에 있는 할에게 전해지도록 허락하셨다면 그는 내가 이 땅에서 알았던 익살꾼이 아니라 다른 할이라고 추론했다. 천국의 순결함과 의로움 속에서 할은 웃지 않을 것이다(내가 처음에 할이 웃을지도 모른다고 추측했지만 말이다). 할이 그 천사에게 "음, 당신은 그녀에게서 그 주차증을 뺏으세요. 그것은 불법이에요"라고 말했을지도 모른다.

아마도 하나님은 나의 요구를 결코 허락지 않으셨을지도 모른다. 또한 나의 보잘것없는 농담이 재미있다고 생각하지 않으셨을 것이다. 아마도 주님은 "리, 하나도 재미없구나. 너는 당연히 장애인 전용 주차증을 사용할 수 없다. 내일 그 카드를 너에게서 가져가야겠다"라고 말씀하시는 분일지도 모른다.

그리고 빙고! 나는 기도한지 24시간도 안 되서 카드를 빼앗겼다. 아마도 천사가 정말로 나에게 왔었는지도 모른다.

고통과 죽음의 신비

"루디"Rudy라는 영화에서 주인공 루디는 노틀담Notre Dame 대학의 미식축구 선수가 되는 게 꿈이었다. 하나님이 왜 그의 꿈을 이루어주시는 것을 허락하지 않으셨는지 물었을 때 현명한 목사가 간단히 대답했다.

"인생에 대해서 내가 아는 것이 두 가지가 있어요. 하나님이 계시고 나는 그분이 아니라는 거죠."

우리는 고통과 죽음에 대해서 질문할 것이 매우 많다. 기독교는 모든 대답을 요구하지 않는 유일한 종교인 것 같다. 정말로 모든 컬트cults와 거짓 종교는 우리의 호기심을 만족시키기 위해서 애쓴다는 점에 있어서는 "준비가 잘되어 있다."

이슬람교의 대답은 '알라의 뜻이다'라는 것이다. 즉, 아무도 질문하는 것을 허용하지 않는다는 뜻이다.

힌두교도에게 그것은 오직 '재생' recycling이다. 즉 이 세상에서 살면서 겪는 고통으로 인해서 다음 생에서는 카르마가 더 좋아질 것이라는 의미이다(심지어 그들은 더욱 심각하게 받아들이는 경향이 있다. 아기가 죽으면, 그 아기의 영혼에 나쁜 카르마가 있다고 믿는다). 불교신자들에게 그것은 '윤회' circle of life다. 그리고 사탄이 그의 힘으로 윤회를 쥐고 있다(우리가 고통의 종지부를 끊을 수 있다면 우리는 열반에 이를 것이다). 수많은 종교에서 인생은 숙명론일 뿐이다. 케 세라 세라que sera sera, 즉 될대로 되라 Whatever will be will be 이다. 변화를 가져오기에는 우리는 무력하다. 그들이 주는 대답은 예정론과 환생이라는 것이 딱 맞는 말이다. 그들의 신은 모든 대답을 해준다. 당신이 해야 할 일은 소책자를 읽는 것뿐이다.

> 우리가 모든 대답을 다 아는 것은 아니다.
> 하지만 누가 아는지는 알고 있다!

하지만 기독교는 우리를 만족시켜주는 조언과 기술의 체계가 아니다. 한 분이신 참된 하나님은 누구에 의해서 길들여질 수 없고 그분의 창조물이 분석하기 위해서 우리에 가두어 놓을 수도 없는 분이다. 우리는 그분에게 검사를 실행할 수도 없고 결과를 발표할 수도 없다. 하지만 어느 정도 하나님은 우리가 그분에 대해서 우리 자신만의 결론을 이끌어 낼 수 있도록 우리 모두가 보고 듣게 하기 위해서 그분 자신을 공개적으로 드러내셨다. 하나님이 사람으로 이 땅에 태어났을 때(예수님) 모든 사람은 그분에 대해서 들을 수 있었고 그분과 대화할 수 있었고 그분의 인격을 직접 증거할 수 있었다. 그 말씀은 우리를 통해서 생생하고 살아있을 것이다.

하나님은 우리에게 하신 그분의 행동을 우리에게 설명할 의무가 없다는 사실을 이해해야 한다. 하나님이 사람을 다루시는 방법에 대해서 혼란스러울 때마다 나는 신명기 29장 29절을 본다. "감추어진 일은 우리 하나님 여호와께 속하였거니와."

기독교는 우리를 만족시키기 위한 조언이나 기술의 체계가 아니다.

이사야가 말했다 "진실로 주는 스스로 숨어 계시는 하나님이시니이다"(45:15). 아마도 이 말씀은 예수님이 "천지의 주재이신 아버지여 이것을 지혜롭고 슬기 있는 자들에게는 숨기시고 어린 아이들에게는 나타내심을 감사하나이다"(마태복음 11:25)라고 하신 말씀과 똑같을 것이다.

우리가 모든 해답을 알아내려고 애쓰는 것이 올바르지 않다고 깨닫고 관심을 끄는 지식의 나무Tree of Knowledge에서 돌이킬 때 우리는 어린 아이처럼 순수한 사람이 되기로 결정하는 것이다. 그것은 좌절감을 느끼게 하는 일일지도 모른다. 나는 지금 내가 이해하는 것이 유리컵을 통해서 희미하게 보는 것과 같다고 생각한다.

우리는 모든 것을 희미하게 아는 것을 좋아하지 않는다. 우리는 분명하게 이해하기를 원한다. 그렇지 않으면 혼란스러워질 수 있고 믿음이 깨지기 시작한다. 많은 정치적 영웅이나 전쟁 영웅뿐만 아니라 그리스도의 제자들도 위엄 있게 그리고 확신을 갖고 죽었다. 왜냐하면 그들은 자신들이 왜 고통받고 있는지 잘 알고 있었고 그들의 고통이 불가피하다고 믿었기 때문이다.

나는 아래의 시에서 표현된 것처럼 부분적으로 알 뿐이다.

하나님께 힘을 구했지만 그분은 내가 강해지는 어려움을 주셨다
하나님께 지혜를 구했지만 그분은 해결해야 할 문제를 주셨다

하나님께 번영을 구했지만 그분은 공부할 수 있는 힘과 머리를 주셨다

하나님께 용기를 구했지만 그분은 극복해야 할 위험을 주셨다.

하나님께 인내를 구했지만 그분은 어쩔 수 없이
기다려야 하는 상황에 처하게 하셨다

하나님께 사랑을 구했지만 그분은 도와야 할 고통받는 사람들을 주셨다

하나님께 은혜를 구했지만 그분은 기회를 주셨다

나는 원한 것을 아무것도 받지 못했다

나는 필요한 모든 것을 받지 못했다

그런데 내 기도는 응답받았다.

작자 미상

그분의 손이 아니라 하나님의 마음을 구하라

성경학교에서 우리는 밤늦게까지 공부했다. 성경을, 선지자들을, 연표를, 요절을 외우면서 몇 시간을 보냈다. 주님이 불시에 나에게 찾아오셨던 밤을 기억한다.

"너희가 성경에서 영생을 얻는 줄 생각하고 성경을 연구하거니와 이 성경이 곧 내게 대하여 증언하는 것이니라"(요한복음 5:39).

나는 생각했다. '나는 성경 전문가가 되고 싶지 않아. 저자에 대해 알고 싶어.'

주님의 얼굴을 구하는 것은 유인물을 받으려고 애쓰는 것과는 다르다. 이것은 그분의 얼굴을 구하는 것이 나의 가장 숭고한 소망이고 가

장 큰 위로를 발견한 것이다. 역대하 7장 14절에 우리가 스스로 겸비하고 기도하여 하나님의 얼굴을 구하면 굉장한 일들이 일어날 것이라고 나와 있다 하지만 우리는 종종 하나님의 유인물을 갖는 것을 더 좋아한다. 우리는 외친다. "어서요, 하나님. 그것을 주세요! 답을 알려주세요. 우리가 찾는 정도를 주세요."

신명기 29장 29절에 "감추어진 일은 우리 하나님 여호와께 속하였거니와 나타난 일은 영원히 우리와 우리 자손에게 속하였나니 이는 우리에게 이 율법의 모든 말씀을 행하게 하심이니라."

많은 것들이 우리에게 비밀로 되어 있다. 이유가 뭘까? 내 생각에는 필요한 것만 알아야 하기 때문에 필요한 정보 외에는 알 필요가 없는 것이라고 생각한다. 하지만 우리의 상황이 더욱 좋아질 것이라는 이유를 이해할 수 있으면 하고 기대하는 것이다.

어떤 아이가 심각한 학습장애를 가지고 태어나는 이유를 우리가 어떻게 이해할 수 있겠는가? 왜 술 취한 운전자가 그날 밤에 사고를 냈을까? 왜 결혼한 지 몇 년 후에 남편이 아내와 자식들을 망연자실한 상태로 내버려두고 갑자기 떠나려고 할까?

나는 규칙서를 아는 것보다 통치자에 대해서 더욱 잘 알고 싶다.

그런 일들이 일어나는 이유를 이해할 수 있는 능력이 우리에게 있을까? 핵물리학자가 7살짜리 어린 아이에게 복잡한 이론을 설명할 수는 있지만 그가 애쓸지라도 그 아이는 이해할 수 없을 것이다. 똑같은 방식으로 우리의 머리로는 고통에 대해 설명할 수 없는 수많은 비밀을 이해할 수 없다고 생각한다. 그리고 그 깊은 의미를 이해할지라도 여전히 우리가 느끼는 고통이 해소되지는 않을 것이다.

그동안의 경험을 통해서 우리에게 드러난 것들이 있다. 그리고 우리가 그럴 마음만 있다면 무엇인가를 배울 수 있다. 나는 내 마음의 상태를, 분노를, 그리고 버림받음 느낌을 경험한 적이 있다. 나는 삶의 불공평함에 대해서 씨름한 적이 있었고 그 이유 때문에 실망한 적도 있었다.

하지만 나는 당신에게 그 모든 일 아래에서 영원하신 팔을 느꼈다고 솔직하게 말할 수 있다. 나는 살아남기 위해서 그 팔에 의존했다. 나는 하나님이(비록 그 전에 원했지만) 은혜가 필요한 위기의 순간에 내가 필요로 했던 은혜를 갖고 계시는 성실하시고 일관되신 분이심을 발견했다. 나는 나의 차가운 영혼에 닿는 성경말씀의 온기와 위로를 경험했다. 그리고 그 이전에는 결코 내가 고통 속에서 울부짖을 때 하나님의 영이 가까이 계시다는 것을 경험한 적이 없었다.

솔직해지자. 우리가 모든 해답이 들어 있는 깔끔하게 포장된 상자를 갖고 있다면 믿음은 필요 없을 것이다. 정말로 그런 유형의 하나님도 필요하지 않을 것이다. 그분은 매우 예측 가능한 신이 될 것이다. 그분은 완전히 이해될 것이다. 우리는 단지 변수에 플러그를 꽂으면 모든 해답을 얻을 수 있다는 깔끔한 짧은 공식을 지닌 채로 남을 것이다.

마침내 우리가 궁금해 하는 질문들에 대한 구체적인 대답이 정말로 필요 없다는 것을 자각하고 깨달을 때 우리는 삶의 모든 상황 속에 계시는 그분의 온기를 즐기기 시작할 수 있다.

신약성경어는 매우 두려움에 떠는 제자들이 갈릴리 바다에서 격렬한 폭풍우를 만났을 따 일어난 일이 기록되어 있다.

> 평화는 충돌이 없는 상태가 아니라 충돌의 한가운데에
> 하나님이 존재하시는 상태이다.

그들은 배가 가라앉을까봐 두려워 했고 지금 당신이 느끼는 것처럼 느꼈을지도 모른다. 맞다. 예수님은 그 배에 타고 계셨지만 주무시고 계셨다(주무시고 계셨다고? 돌풍이 일어나는 작은 배에서 말인가? 불가능하다. 그 선생은 제자들이 이 위기를 어떻게 처리하는지 보기 위해서 기다리고 계셨던 것이 아닐까 생각된다). 제자들이 예수님을 깨웠을 때 그분은 폭풍우를 꾸짖으셨고 즉시로 바람이 잠잠해졌다.

하지만 그때 예수님이 이렇게 말씀하셨다. "어찌하여 이렇게 무서워하느냐 너희가 어찌 믿음이 없느냐 하시니"(마가복음 4:40).

당신은 극심한 걱정을 하고 있는데 주무시고 계신 것처럼 보일지도 모른다. 최소한 그분은 당신의 문제에 연관있거나 그 문제를 해결하고 계시는 것처럼 보이지 않는다. 하지만 당신이 예수님을 당신의 삶에 초대했다면 그것은 그분이 당신의 배에 타고 있다는 의미이다. 그리고 그것은 당신이 두려워할 이유가 전혀 없다는 것과 당신의 삶을 안정시키기 위해서 당신의 믿음에 의지할 수 있다는 것을 의미한다.

미래를 위해서 전력을 다하는 일에 집중하지 않고 하나님의 얼굴을

구하는 일에 집중한다면 우리에게 말씀하시는 주님의 음성을 듣게 될 것이다. 엘리자베스 엘리엇Elisabeth Elliot이 그것을 매우 설득력 있게 진술했다.

> 오늘은 내 것이다. 내일은 내 알바가 아니다. 내가 안개에 가려진 미래를 걱정스러운 마음으로 자세히 살핀다면 내 영적인 눈이 너무 소진되서 지금 나에게 필요한 것이 무엇인지 분명하게 보지 못할 것이다.

마침내 내 기도가 변하기 시작했다. "저는 매우 굶주려 있어요. 주님, 내 영적인 위에서 '꼬르륵' 소리가 나고 있어요. 천국에서 오는 맛있는 1인분의 식사가 필요해요. 당신은 그런 양식, 즉 생명의 양식이세요. 이 황량한 곳에 있을 동안에 당신을 먹는다면 굶어죽지 않을 거예요. 지식의 고기를 바라지만 그 욕망은 내려놓겠어요. 오, 생명의 양식이시여, 당신이 광야에서 저에게 보내시는 만나로 만족하겠어요!"

나는 애니 채프먼Annie Chapman이 이것을 그녀의 아름다운 시 "태피스트리"Tapestry에서 설명한 방식을 좋아한다.

> 내 삶은 오직 주님과 나 사이에 천을 짜는 것과 같다
> 그분이 성실하게 짜시는 색깔을 나는 선택할 수 없다
> 종종 그분은 슬픔을 짜신다. 그리고 나는 어리석은 자만심에 빠진다
> 그분이 더 높은 쪽을 보셨고 나는 아래쪽을 봤다는 것을 잊어라
> 베틀이 멈추고 북이 왔다갔다 하는 것이 멈춰진 후에야 비로소

하나님은 융단을 펼치시고 설명해 주실 것이다
그분이 짜신 패턴 무늬에 금실과 은실만큼
직공의 능숙한 손에 어두운 색실이 필요한 이유를 말이다.

질문하기 … 그리고 실행하기

☐ **1단계 : 질문하기**

가지치기는 고통스럽다. 하지만 요한복음 15장에서 우리의 상태와 상관없이 가지치기가 이루어진다고 나와 있다. 우리는 잘 자라지 않으면 가지쳐질 것이다. 우리가 열매를 맺고 있을지라도 가지치기는 계속된다. 예수님이 가지치는 과정에서 우리를 깊이 베어버리신다는 것을 알게 될 때 더 많은 열매를 맺고 더 많은 사랑, 더 많은 기쁨, 더 많은 평화를 얻기 위해서 예수님의 가지치기에 기꺼이 굴복할 것인가?

☐ **2단계 : 실행하기**

바로 지금 시간을 내서 당신의 삶에서 예수님이 가지치는 것을 기꺼이 받아들이겠다고 고백하라. 그리고 당신은 악이 아니라 선을 위해서 가지치기를 받아들인다고 말하라. 가지치기가 아무리 가혹할지라도 그분이 당신의 삶에 사랑의 목적이 있으시다는 것을 믿는다고 그분을 확신시켜라. 외과 의사의 손에 쥐어진 칼은 도둑의 손에 쥐어진 칼과 다르다는 것을 생각하라. 예수님은 당신의 위대한 의사이다.

성경공부

창세기 3:4, 6, 신명기 29:29, 역대하 7:14, 시편 1:3, 잠언 3:5, 이사야 45:15, 마태복음 11:25, 마가복음 4:40, 누가복음 16:26, 요한복음 5:39, 히브리서 1:14

14
인성개발이요? 고맙지만 사양할래요

그분을 신뢰하라 … 의심이 들 때
그분을 신뢰하라 … 힘이 약해질지도 모를 때
그분을 신뢰하라 … 단지 그분을 신뢰할 때
이것이 모든 것 중에서 가장 힘든 일일지도 모른다.

고통?

됐어요, 더 이상 원하지 않아요.

"고통 없이는 얻는 것도 없다"No pain, no gain.라는 말을 들어본 적 있다. 그리고 그 말이 사실이라고 생각한다. 하지만 그렇다고 해서 그 말을 좋아해야 한다는 뜻은 아니다. 그리고 나는 그 말을 좋아하지 않는다.

하지만 나는 어쩔 수 없이 이런 고통스러운 상황을 겪고 나면 인성이 개발된다는 것을 인정한다. 가장 중요한 사항은 나는 하나님이 내 속에서 그분의 목적을 성취하시기 위해서 내 삶에 꼭 알맞은 양의 고통과 상실을 허락하셨다는 것을 믿는다. 그분은 아직 나에게 볼 일이

안 끝나셨다고 생각한다. 왜냐하면 나를 공격하라고 나에게 불리하게 다가오도록 그분이 허락하신 것은 내 생명을 앗아갈 만큼 충분하지 않았기 때문이다. 하지만 내 생명을 뒤흔들 정도는 됐다.

당신이 고통받고 있다면 당신은 친구가 많다는 사실에 용기를 낼지도 모른다. 작가 래리 버켓Larry Burkett은 암과 싸워서 이긴 후에 다음과 같은 결론을 내렸다.

> 어떤 사람들은 그것을 우연이라고 부를지도 모르지만 나는 하나님이 내 삶에서 그분의 완벽한 뜻을 실행하는데 꼭 필요한 양만큼의 암을 허락하셨다고 믿는다. 당시에 내가 암으로 죽는 것은 분명히 하나님의 뜻이 아니었다. 나는 어떤 일이 일어난 이유에 초점을 맞추려고 애쓰지 않는다. 오히려 하나님이 그 일의 결과로서 내가 하기 원하시는 일에 초점을 맞추려고 한다.

잘했어요, 래리! 우리가 잃은 것이 아니라 오히려 하나님이 우리에게 주신 축복을 바라보는 그분의 모범을 따라간다면 우리는 모두 다 잘될 것이다. 래리의 이야기를 통해서 나는 언젠가 읽은 적이 있는 항목별 광고에 대해서 생각하게 되었다. 그 광고에서는 누군가가 미친 듯이 잃어버린 개를 찾고 있었고 그 개를 다음과 같이 설명했다.

개를 찾습니다!
금빛 독일 세퍼드견
다리가 세 개

꼬리가 짤렸음
한쪽 눈이 안 보임
왼쪽 귀가 없음
'럭키' 라고 말하면 반응을 보임

요셉, '운이 좋은' 사람인가?

구약의 인물 요셉은 부당하게 고통받는 것이 무엇을 의미하는지 잘 알았던 사람이다. 그 어린 소년은 어떤 잘못도 저지르지 않았다. 그럼에도 불구하고 형들이 그를 노예로 팔았다. 불운한 날이란 바로 이런 걸 두고 하는 말이다! 여기에 자신의 일에 열중하는, 하나님이 그에게 꾸게 하신 꿈을 해석하려고 애쓰는 사람이 있다. 그런데 갑자기 하나님은 그를 버리셨고 그에게 최악의 일이 일어나게 허락하신 것처럼 보인다.

그는 애굽으로 끌려갔고 범죄자로 고소당해서 감옥에 갔다(그 감옥에는 작업실이나 도서관도 없었다).

요셉은 분명히 머리로 상황을 검토하고 또 검토했을 것이다. 특히 어두워진 후에 엎치락뒤치락하면서 잠을 자려고 애쓰면서 더욱 그랬을 것이다. 이런 질문들이 끊임없이 떠올랐을 것이다. "내가 뭘 잘못했지? 왜 하나님이 나를 버리셨을까?" 하지만 어둠 속에서 외로운 요셉은 하나님이 그의 어려운 처지를 알고 계시고 언젠가 그를 위해서 행동하실 것을 확신했다. 그리고 그렇게 앎으로써 그는 주님과 형들에 대한 원한의 뿌리가 자라는 것을 막았다.

14여 년 동안 타향살이를 한 후 가족들을 다시 만났을 때 요셉의 맨 처음 반응에 대해서 설명하는 말씀을 읽으면 언제나 깜짝 놀라게 된다. 창세기 45장 4~5절까지 보면 그는 "나는 당신들의 아우 요셉이니 당신들이 애굽에 판 자라 당신들이 나를 이곳에 팔았다고 해서 근심하지 마소서 한탄하지 마소서 하나님이 생명을 구원하시려고 나를 당신들 보다 먼저 보내셨나이다." 비록 요셉은 감옥에 있었지만 하나님이 그의 나쁜 상황에 관여하고 계심을 알았다.

　얼마나 놀랍고 관대한 영혼인가? 요셉은 오직 하나님만을 바라봤기 때문에 그리고 궁극적으로 하나님이 그에게 일어나는 모든 일을 주관하셨고 그의 삶에 유익함을 가져오기 위해서 그 모든 일을 사용하고 계심을 알았기 때문에 그렇게 느낄 수 있었다. 요셉은 착하게도 아버지와 형제들을 애굽으로 이주시키기까지 했다. 그래서 그들은 가나안의 기근이 죽음의 손아귀로 움켜진 가나안 땅에서 탈출해서 편안하고 유복하게 살 수 있었다. 요셉은 그들이 애굽에 오기 전에 개인적으로 형들을 용서했다. 적극적으로 용서하기로 결정하는 것은 치유과정의 일부분이다. 그런 과정을 통해서 요셉은 형들을 똑바로 쳐다보고 악의 없이 "당신들은 나를 해하려 하였으나 하나님은 그것을 선으로 바꾸사"라고 말할 수 있었다.

　아마도 나와 당신은 요셉처럼 하나님의 목적을 모를 수도 있다. 아마도 우리는 목적을 보지 못하거나 그 모든 것을 완전히 이해하지 못하고 오직 고통스럽다는 것만을 알 것이다. 당신이 지금 견디고 있는 비극은 당신의 삶의 멋진 이야기 중에서 단지 하나의 좋지 않은 사건이었다고 나중에 입증될 것이다.

아마도 당신은 당신의 증거를 쌓고 있는 중일지도 모른다. 바라건데 나와 함께 요셉이 그랬던 것처럼 더 큰 목적이 있다는 것과 예전 찬송가에 나온 것처럼 "우리는 머지않아 알게 될 것이"라는 것을 믿기 바란다.

성경에 나오는 많은 인물들은 하나님에게 버림받은 느낌을 경험했다. 다윗 왕은 한 때 외쳤다. "여호와여 어느 때까지니이까 나를 영원히 잊으시나이까"(시편 13:1). 하지만 우리가 모르는 곳에 숨어계신 것처럼 보일 때조차도 하나님은 모든 일에 목적을 갖고 하신다. 하나님이 히스기야를 다루시는 것에 대해서 성경에 "하나님이 히스기야를 떠나시고 그의 심중에 있는 것을 다 알고자 하사 시험하셨더라"(역대하 32:31)라고 나와 있듯이 말이다. 이것이 하나님이 오늘날 많은 사람들을 다루시는 방법일지도 모른다. 그 심중에 있는 것을 다 알고자 시험하시는 것 말이다.

사도들이 받은 고통

바울의 "육체의 가시"에 대해서 알고 있을 것이다. 그리고 그가 그 가시를 없애달라고 얼마나 열심히 기도했는지에 대해서도 알 것이다. 바울은 계속적인 불운과 재난당하는 것이 어떤 것인지 알고 있었음에도 불구하고 당당하지 다음과 같이 썼다.

> 내가 수고를 넘치도록 하고 옥에 갇히기도 더 많이 하고 매도 수없이 맞고 여러

번 죽을 뻔하였으니 유대인들에게 사십에 하나 감한 매를 다섯 번 맞았으며 세 번 태장으로 맞고 한 번 돌로 맞고 세 번 파선하고 일 주야를 깊은 바다에서 지냈으며 여러번 여행하면서 강의 위험과 강도의 위험과 동족의 위험과 이방인의 위험과 시내의 위험과 광야의 위험과 바다의 위험과 거짓 형제 중의 위험을 당하고 또 수고하며 애쓰고 여러번 자지 못하고 주리며 목마르고 여러번 굶고 춥고 헐벗었노라 이 외의 일은 고사하고 아직도 날마다 내 속에 눌리는 일이 있으니 곧 모든 교회를 위하여 염려하는 것이라 누가 약하면 내가 약하지 아니하며(고린도후서 11:23~29).

바울은 또한 고린도인들에게 "때가 이르기 전 곧 주께서 오시기까지 아무것도 판단하지 말라"(고린도전서 4:5)고 말했다. 하나님이 오늘의 불행을 당신을 위해서 어떻게 아름다운 태피스트리로 짜실지 아는 데는 꽤 시간이 걸릴지도 모른다. 하지만 그분이 꼭 그렇게 해주실 것임을 믿는다. 끝날 때까지 아직 끝난 것이 아니다.

맞다. 바울은 고통과 고난에 대한 모든 것을 알고 있었다. 그럼에도 불구하고 그는 결코 그리스도를 따라가는 길에서 돌이킬 생각을 하지 않았다. 그는 죽는 날까지 계속 선한 싸움을 싸웠다.

다른 사도들 또한 믿음 때문에 엄청난 고통을 당했다. 유일하게 요한을 제외한 사도들은 맞고 고문당하고 결국 모두 순교했다. 그들은 다쳤고 피를 흘렸고 고통스러워서 울부짖었다. 하나님은 그들 주위에 보호의 울타리를 치지 않으셨지만 오늘날 고통받는 사람들은 사도들처럼 자신의 고통을 그가 알고 있는 '저 세상'의 기쁨에 비하면 아무것도 아니라고 생각한다고 확신한다.

사도행전 7장에 "성령이 충만한" 스데반이 돌에 맞는 내용이 기록되어 있다. 나는 그 이야기를 읽을 때마다 사도들 중 한 명이 앞으로 나가 기적을 일으켜서 스데반의 목숨을 구하지 않은 이유가 궁금했다. 하지만 지금은 하나님께서 간섭하시는 것보다 실제로 우리에게 더욱 감동을 줬다는 것을 알 수 있다. 스데반은 돌을 맞으면서 "주여 이 죄를 그들에게 돌리지 마옵소서"(사도행전 7:60)라고 큰소리로 기도했다. 그런 태도가 진정한 기적이기 때문이다.

예수, 슬픔의 사람

히브리서 5장 8절에 우리 주님은 받으신 고난으로 순종함을 배우셨다고 되어 있다. 그리스도께서 꼭 고난을 받으셔야 했다면 도대체 어떻게 나와 당신 같은 보통 사람들은 고난받지 말아야한다고 생각할 수 있겠는가?

나는 그리스도의 고난이 그분이 아직 어린 소년이었을 때 시작됐다고 생각한다. 어쨌든 이웃에서 분명히 그의 진짜 아버지가 누구인지에 대한 추측이 난무했을 것이다.

예수님은 그들의 시선과 조롱, 그리고 교양 없는 수근거림을 견뎌야 했다. 그분이 어린 소년으로서 고통 받았을지라도 그것은 앞으로 그분 앞에 놓여있는 것에 비하면 가벼운 것이었다. 하지만 그분의 가는 길에 고난이 닥쳐올 때마다 예수님은 아버지의 뜻이 이루어지는 것을 보고 싶었다. 하지만 친구이자 사촌인 세례 요한이 참수형을 당했다는 소식을 들었을 때는 동요했을 것이다. 누가복음에 겟세마네 동산에서 그리스도는 "땀이 땅에 떨어지는 핏방울 같이 되더라"(누가복음 22:44)와 같은 극심한 감정적인 고통을 겪으셨다. 그분은 또한 제자들에게 "내 마음이 매우 고민하여 죽게 되었으니"(마태복음 26:38)라고 말씀하셨다. 끔찍한 고통이 그분의 마음속에 사납게 휘몰아치고 있었다. 그분이 그 모든 것에서 손을 떼셔야 했을까? 그분은 만 명의 천사를 불러서 자신을 구하게 할 수 있었다. 하지만 그분은 아버지의 뜻에 순종해야 한다는 것을 알고 있었다. 그것은 자신이 나와 당신을 위해 고난받아야 한다는 것이었다.

나는 위대한 바흐J. S. Bach의 오라토리오 마태수난곡The St. Matthew Passion을 공연한 심포니 합창단에 참여함으로써 매우 큰 이익을 얻었다. 이 곡을 연습할 나는 마태복음의 수난 부분을 거의 다 암기했다. 왜냐하면 그 말씀의 대부분이 오라토리오의 노래에 담겨있기 때문이다. 나는 그 합창곡 가운데 노래 하나를 항상 기억한다.

    삶이 나를 실망시키기 시작할 때
    주님이 계시니 두려움 없네
    죽음의 고통이 나에게 엄습할 때
    당신이 나의 위로자가 되시네
    내가 불행으로 슬퍼할 때마다
    구원을 찾기 위해 노력하네
    오직 당신만이 나를 떠나지 않으시네

당신도 슬픔을 맛보셨기에

살아계신 하나님의 독생자가 십자가의 죽음에 직면하셨을 때 너무 고통스러워서 "이 잔을 내게서 옮기시옵소서"라고 기도했다. 하지만 하나님은 그 잔을 옮기시지 않았고 우리 구세주는 고난받고 죽으셨다.

그의 비극적인 죽음이 쓸데없는 일이었을까? 아니다! 그것은 하나님의 계획에 꼭 필요한 부분이었다. 고난과 죽음을 통해서 그리스도는 우리의 구세주요 우리의 돕는 자가 되셨다. 다시 말해서 우리가 고통과 슬픔을 겪을 때 우리를 도우시는 분이 되셨다. "그가 시험을 받아 고난을 당하셨은즉 시험 받는 자들을 능히 도우실 수 있느니라"(히브리서 2:18).

나는 헨델의 메시아 중 다음에 나오는 이사야서의 말씀을 좋아한다.

> 그는 멸시를 받아서 싫어 버린바 되었으며
> 간고를 많이 겪었으며 질고를 아는 자라
> 그는 그를 때리는 자들에게 등을 맡겼으며
> 그의 수염을 뽑는 자들에게 뺨을 맡기며
> 수욕과 침 뱉음을 피하려고 얼굴을 가리우지 아니하였다.

그리스도께서 십자가 상에서 하신 일 때문에 내가 구원받았다는 것을 안다. 또한 하나님께서 선을 위해서 그분의 아들의 고통을 사용할 계획을 세우셨듯이 우리를 위해서 우리의 고통을 사용할 긍정적인 계획을 갖고 계신다고 믿는다. 우리 스스로 고안할 수 있는 것보다 더 좋은 계획 말이다.

아들이 고통받고 죽은 것을 지켜보셨을 때, 특히 예수님이 "나의 하나님, 나의 하나님, 어찌하여 나를 버리셨나이까"라고 부르짖으셨을 때 하나님의 마음은 산산조각 나고 있었다고 확신한다. 하지만 하나님은 이 세상을 구원하시기 위해서 흠 없고 죄 없는 어린양을 제물로 바치셔야 했다. 하나님이 간섭하고 싶으셨을 것이다. 할이 아팠을 때 그분은 간섭하시는 것보다 더 좋은 계획을 갖고 계셨다. 유방암이 나를 향한 그분의 뜻 속에 포함되어 있었기 때문에 나는 그것이 나의 궁극적인 유익을 가져올 것이라고 믿어야 했다. 나는 이 모든 일들이 어떤 이유 때문에 꼭 필요했다고 믿지만 또한 하나님은 이런 힘든 싸움을 통해서 마음 아파하셨을 것이라고 믿는다.

고통에 응답하기

너무 가혹해서 설명조차 할 수 없는 고통이 있다. 내가 나치 강제 수용소에서 고통받은 사람들은 단지 그들 내부의 인성을 개발하고 있었다고 말한다면 그것은 잔인함을 넘어선 것이다.

왜 하나님은 그런 끔찍한 일을 허락하셨을까? 나는 그런 질문에 대답하려고 노력할 생각이 없다. 하지만 빅터 프랭클Viktor Frankl은 그의 책 「삶의 의미를 찾아서」Man's search for Meaning에서 자신의 동료 죄수들이 그들이 처한 불공평한 상황에 어떻게 반응할지 결정하기 위해서 힘을 내는 것을 지켜본 일에 대해서 말한다. 어떤 죄수들은 용기를 주는 위엄을 나타냈다. 그들은 그들을 둘러싼 모든 반증에도 불구하고 사랑의 하나님을 믿기로 결정했다.

우리가 허락한다면 고통을 통하여 삶을 다시 생각할 기회를 가질 수 있다. 고통을 겪음으로써 우리는 우선순위가 무엇인지 점검하고 다시 삶의 목록을 작성할 수 있다. 할이 죽었을 때 앞으로 아무것도 다시는 '일상적으로' 되지는 않을 것을 깨달았다. 그래서 나는 '새로운 일상' new normal을 찾아야 했다. '할의 부인'이라고 정해진 나의 일부분은 더 이상 존재하지 않았다. 나는 내가 누구인지 내가 어디를 향해서 가야할지 찾아야 했다. 나는 할이 그립다. 하지만 할을 잃은 경험을 통해서 나는 이전보다 더욱 강해졌다.

당신이 지금 믿지 않을지도 모르지만 비극과 상실은 당신의 삶에 긍정적인 힘이 될 수 있다. 사람들이 나에게 이렇게 말한 적이 있었다. "해고당한 일이 나에게 일어난 일 중에서 가장 좋은 일이 될 수 있을 거라고는 결코 상상하지 못했어요."

그리고 이렇게도 말했다. "사고당한 후에 주님과의 관계가 더욱 가까워졌어요. 남편이 나를 떠났을 때 혼자 살 수 없다고 생각했어요. 하지만 지금의 나는 내가 얼마나 강한지 내 자신이 꽤 괜찮은 사람이라는 느낌이 들게 해주었어요."

알다시피 "괴로운 시간을 보낼 때 어떤 사람들은 날개를 자라게 하고 어떤 사람들은 목발을 산다."

당신은 지금 어려운 상황에 처해 있는가? 생명이 위협받는 상황인가? 환영한다. 당신은 죽음을 면할 수 없는 운명을 정면으로 마주 볼 기회를 가졌던 훌륭한 사람들의 무리에 소속되었다. 더 유리한 자리에 있는 것이다. 이제까지 병의 진단, 사건, 또는 고통 속에서 살아남은 사람들 중에서 그런 것들이 사람을 변화시킨다고 인정하지 않는 생존자는 한 명도 없다.

기억하라. 인생에 있어서 운명에 관한 중요한 점은 그것을 그냥 놔둘 것인지 그것을 개발시킬 것인지를 결정하는 것이다.

현대의 용사들

나는 날개를 자라게 했던 사람들을 꽤 많이 알고 있다. 그들은 비극의 불 속을 헤치고 날아서 연기 냄새도 없이 반대쪽으로 나왔다.

내 소중한 친구이자 동료 작가 에밀리 반스Emilie Barnes가 임파선암, 위암과 싸우고 있었을 때 내가 암을 치료했을 때 느꼈던 고통스러운 기억이 다시 살아났다. 그녀는 포기하고 싶은 마음과 싸우면서 국내를 순회하며 수많은 강연을 했다. 그녀의 용기와 믿음은 나를 깊이 감동시켰다.

인생에 있어서 운명에 관한 중요한 점은 그것을 그냥 놔둘 것인지 그것을 개발시킬 것인지를 결정하는 것이다!

지난번 그녀를 방문했을 때 에밀리는 내가 수술받았던 병원에 있었고 할이 죽었던 층과 같은 층에 입원해 있었다. 엘리베이터에서 내렸을 때 "무엇인가 재미있는 일을 하지 않고는 이 상황을 버틸 수 없을 것 같은" 느낌이 들었다. 나는 간호사 친구에게 몇 가지 소품을 빌리고 의사 가운을 입고 청진기와 관장기를 들고 에밀리의 병실에 들어갔다.

모두들 폭소를 터트렸다. 우리에게는 웃음이 필요했다. 나중에 에밀리의 남편 밥은 내가 관장기를 들고 들어왔을 때 내가 자신을 관장하러 온 항문과 의사의 조수인줄 알고 겁을 먹었다고 말했지만 말이다!

우리가 그날 에밀리의 병실을 방문했을 때 하나님이 우리와 함께 계심을 알았다. 시편 기자가 "스올에 내 자리를 펼지라도 거기 계시니이다"(시편 139:8)라고 말했듯이 말이다. 얼마나 놀라운가! 하나님이 우리를 만나지 못하실 곳은 아무 데도 없다.

내 친구 밥은 몸이 마비됐기 때문에 보호시설에서 산다. 밥은 자신의 상태 때문에 감정적으로 황폐화되어 있었다. "왜 그냥 죽어서 천국에 가서 예수님과 함께 있을 수 없는 걸까?"라고 묻곤 했던 때가 있었다.

결국 밥의 강인한 친구가 밥이 꼭 들을 필요가 있는 대답을 했다. "밥, 아직도 살아 있는 이유를 알고 싶어?" 그가 손가락을 딱하고 튕기면 말했다. "그 이유는 자네가 사탄을 병들게 하기 때문이야. 굉장하지 않아? 사탄은 자네가 비록 휠체어에 앉아 있을지라도 아무도 할 수 없는 방식으로 그리스도를 증거할 수 있는 능력이 있다는 걸 알아. 자네가 만난 모든 사람들은 자네를 보고 뭔가 배우니까 말이야. 하나님은 자네가 그들에게 어느 정도 가르칠 수 있다고 생각해서." 밥은 웃었지만 그런 '꾸지람'이 그에게 도움이 되었다. 지금 나는 그의 천국은행계좌에 매일 이자가 붙고 있다고 믿는다.

당신이 먼저 고통받아 본 적이 없다면 위로해 줄 수 없다!

바울은 빌립보 교회에게 "떠나서 그리스도와 함께 있고" 싶다고 말했지만 "내가 육신으로 있는 것이 너희를 위하여 더 유익하리라"(빌립보서 1:23~24)고 말했다. 나는 당신이 어떤 사람인지 또는 당신이 어떤 상태에 있는지 모른다. 하지만 당신이 살아 있는 한 당신은 이 세상에서 영향을 미칠 수 있다.

얼마 전에 플로리다의 한 라디오 방송국에서 인터뷰한 적이 있다. 나는 사전에 어떤 어린 소녀가 나를 만나러 방송국에 오기 위해서 학교에 빠졌다는 말을 들었다. 소녀의 나이 11살이었을 때 학교에 가다가 유괴되어 강간당했고 그리고 임신을 했다.

소녀에게는 아버지가 없었고 어머니는 마약 중독자였다. 자신을 지도해줄 사람이 아무도 없었기 때문에 그 소녀는 용감하게 지역 위기 임신상담소local crisis pregnancy center에 연락했고 그곳에서 필요한 사랑과 보호를 받았다. 그녀는 아기를 낳았고 입양시키기 위해서 그 아기를 포기했다. 위기센터에서 돌봐준 사람들은 그녀와 계속 긴밀하게 연락했고 그녀는 한 은혜로운 교회에 다니게 되었다. 그곳에서 그녀는 그리스도 안에서 양육받고 있다.

그녀는 내가 겪은 비슷한 경험이 자신에게 용기가 됐다고 말했다. 내가 그녀를 꼭 껴안았을 때 나는 그녀가 나의 영웅이라는 것과 하나님이 그녀의 앞날에 멋진 계획을 세워놓으셨음을 믿는다고 말했다. 그녀의 용기와 성숙함은 나를 놀라게 했다.

할 수 없는 것이 아니라 할 수 있다

내가 가장 좋아하는 사람 중에 조니 에릭슨 타다Joni Eareckson Tada라는 사람이 있다. 그녀는 십대 때 수영 사고로 하반신이 마비됐다. 조니는 우울함과 후회에 빠져서 비참하게 인생을 보낼 수도 있었을 것이다. 하지만 그렇게 사는 대신 그녀는 매우 존경받는 예술가, 베스트셀러 작가, 수백만 명의 사람들에게 감동을 주는 그리스도의 증인이 되었다. 조니는 그녀에게 왜 그런 일이 일어났는지, 이 일에 대해서 설명하려고 노력하는 것이 어떤 것인지에 대해 다음과 같이 쓴다.

> 마음이 스펀지를 짜는 것처럼 비틀어 짜듯이 고통스러울 때 "왜 이런 일이 일어났는지에 대한 16가지 타당한 성경적 이유"라는 바르게 정리한 목록은 상처에 소금을 뿌린 것처럼 우리를 아프게 할 수 있다. 당신은 그런 식으로 피 흘리는 것을 그만두지 않는다. 당신의 고통을 백미러로 보고 있을 때 그런 목록은 괜찮을지도 모르지만 지금 현재 당신이 상처받고 있을 때 "왜 이런 일이 일어나고 있는지 설명해 줄게요"라는 말은 적절하지는 않다.

「오늘날의 기독교 여성」Today's Christian Woman 잡지의 인터뷰에서 조니는 말했다. "천국에서 나는 내 휠체어를 접고 그것을 예수님에게 건네면서 '감사해요, 저는 그것이 필요했어요!' 라고 정말로 말하고 싶어요!"

정말 훌륭한 마음가짐 아닌가! 우리가 우리의 영웅을 잃었다고 누가 말했는가?

하나님의 판매 대리인

조니가 십대 때 그런 끔찍한 사건에 휘말리게 만든 것은 하나님이신가? 아니다! 내 친구 밥을 평생 휠체어 신세를 지도록 하신 분이 하나님이신가? 그것도 아니다! 그러면 11살 난 소녀는 어떠한가? 그녀가 강간당한 것이 하나님의 뜻이었나? 절대로 아니다!

하나님은 고통을 일으키시는 분이 아니다. 대부분의 경우에 고통을 계속해서 일으키게 하는 사람은 우리 같은 그리스도인들이라고 생각한다. 우리는 빈둥거리고 세상의 불행을 보고 머리를 흔들며 휴거를 기다리면서 지켜보고만 있다. 하지만 우리는 하나님의 대리인이 되어야 한다.

포드회사 제품인 내 자동차 밴이 고장 나면 헨리 포드Henry Ford나 회사 간부 중 한 사람에게 전화해서 불평할 필요가 없다. 그냥 지역대리점으로 밴을 끌고 가면 된다. 그곳에는 수리 장비를 갖춘 숙련된 직원이 있다.

그런 사람이 바로 우리다. 우리는 하나님의 지역 대리점 직원이다. 그분이 임명하신 남자 수리공과 여자 수리공이다. 우리는 부당함이나 불공평함을 볼 때 그 상황을 고치기 위해서 할 수 있는 일은 어떤 일이든지 해야 한다. 슬픔에 잠긴 미망인이 찾아오면 나는 그녀에게 기대서 울 수 있는 어깨를 제공하고 내가 배운 도움이 될 만한 조언을 전하며 그녀와 함께 기도하고 기분전환을 시켜주기 위해서 그녀와 함께 재미있는 영화를 보러 갈 것이다. 장애인 남자가 나에게 고침받기를 위해서 기도해달라고 부탁하면 그렇게 할 것이다. 고침받지 못하면 그를 돕기 위해서 내가 할 수 있는 다른 일을 할 것이다. 가령 그를 병원 진료시간에 맞춰 차로 태워다 주거나 식료품점에 갈 수 있도록 도와주거나 휠체어를 사기 위해서 헌금을 모으는 등의 일을 할 것이다. 내가 할 수 있는 그에게 필요한 일은 무엇이든지 할 것이다.

우리는 하나님의 부품이고 서비스 부서이다. 당신은 일을 시작했는가?

옛날 찬송가에 "우리는 그분의 펴신 팔이요"라는 가사가 있다. 우리 손은 완벽하지 않고 미숙할지 모르지만 예수님의 이름으로 도움이 필요한 곳에 뻗는 손은 어떤 손이든지 초자연적인 능력을 발휘하는 손이 될 수 있다. 어쨌든 예수님이 우리에게 손을 뻗으실 때 그분의 손은 삶의 불공평함을 겪어서 상처입고 못자국 난 손이다. 하지만 그것은 온 세상에 하나님의 사랑과 치유의 힘을 공급하는 상처 난 손이다.

질문하기 ... 그리고 실행하기

☐ **1단계 : 질문하기**

대부분의 좋은 일들이 나쁜 상황으로부터 생긴다는 것을 상상할 수 있는가? 살면서 '나쁜' 일이 일어났다고 생각했지만 결국에는 좋은 일로 입증됐던 때가 있었다면 언제였나?

☐ **2단계 : 실행하기**

개인적인 고통과 슬픔을 극복하는 가장 좋은 방법 가운데 하나는 다른 사람들에게 손을 뻗는 일이다. 이웃에 당신의 도움을 필요로 하는 누군가가 있는가? 나이든 미망인인가? 스트레스에 짓눌린 싱글맘인가? 집에 틀어박혀 있는 사람인가? 만성적으로 아픈 사람인가? 시간을 내서 그런 사람의 짐을 덜어주기 위해 할 수 있는 일을 생각해보라. 그런 다음 그 일을 하라! 당신의 삶을 영원히 변화시킬 기쁨을 발견할지도 모른다.

성경공부

창세기 45:4~5, 역대하 32:31, 시편 13:1, 139:8, 마태복음 26:38, 누가복음 22:44, 사도행전 7:59, 고린도전서 4:5, 고린도후서 11:23~29, 빌립보서 1:23~24, 히브리서 2:18, 5:8

15
우리의 상처를 지혜로 바꾸기

하나님이 문 하나를 닫으실 때 그분은 다른 문을 여신다
하지만 그 두 문 사이에는 굉장히 긴 복도가 있다!

지혜.

    값으로 따질 수 없는 지혜의 가치에 필적할 만한 이 세상적인 보물은 없다. 우리의 상처 입은 상태의 결과가 지혜라면 어쨌든 우리의 고통은 귀중한 것이 된다. 결국 그것은 헛된 것이 아니다.
    하지만 이 세상의 전쟁터를 떠나서 지혜의 해변에 도착하는 것은 위험한 여행이다. 그러나 하나님의 목적은 그분이 우리를 위해서 이미 열어 놓은 문을 향해서 우리가 가는 모든 비틀거리는 발걸음을 통해서 이루어진다. 아마도 당신은 나와 함께 이런 복도를 걸을지도 모른다. 아마도 당신은 이런 변화의 한가운데에 있을지도 모른다. 그리고 그곳은 어둡다. 당신은 당신이 갈 길을 찾기 위해서 손으로 더듬고 있다.

이 책이 당신을 위한 어떤 마법의 주문 역할을 하기를 바란다면 당신에게 정말로 미안하다고 말하고 싶다. 아마도 당신은 고통받을 때 그 이유를 알기를 … 고통받는 이유를 보충 설명해줄 수 있는 깊은 의미를 발견하기를 바랐을 것이다. 내가 마치 '성경박사' 인양 여기에서 내 생각을 말하지 않을 것이다. 내가 모든 해답을 줄 수 있는 것은 아니다(문제가 무엇인지도 모를 때도 가끔 있다).

나도 당신과 같이 고통에 몸부림치고 있는 사람이고 내 목적은 당신에게 바른 방향을 가리켜주는 조언이나 단서, 개념, 원칙 등을 제공하는 것이다. 또 당신이 그리스도와 더 깊은 관계를 맺도록 당신을 권유하는 것이었다. 그분은 당신이 추구하는 만족감을 주실 수 있는 유일한 분이시다.

우리는 거만한 태도를 취하고 응답받지 못한 질문이 있음에도 불구하고 끊임없이 생기는 질문을 그만두기로 결정해야 하는 때에 도달했다. 우리의 십자가를 지고 그분을 따라가기로 결심하자. "나를 불쌍하게 여겨주세요. 나는 희생자예요"라는 태도가 아니라 오히려 우리와 함께 싸우시는 지도자의 성실함을 신뢰하는 충실한 군사로서 따라가자.

앞으로 나아가야 할 때이다. 결국에 진보하기 위해서 말이다. 따라서 우리가 필사적으로 질문하는 것은 대부분 불가사의한 채로 남아 있다. 그리고 바울이 말했듯이 우리는 하나님이 맡기신 '비밀'을 지키는 성실한 청지기가 되어야 한다(고린도전서 4:1 참조). 고통은 그런 감춰진 비밀 가운데 하나이다. 당신이 고통당할 때 성장과 생명으로 이끄는 선택을 할 것을 권한다. 용기를 내라. 왜냐하면 베드로가 우리에게 다음과 같이 상기시키기 때문이다.

> 고난은 영원히 계속되지 않는다. 곧 그리스도 안에서 우리를 향해 위대한 계획을 - 영원하고 영광스러운 계획을 - 갖고 계시는 이 온화한 하나님이 선을 위해서 당신을 일어서게 할 것이다(베드로전서 5:10, Message).

험한 세상의 다리가 되어

살아가면서 우리는 많은 폭풍우를 뚫고 나아갈 것이다. 때때로 그것은 자연현상에 지배받는 물리적인 폭풍우일 수도 있다. 또 어떤 때는 사탄이 우리가 무방비 상태임을 알아채고 폭풍을 우리에게 세게 던질 수도 있다.

(솔직히 우리는 종종 우리 스스로 폭풍을 일으키기도 한다.)

예수님이 말씀하시는 때는 우리가 고통스러워하는 때라는 것을 명심하기를 바란다. 나를 필요로 하고 그것을 하려는 마음이 있을 때 그분은 거기에 계신다. 기억하는가?

- 절름발이가 도움을 요청할 때
- 과부의 독자가 죽었을 때
- 제자들이 물고기 한 마리도 잡지 못했을 때
- 모인 무리가 배고팠을 때
- 폭풍우 치는 바다에서 사나운 바람과 억수같이 내리는 비로 인해

서 두려움에 떠는 제자들의 마음이 동요됐을 때
- 친구 나사로가 죽었을 때 예수님께서 기적적으로 그분의 능력을 보여주셨을 때

폭풍같이 휘몰아치는 고통이 우리를 덮칠 때 그분이 우리와 함께 계심을 기억한다면 그 고통을 잘 이겨낼 것이다. 그리고 궁극적으로 폭풍을 통해서 우리는 다음과 같은 사실을 알게 될 것이다.

- 우리의 성숙함의 수준
- 하나님의 인격에 대한 우리의 이해도
- 우리의 헌신의 강도와 깊이
- 우리의 분노가 얼마나 즉각적인가
- 우리가 얼마나 가르침을 받을만한가
- 우리의 태도가 굴복하는 것이었나, 싸우려는 것이었나

폭풍이 잠잠해질 때 우리는 깨끗이 씻어내야 한다. 그때 우리는 우리의 믿음을 어떤 종류의 기초 위에 세웠는지 볼 수 있다. 그것은 불안정하고 흔들리기 쉬운 기초 위에 세워져 있는가? 아니면 반석 위에 굳건히 세워져 있는가? 우리는 헐거워진 문을 보강할 수 있다. 흔들리는 것들은 수리할 수 있다. 우리의 믿음의 집은 그 어느 때보다 더욱 강해질 수 있다.

12장에서 논의했듯이 투쟁의 과정은 가지치기 과정에 비유될 수 있

다.

 가지치는 것, 어떻게 생각하는가? 그것은 잘라버리는 것을 의미한다. 그렇지 않은가? 나는 더 많은 열매를 맺을 수 있는 훨씬 덜 침략적인 방법이 있기를 바라지만 그런 것은 없다.

 당신은 그동안 계속 하나님의 가지치기 과정에 저항하고 있었는가? 즉시 저항하는 것을 멈추고 그분에게 당신의 삶의 가지치기를 받아들이겠다고 말하라. 악을 위해서가 아니라 선을 위해서 가지치기를 사용하신 것에 대해 하나님께 감사드린다고 고백하고 모든 것에도 불구하고 여전히 당신을 향한 그분의 사랑의 목적을 믿는다고 확신시켜 드리라.

상처 입은 치유자들

 하나님께서는 얼마나 상처 입은 사람들과 다리를 절뚝거리는 사람들을 사용하시는 것을 좋아하시는지 아는가? 진정한 그분의 일꾼들은 모든 일을 겪고 다른 쪽으로 간 사람들이다. 하나님의 빛은 이런 사람들을 통해서 빨갛게 타오르는 불꽃처럼 밝게 빛난다. 작가 팻시 클레몬트Patsy Clairmont가 그녀의 기뻐하는 책을 「하나님은 깨진 자를 사용하신다」God Uses Cracked Pots라는 제목을 붙인 걸로 봐서 자신이 하고자 하는 말이 무엇을 뜻하는지 분명히 알고 있었다. 하나님의 영광을 나타낼 수 있는 사람은 아무 사고 없이 운 좋게 살았던 완벽한 사람들이 아니다. 하나님이 그리스도의 빛을 비추기 위해서 사용하실 그릇은 몇 번의 힘든 일을 겪고 외모적으로 '금이 많이 간' 사람들이다.

믿음으로 예상치 못한 상황 속에서 새로운 삶을 창조하기로 선택하라!

상처 입은 치유자여, 하나님은 선하시다는 신념을 고수하라. 그분은 여전히 당신을 사랑하신다. 예수님이 인간의 고통으로 괴로워할 때 그분이 예수님을 사랑하신 것처럼 말이다.

고통을 겪으면서 탐구한 경험은 본질적으로 하나님으로부터 당신을 떼어놓을 수 있는 힘이 없다. 당신에게 달려있다. 그리고 당신이 하나님과 일체의 교제를 끊고 혼자 지내기로 작정한다면 당신은 하나뿐인 참된 위로와 치료의 원천을 놓치는 것이다.

로마서 8장 38~39절에 사도 바울의 용기를 주는 말씀이 기록되어 있다.

> 내가 확신하노니 사망이나 생명이나 천사들이나 권세자들이나 현재 일이나 장래 일이나 능력이나 높음이나 깊음이나 다른 아무 피조물이라도 우리를 우리 주 그리스도 예수 안에 있는 하나님의 사랑에서 끊을 수 없으리라.

아직도 응답이 없는가?

하나님께 부르짖었는데도 바로 응답받지 못했다면 이것은 하나님이 듣고 계시지 않다는 의미일까? 그분이 신경 쓰지 않는다는 의미일까? 아니다. 그 시간을 경건한 인격으로 성장하기 위한 시간으로 사용하자. 하나님의 응답은 그분이 우리에게 설명하지 않으면 안 되는 이유가 있기 때문에 '지연될' 수도 있다. 그분이 "기다려보자"고 말씀하시는데 계실지도 모르는 데 그분이 "안 돼"라고 말씀하신다고 추측하지 말라. 우리가 하나님의 타이밍에 복종할 때 우리는 안전하다. 이것이 하나님의 평단을 경험할 수 있는 시험이, 아니 기회가 될지도 모른다고 생각하자. 나쁜 상황에도 불구하고 말이다. 어쨌든 하나님은 오직 우리를 익사시키기 위해서 수영을 가르쳐주시지 않았다. 이사야 43장 1~2절 말씀을 통해서 시험당할 때 우리가 요구할 수 있다는 것을 기억하면 우리는 용기를 가질 수 있다. 위로받기 위해서 영감을 주는 음악을 찾는다면 팸 로젤Fam Rozell이 아름답게 부른 노래의 가사에 깃든 의미를 생각해보라.

> 너는 두려워 말라 내가 너를 구속하였고
> 내가 너를 지명하여 불렀나니 너는 내 것이라
> 네가 물 가운데로 지날 때에
> 내가 함께할 것이라
> 강을 건널 때에
> 물이 너를 침몰치 못할 것이며
> 네가 불 가운데로 행할 때에
> 타지도 아니할 것이요
> 불꽃이 너를 사르지도 못하리니.

비판하기 전에 시간을 가져라

아마도 지금 당신은 이 책을 읽고 당신이 오늘 져야할 십자가가 당신이 살아오면서 겪은 가장 황폐화시키는 경험이라고 느끼고 있을지도 모른다. 기억하라. 아직 끝나지 않았다!

캐나다에 사는 친분 있는 그리스도인인 남자가 모든 것을 똑바로 보는데 도움이 될지도 모르는 자신의 가족에 관한 이상한 이야기를 나에게 해주었다.

이 신사는 농부인데 자신의 유일한 말馬을 잃었다.

모든 사람이 말했다. "하나 밖에 없는 말을 잃어서 얼마나 슬프겠어요."

그는 대답했다. "그런데 이 일이 나쁜 일인지 어떻게 아세요?"

바로 다음 날 그의 잃어버린 말이 여섯 마리의 야생마를 끌로 돌아왔다. 그 농부는 달려 나가서 우리의 문을 열고 건강한 일곱 마리의 말이 들어가서 꽉 찬 마구간을 단단히 잠궜다.

"굉장하군요!" 이웃 사람들이 탄성을 질렀다.

"그런데 이 일이 좋은 일인지 어떻게 알아요?" 농부가 물었다.

바로 다음 날 농부의 외아들이 야생마 한 마리를 길들이다가 그만 말에서 떨어져서 다리가 부러졌다. 그것을 지켜본 이웃 사람들이 말했다. "얼마나 슬프겠어요! 당신의 아들은 일도 못하고 몇 주 동안 깁스를 해야 할 거예요."

농부는 잠시 생각하더니 대답했다. "그런데 이 일이 나쁜 일인지 어떻게 아세요?"

공교롭게도 그의 아들은 그 주에 신병 징집 신체검사를 받아야 했는데 부러진 다리 때문에 징집 적격 심사에서 불합격되었다.

다시 이웃 사람들이 기뻐했다. "잘 됐어요!" 그들은 탄성을 질렀다. "이제 당신 아들은 전쟁터에 나가지 않아도 돼요."

"하지만 이것이 큰 축복이라고 어떻게 확신할 수 있죠?" 그 농부가 물었다. 그의 질문은 딱 들어맞았다. 왜냐하면 그 아들은 슬프게도 방탕하게 살았기 때문이다. 하지만 그 아들은 그후에 살면서 회심했고 하나님께서 언제나 그를 지켜주셨다는 놀라운 간증을 했다.

고통받고 있는 친구여, 이 이야기의 취지는 당신의 삶에 일어나는 비극적인 일이 궁극적으로 황폐화시키는 일인지 그렇지 않은 일인지를 판단하기에는 너무 이르다는 것을 보여주는데 있다.

아마도 당신은 하나님이 어떻게 그 비극적인 일이 당신을 위해 세우신 계획이 되게 하시는지 알게 될지도 모른다. 좋은 일과 나쁜 일이 함께 짜여져서 당신의 인생이라는 아름다운 태피스트리가 될 것이다. 오래된 찬송가에서 설명하듯이 말이다.

> 마음이 매우 상냥하신 그분이
> 매일 우리에게 가장 좋다고 생각하시는 것을 주시네
> 애틋하게도, 그것은 고통일 수도 기쁨일 수도 있네
> 평안과 안식이 뒤섞인 고생일 수도 있네.

오늘의 힘, 내일에 대한 밝은 희망

자신의 노새가 우물에 빠진 농부에 관한 우화가 있다. 농부는 우물에 빠진 노새를 구하기가 불가능하다고 판단해서 노새를 묻는 것이 노새를 위하는 길이라고 생각했다. 그의 일꾼들이 삽을 들고 고통 때문에 극도로 흥분한 노새를 파묻기 위해서 우물 속으로 흙을 쏟아 붓기 시작했다.

흙이 떨어지자 노새는 본능적으로 "흙을 흔들어 털고 발로 다지자"라는 생각이 떠올랐다. 흔들어 털고 발로 다지자 … 흔들어 털고 발로 다지자 … 한 삽 한 삽 흙이 노새의 등으로 떨어질 때마다 노새는 그렇게 했다. 이윽고 노새의 머리가 우물 밖으로 불쑥 나왔고 삽질을 하던 일꾼들이 깜짝 놀랐다.

삶은 그 늙은 노새의 살려는 의지와 같다. 재난이 우리를 산 채로 매장하려는 듯이 우리 위로 쏟아진다. 그냥 내버려둔다면 산 채로 매장될 수도 있다. 하지만 우리는 선택권이 있다. 그것을 흔들어 털어서 발판으로 사용함으로써 우리의 유익을 위해서 사용할 수 있다.

암과 한판 승부를 한 이후에 사람들은 항상 내가 요즘 어떤지 묻는다. 내가 암을 이겼을까? 그렇지 않다. 나에게는 오늘 하루를 살아가는 데 필요한 힘만 있을 뿐이다. 과부로 살아가는데 따르는 고통은 계속 있고 암에 대한 가족력이 있기 때문에 매일 재발의 위험을 지닌 채 살아간다. 마음은 아프지만 이상하게도 건강하다는 느낌이 든다. 내가 가장 나약하고 가장 상처받기 쉬운 순간에 처했을 때 하나님의 영이 그리스도 안에서 내가 힘 있고 평안하고 정신을 온전하게 유지할 수 있도록 나를 단단히 붙들고 계신다는 확신을 주신다.

지금 내 이야기를 듣고 이상하게 생각할지도 모르지만 나는 여전히 하나님이 아픈 누군가를 위해서 강력하게 기도하도록 나를 사용하신다고 믿는다. 하나님 앞에서 내 마음이 깨끗하고 오직 그분이 정하신 때에 정하신 곳에 있다면 다른 누군가를 치유하는데 나를 사용하실 수 있다고 믿는다. 나는 아이들을 즐겁게 해주었던 소아암 병동으로 얼마나 다시 돌아가고 싶었는지 모른다. 내 마음속에서 하나님의 성령이 움직이고 있음을 느끼고 거기에 있는 한 아이에게 "은과 금은 내게 없지만 내게 있는 것으로 네게 주노니 몸을 돌려서 침대에서 일어나 건강하고 온전하여져서 여기에서 나가라"고 말하면 얼마나 기쁠까!

하지만 나는 하나님의 치유하심의 기름 부으심의 역사가 나에게 임했다는 내적 확신 없이 감히 이렇게 하지 않을 것이다. 하지만 내가 주장하는 것은 우리 자신이 고통과 아픔을 참고 견딘다고 해서 우리가 다른 사람들을 치유하는 그분의 그릇이 될 자격이 없다는 뜻은 아니다. 실제로 당신이 몸부림치며 싸우고 있기 때문에 그것이 바로 다른 사람들을 도울 자격이 되는 것이다. 나는 그분이 비축해 두신 새로운 것들을 해석하고 인지하려고 애쓰면서 계속해서 하나님과 함께 앞으로 나아갈 것이다. 나는 이사야 43장 18~19절까지의 말씀을 좋아한다.

너희는 이전 일을 기억하지 말며 옛적 일을 생각하지 말라 보라 내가 새 일을 행하리니 이제 나타낼 것이라 너희가 그것을 알지 못하겠느냐.

엘리자베스 엘리엇의 남편인 짐 엘리엇이 선교사로 하나님을 섬기다가 순교한 이야기를 알고 있을 것이다. 하나님에게 반항할 사람이 있다면 바로 그녀일 것이다. 하지만 그녀는 "체념이 아니라 오직 모든 것을 받아들일 때 평안해진다"라고 말하고 있다. 엘리자베스 엘리엇처럼 나도 어쨌든 받아들일 수 있는 위치에 도착했다. 내가 품고 있는 질문에 응답받은 것은 아니다. 상처도 남아 있다. 내 상처는 여전히 과거의 추억으로 인해서 아물 수 없다. 하지만 나에게 일어난 일을 내 삶을 위해 세우신 하나님의 계획의 일부분이라고 받아들였다.

그 이유를 이해하지 못하지만 그분을 믿는다. 왜냐하면 그분은 그럴 만한 가치가 있는 분이시기 때문이다.

우리의 기도가 이미 응답되지 않았을까?

친구여, 고통스러우면 고통스러워하라! 탐구함으로써 배운 것은 무엇인가? 당신이 지금 내가 그런 것처럼 하나님의 손에 그분의 숨겨진 것, 즉 그분의 비밀을 맡겨 놓아서 만족감을 느끼길 바란다. 당신이 그분에게 부르짖었다면 그분이 응답하셨다고 믿으라. 비록 당신이 겪고 있는 일이 그와 반대처럼 보일지라도 말이다.

절대로 잊지 말라. 하나님은 다른 사람이 당신을 사랑할 수 있는 것보다 더 많이 당신을 사랑하신다는 것을. 그리고 그분은 다스리신다. 우리는 이제 편히 쉴 수 있다.

질문하기 … 그리고 실행하기

☐ **1단계 : 질문하기**

당신이 탐구했던 모든 과정에서 했던 모든 질문 가운데서 해야 할 가장 중요한 질문 하나를 했는가? 예수 그리스도께 당신의 삶의 구세주 요 주인이 되어달라고 부탁한 적 있는가?

☐ **2단계 : 실행하기**

그리스도를 당신의 마음속에 영접하지 않았다면 당신은 결코 보좌에 앉으신 하나님과 함께 앉아서 당신이 하는 질문에 답하시는 그분의 음성을 듣지 못할 것이다. 그리스도를 영접하지 않았다면 바로 지금 무릎을 꿇고 신실하게 다음과 같이 기도하라.

전능하신 주 하나님,
제가 죄인임을 고백합니다.
저는 당신의 자비를 받을 자격이 없습니다.
하지만 당신께서 자비를 주셨음을 믿습니다.
그것을 받기 위해서 예수님이 제 대신 죽으셨다는 것을 인정합니다.
예수님이 십자가에서 돌아가셨을 때 제 죄가 그분에게 넘어갔습니다.
예수님, 감사합니다.
오늘 당신의 구원의 선물을 받겠습니다.
지금 제 마음 속에 들어오소서.

그리고 영원토록 제 구세주요 주님이 되소서.
아멘!

성경공부

이사야 43:1~2, 18~19, 로마서 8:38~39, 고린도전서 4:1,
베드로전서 5:10

암에 대한 저자의 식견

비록 나는 의사는 아니지만 암환자들과 간병인들에게 도움을 주고자 내가 배운 몇 가지 사항을 알려주고 싶다. 암이 발병하는 원인은 무엇인가? 지금까지 이것에 관한 수많은 책들이 나왔지만 암에 영향을 미치는 요인을 다음과 같이 정리했다.

유전학/유전, 방사능 노출, 약물, 물속에 함유된 화학물질, 과음, 만성 스트레스, 고지방 그단백질 음식, 유독 화학물, 살충제, 카페인 과잉 섭취, 담배, 에스트로겐, 미해결된 갈등

위에 나온 '헬스 넛츠' health nuts(나는 이렇게 부르곤 했다)에 관한 한 가지 좋은 점은 일관성이다. 즉, 위에 나온 요인들은 건강해지기 위해서 해야 할 기본적인 사항에 동의한다.

그 기본적인 사항이 식이요법과 운동이다. 수많은 자료에서 암이 재발한 사람들의 1/3이 운동과 관련이 있다고 경고한다. 나는 암과 싸우기 전에 결코 운동을 해본 적이 없다(내가 했던 유일한 운동은 진실을 왜곡하고 내 운을 과신하고 원한을 품는 것이었다). 하지만 연구를 통해서

(비타민, 미네랄 등과 같은 보조제가 첨가된) 영양가 풍부한 음식을 섭취함과 더불어 적절한 육체적 운동은 암 재발을 격퇴시키는데 도움을 주는 필수 요소이다.

미국인들은 그동안 음식에 대해서 속았다. 우리는 잠언 23장 1~3절 말씀을 생활화해야 한다.

> 네가 관원과 함께 앉아 음식을 먹게 되거든 삼가 네 앞에 있는 자가 누구인지 생각하며 네가 만일 탐식자여든 네 목에 칼을 둘 것이니라 그 진찬을 탐하지 말라 그것은 간사하게 베푼 식물이니라.

주목할 점은 - 이렇게 말해서 유감이지만 - 감질나고 맛있어 보이는 음식은 보통 영양소가 가장 적게 들어 있는 음식이라는 점이다. 내 생각에는 하나님이 처음부터 우리의 건강에 대한 매우 간단한 계획이 있으셨다고 생각한다(아무튼 아담과 하와는 먹을 음식으로 칠면조난 젖소를 쏴 죽이지는 않았다. 그리고 나는 예수님이 결코 치킨 맥너겟을 먹지 않으셨다고 확신한다). 잘못된 음식은 당신의 유일한 질병의 방어선인 면역체계에 심각한 피해를 입힐 수 있다.

대부분의 사람들은 몸을 돌보지 않고 학대한다. 그것은 옳지 않다. 성경에 나와 있듯이 우리의 몸은 하나님의 성전이다. 이제는 회개할 때다. 그리고 나도 당신과 함께 회개할 것이다. 천천히 충분한 영양섭취를 하는 쪽으로 바꾸라. 최소한 방향을 올바로 잡아라. 달을 맞추려고 쐈다간 나구를 맞흴지도 모른다.

항암화학요법은 어더한가?

내 계산으르는 최근에 적어도 110가지의 사용 가능한 항암화학요법 약이 있다. 대부분 이런 약물이 여전히 FDA에서 검사 중인 데도 널리 사용된다. FDA에서 약물 사용을 승인하는 것을 달가워하지 않는 이유는 암세포를 제거하는데 꼭 필요한 고도의 유독성(독) 때문이다. 이 독성의 영향력은 간호사가 할의 팔에 주사바늘을 지대로 꽂을 수 없었을 때 확실하게 나타났다. 항암화학요법 약이 그의 피부로 흘러 나와서 간호사가 허둥지둥 중지하려고 했을 때 병실은 거의 공황상태를 탕불케 했다.

암이 다양한 만큼 이런 약물의 다양한 조합에 반응한다. 그리고 부작용도 환자들 간에 머우 다양하게 나타난다. 당신이 이런 모든 변수를 생각할 때 의사가 특정 환자에게 올바른 프로토콜을 내리기가 얼마나 힘든지 상상할 수 있을 것이다. 전통적인 암 치료를 받게 되는 사람은 누구든지 그 치료의 효과에 긍정적인 태도를 계속 유지해야 한다고 생각한다. 이전의 수많은 암환자들은 항암화학요법으로 생명을 건졌다고 말할 것이다. 그러므로 나는 어떤 사람에게든지 전통적인 의학 기술을 버리라고 충고하지 않을 것이고 대체요법이나 보완요법을 버리라고도 충고하지 않을 것이다. 그 두 가지 치료 방법 모두를 통합한다면 적절한 곳에 있는 것이다.

작가 그레그 앤더슨Greg Anderson은 이것을 잘 이해한다. 현재 암극복재단Cancer Conquerors Organization을 이끌고 있는 그는 한 때 의사로부터 암이 계속 진행됐기 때문에 앞으로 살날이 고작 30일 밖에 남지 않았다는 말을 들었다. 몇 년이 지난 지금 그는 살아 있고 건강하다. 그의 책 「암 극복하기」Cancer conqueror에서 다음과 같이 썼다.

> 건강에 대해서 개인적으로 책임을 지는 일은 희생자가 되지 않는 것을 의미한다. 그것은 자기 파괴적인 신념과 행동을 인식하고 그것을 바꿈으로써 회복하는 일에 참여하는 것을 의미한다. 이것은 내가 암을 다스리지 암이 나를 다스리는 것은 아니라고 믿는 것을 의미한다.

나는 암환자들에게 그들 자신의 건강을 담당할 것을 결심하라고 충고하곤 한다. 혈액 검사를 비롯하여 모든 검사결과의 복사본을 요청하라. 이것은 간호사들에게 귀찮은 일이다. 그러므로 자료를 얻기 위해서 인내심을 갖고 끈기 있게 임해야 한다. 질문을 하라. 기록하라. 그리고 간호사들의 말에 귀를 기울이라. 의사들이 너무 몰두할 때 간호사들이 당신에게 정보를 알려줄 것이다(한 친절한 간호사가 나에게 충고했다. "똑같은 연구소에서 피검사를 했는지 항상 확인하세요. 그렇지 않으면 결과가 정확한 지 절대로 확신할 수 없어요." 그것은 나중에 귀중한 정보로 입증됐다). 이 '유머치료사'가 문을 열고 들어오는 것을 간호사들이 항상 즐거워하는 것은 아니다. 왜냐하면 그들은 내가 질문과 요청을 잔뜩 갖고 오곤 했다는 것을 알기 때문이었다. 하지만 나는 인기 대회에 참가한 것이 아니었다.

다음의 암에 대한 사례는 1997년 피츠버그 Oncology Nursing Press에서 출판된 「밝은 미래의 희망」Silver Linings라는 책에서 발췌한 것이다.

유방암 수술 직후 크리스마스 날 아침에 잠에서 깼는데 인조 유방이 없어졌다. 그것을 찾는 일은 식구들끼리의 농담이 됐다. 나는 소리 질렀다. "내 가슴 못 봤어?" 그때 9살 난 딸이 들어와서 내가 얼마나 그 차가운 인조 유방을 싫어하는지 알기 때문에 크리스마스 아침에 따뜻하게 데워주려고 자신의 물침대 커버 밑에다 넣어놨다고 설명했다. 내가 그 애를 꼭 껴안았을 때 암이라는 병은 살면서 골짜기를 만났을 때 어떻게 반응해야 하는지 식구들에게 가르쳐줄 수 있다는 것을 깨달았다. - 캐슬린

암은 우리를 다른 사람들로부터 떼어놓는다. 심장이 두근거리는 소리가 들린다. 유방암 생존자들의 단체에 가입하는 것은 내키지 않은 일이었지만 어느 순간 그룹 모임을 응원하게 됐다. 생각과 감정을 서로 나눔으로써 개개인의 상황과 선택에 대한 사랑이 솟구쳤다. 우리는 공포, 두려움, 무지, 그리고 지식을 처리함으로써 힘을 얻는다. 우리는 우리 자신을 고치기 위해서 울고 웃는다. - 카렌

나는 플래시 화면의 '주제 검색'을 보고 '유방암'이라고 쳤다. 놀랍게도 수많은 여성들의 목록이 갑자기 나타났다. 나는 여성들의 프로파일을 뽑을 수 있었고 나에게 기꺼이 이메일을 보내주려고 하는 두 명의 사람을 발견했다. 그리고 사이버상에서 친구가 됐고 오늘까지 지속되고 있다. - 완다

암과 싸우고 있는 누군가를 알고 있는가? 연락해라! 당신이 움츠러들면 그것은 당신이 암과 싸우는 용사들을 포기했다는 메시지를 보내는 것이다. 암에 희생된 사람들은 희망이라는 꾸준한 식이요법이 필요하다!

하지만 뭐라고 말할 것인가? 가능한 한 긍정적으로 말하라. 그들이 요즘 어떤지 물어보는 것도 괜찮다. 당신이 그들을 위해서 기도하고 있다는 것을 그들에게 알려라. 그들에게 구체적으로 도와주고 싶다고 말하라. 그들을 차에 태워 치료받는 곳에 데려다 주고 다시 집으로 데려다 줄 수 있는가? 그들이 씻어야 하는가? 마트로 데려다 주는 것도 도움이 될 것인가? 이런 실제적인 도움은 - 그리고 당신은 단지 침착하라 - 암과 싸우는 사람들에게 가장 멋진 선물이 될지도 모른다.

암 관련 자료

다음의 목록은 암이나 암환자들과 관련이 있는 독자들에게 제공되고 있다. 다음의 자료에서 제시된 어떤 충고나 조언을 그렇게 추천하고 싶지는 않다. 하지만 당신 자신의 연구와 정보에 도움이 되기 위해서 제공하고자 한다.

전화 및 인터넷 정보

미국암협회(American Cancer Society) 800-ACS-2345
www.cancer.org

암 정보 서비스(Cancer Information Service) 800-4-CANCER
www.cancernet.nci

회복을 향한 상담접근(Reach to Recovery) 212-237-2849

미국 암연구재단(American Institute for Cancer Research) 800-843-8114 www.aicr.org

유방암국가연합(National Alliance of Breast Cancer Organizations) 212-889-0606 www.nabco.org

Compassionate Friends 708-990-0010

암 관련 추천도서

「나는 살았고 의사는 죽었다」I'm Alive and the Doctor's Dead, 수

뷰캐넌Sue Buchanan, Zondervan

「Damaged But Not Broken」, 래리 버켓Larry Burkett, Mody press

「Conquering Cancer」, 폴 존슨Paul Johnson, Zondervan

「암 극복하기」Cancer conqueror, 그레그 앤더슨Greg Anderson, Universal Press Syndicate

「Encourage Me: Caring Words for Heavy Hearts」, 찰스 스윈돌 Charles Swindoll, Walker and Company

「사랑, 의학, 그리고 기적」Love, Medicine and Miracles, 버니 시겔 Bernie Siegel, Harper&Row

「Anatomy of an Illness」, 노만 커전스Norman Cousins, W.W. Norton&Company

「The Cancer Answer」, Maureen Salaman, Statford Publishers

「Food: Your Miracle Medicine」, Jean Carver, Harper Collins

「An Alternative Medicine Definitive Guide to Cancer」, W. John Diamond, Nathaniel Mead, and Burton Goldberg, Future Medicine Publishers

「The Cancer Industry」, Ralph Moss, Paragon Publishers

「Encyclopedia of Natural Medicine」, Michael Murrary and J. Pizzorno, Prima Publishers

「Third Option」, John M. Fink, Avery Publishers

미망인 색인

부인의 80퍼센트가 과부이다.

저자의 식견

　당신이 배우자를 잃은 상실감으로 슬퍼하고 있다면 당신의 삶이 통제 불능이라고 느끼는 것은 당연하다. 당신은 우울증과 분노를 이기려고 싸울 것이다. 결정을 내리는 일이 매우 힘들 것이다. 에너지가 다 바닥났다는 것을 알게 될 것이다. 이 모든 일들은 당연히 나타나는 증상이다. 그리고 그것은 일시적이다. 당신은 다시 당신의 삶을 통제하게 될 것이다.

　내 자신의 슬픔과 아픔함을 처리할 때 나는 성경말씀이 매우 용기를 준다는 것을 발견했다. 당신이 배우자를 잃었다면 당신에게 해준 하나님의 약속을 믿고 용기를 내라.

"과부 때의 치욕을 다시 기억함이 없으리니 이는 너를 지으신 자는 네 남편이시라 그 이름은 만군의 여호와시며" (이사야 54:4~5).

"너는 과부를 해롭게 하지 말라" (출애굽기 22:22).

"과부를 위하여 정의를 행하시며" (신명기 10:18).

"과부의 옷을 전당 잡지 말라"(신명기 24:17).

"과부의 송사를 억울하게 하는 자는 저주를 받을 것이라"(신명기 27:19).

"여호와께서 고아와 과부를 보호하시고"(시편 146:9.)

"참 과부로서 외로운 자는 하나님께 소망을 두어 주야로 항상 간구와 기도를 하거니와"(디모데전서 5:5~6).

또한 불쌍한 과부와 선지자 엘리야의 우연한 만남에 대한 이야기는 열왕기상 17장 7~24절에 나와 있다. 성전에 작은 헌금을 낸 과부에 대한 예수님의 생각은 마가복음 12장 42~44절에 나와 있다. 그리고 끈질기게 탄원하는 과부의 예화는 누가복음 18장 1~8절에 나와 있다.

계획 세우기

나는 모든 부인들에게 남편의 임종을 조용히 그리고 지혜롭게 준비할 것을 간곡히 권한다. 나는 피할 수 없는 비극적인 일이 일어났을 때 완벽하게 준비하지 못한 것이 후회가 된다. 당신의 남편이 현재 건강하다면 지금이 다음의 질문들에 대한 해답을 찾기가 가장 쉬울 때다.

- 남편이 매장을 원하는지 화장을 원하는지 알고 있는가?
- 추도예배 때 남편이 바라는 것을 아는가? 음악을 선택하거나 위로의 말을 누가 할지 결정했는가?
- 남편이 묻히고 싶은 곳은 어디인가?
- 식순은 짰는가?

- 그의 묘비에 쓰고 싶은 문구를 아는가?
- 어디에서 장례식을 할 것인가?
- 남편이 장례식 동안 관 두껑을 열기를 바라는가 닫기를 바라는가?
- 장례식 비용을 미리 지불할 수 있다는 것을 알고 있는가?(이것은 당신의 가족에게 얼마나 축복인가!)
- 남편이 유언을 했는가?
- 그것을 어디에 있는가? 어떤 변호사가 이 유언을 처리할 것인가?
- 그 변호사의 이름, 주소, 전화번호를 알고 있는가?
- 당신이 남편 유산의 유일한 수혜자인가?
- 보험증권의 내용을 잘 아는가? 사망 수당 지급도 포함되어 있는가?
- 보험서류의 내용을 잘 알고 있는가?
- 얼마나 많은 다양한 조항이 있는가?
- 유산 수익자가 남편의 유언장과 똑같이 증권 서류에도 기재되어 있는가?
- 물품 목록과 연락처 목록을 만들라
- 이런 보험 증권의 총계는 얼마인가?
- 이것은 과세 대상인가?
- 지불할 부채는 얼마인가?
- 이 부채에 사망 보험금도 있는가?
- 사회보장혜택으로 얼마나 받을 수 있는지 아는가?

- 재혼인 경우에 혼전계약서가 있는가?
- 남편의 유언장을 법적으로 검증 받아야 한다는 것을 알고 있는가?
- 남편이 더 이상 이 세상에 없다면 취직을 해야 하는가?
- 당신이 현재 지고 있는 부채를 갚아나가기 위해서 매달 필요한 수입은 얼마인가?
- 당신의 집이 있다면 저당을 잡을 것인가?
- 은행업무는 어디에서 보는가?
- 모든 계좌를 목록으로 만들어 보라.
- 모든 계좌가 두 사람의 이름으로 되어 있는가?
- 대여 금고가 있는가? 있다면 그것이 두 사람의 이름으로 되어 있는가? 열쇠가 어디에 있는지 아는가?
- 재정적인 조언을 구할 수 있는 특별한 사람이 있는가?
- 부양 가족이 있다면 그들의 교육을 위해 따로 준비한 돈은 있는가?
- 당신의 배우자는 당신의 재혼에 대해서 어떻게 생각하는가?
- 천국에서 남편을 다시 만날 것을 확신하는가?(그렇지 않다면 남편에게 그리스도를 믿는 믿음의 중요성에 대해서 말할 수 있는 시간은 지금밖에 없다.)

다른 것보다 당신에게 권하고 싶은 것이 하나 있다. 당신이 그를 다시 만나기 전에 그가 하나님을 만난다면 당신은 완벽하게 평안해질 것이다. 그런 모습으로 지금 남편을 대하기 시작하라!

추천도서

「하나님 앞에서 울다」A Grace Disguised, 제럴드 싯쳐Gerald L. Sittser, Zondervan

「Grief Is a Family Affair」, Marilyn Heavilin, Here's Life Publishers

「내가 고통당할 때 하나님은 어디 계십니까?」Where Is God When It Hurts, 필립 얀시Philip Yancey, Zondervan

「하나님의 눈물」When God Weeps, 조니 에릭슨 타다Joni Eareckson Tada, Zondervan

「하나님 어찌 이런 일이」When God Doesn't Make Sense, 제임스 돕슨Jame Dobson, Tyndale House

「Sandy: A Heart for God, Leighton Ford」, InterVarsity Press

「Getting to the Other Side of Grief」, Susan Zonnebelt-Smeenge and Robert C. DeVries, Baker Book House